城市轨道交通大中运量直线电机车辆运用与检修

朱士友　主编

中国劳动社会保障出版社

图书在版编目(CIP)数据

城市轨道交通大中运量直线电机车辆运用与检修/朱士友主编. —北京：中国劳动社会保障出版社，2016

ISBN 978-7-5167-2509-2

Ⅰ.①城… Ⅱ.①朱… Ⅲ.①直线电机-电力机车-使用方法②直线电机-电力机车-车辆修理 Ⅳ.①U264.2

中国版本图书馆 CIP 数据核字(2016)第 118233 号

中国劳动社会保障出版社出版发行

（北京市惠新东街 1 号 邮政编码：100029）

*

三河市华骏印务包装有限公司印刷装订 新华书店经销

787 毫米×1092 毫米 16 开本 15.5 印张 218 千字

2016 年 5 月第 1 版 2016 年 5 月第 1 次印刷

定价：42.00 元

读者服务部电话：（010） 64929211/64921644/84626437

营销部电话：（010） 64961894

出版社网址：http://www.class.com.cn

城市轨道交通
大中运量直线电机车辆运用与检修
编审人员

主　编：朱士友

副主编：陈通武　黄　驰

编　者：梁　洪　陈晓亮　刘国良（第一章）

戴　斌（第二章）

唐　燚　唐鹏飞（第三章）

周航宇　韦义林（第四章）

袁　杰　李　影（第五章）

邓　军　李杭健　唐　宋（第六章）

唐鹏飞　李肖肖（第七章）

罗　斌　凌　炜（第八章）

罗　斌　李永全（第九章）

陈晓亮　李晓康（第十章）

王　鹏　区卓峰（第十一章）

温明亮　李永全（第十二章）

韩振兴　劳建江（第十三章）

劳建江（第十四章）

前言

广州市人口众多，地处珠江流域下游，水系发达，地质条件复杂，部分线路需要多次穿越珠江及断裂带，给广州市城市轨道交通的线路设计、车辆选型带来了一定的制约。2003 年，根据《广州市总体发展战略规划》及广州城市轨道交通线路特点，中国工程院院士及相关领域专家建议广州地铁采用直线电机车辆运载系统，利用直线电机车辆爬坡能力强、转弯半径小的特点，解决广州地铁部分线路坡度大、须多次穿越珠江的线路设计难题。

小运量的直线电机车辆在国外已有 30 多年的研制经验，其核心技术主要掌握在北美庞巴迪、日本三菱及日立公司。鉴于当时国内在直线电机车辆领域的研究尚属于空白，广州地铁率先在 4 号线引入了日本直线电机车辆技术，并结合广州市客流特点，经大量理论研究，首创提出了大中运量的直线电机车辆技术方案。

之后，广州地铁总结、沉淀 4、5 号线直线电机车辆运用经验，消化吸收日本直线电机车辆技术，联合中车青岛四方机车车辆股份有限公司、株洲南车时代电气股份有限公司、中国铁道科学研究院、中车青岛四方车辆研究所有限公司等国内优秀的城市轨道交通装备企业，借 5 号线增购车辆项目，通过“产”“学”“研”“用”相结合的方式，开展自主知识产权直线电机车辆的研制。

目前国内轨道交通处于高速发展时期，截至 2015 年 12 月底，全国共有 25 座城市的轨道交通线路开通运营，线路总里程为 3 286.51 km。随着线网的进一步发展，城市线路设计将面临许多限制，直线电机车辆以其独特的爬坡及曲线通过能力在城市轨道交通领域具有广阔的应用前景。鉴于未来对直线电机车辆从业人员的需求，而国内缺乏直线电机车辆相关的理论及指导性教材，我们全面总结直线电机车辆各系统原理及技术特点，充分结合广州地铁在4、5、6号线运用及自主知识产权直线电机车辆的研制经验，编写了本书，旨在抛砖引玉，为我国城市轨道交通事业的发展贡献微薄之力。

由于编者水平有限，实践经验也有一定的局限性，书中难免存在不足之外，期待广大同行单位和个人不吝赐教，多提宝贵意见。

编者

目录

城市轨道交通大中运量直线电机车辆运用与检修

第一章　大中运量直线电机车辆概述……………………（1）

第一节　直线电机车辆……………………（1）

第二节　国内外直线电机车辆运用发展现状……………………（4）

第三节　大中运量直线电机车辆……………………（8）

第四节　大中运量直线电机车辆检修……………………（15）

第二章　车体及其附属设备……………………（18）

第一节　大中运量直线电机车辆车体组成……………………（18）

第二节　车体附属设备……………………（23）

第三节　车体及其附属设备运用情况及检修……………………（25）

第三章　空调与通风系统……………………（29）

第一节　空调机组和通风系统组成……………………（29）

第二节　车辆空调控制系统……………………（38）

第三节　空调与通风系统运用情况及检修……………………（40）

第四章　客室车门……………………（44）

第一节　塞拉门系统……………………（44）

第二节　车门控制及功能……………………（48）

第三节　客室车门运用情况及其改进……………………（51）

第四节　客室车门检修与维护……………………（53）

第五章　车端连接装置 ……………………………………………………（61）
第一节　车钩与车端电气连接装置 ………………………………………（61）
第二节　贯通道 …………………………………………………………（67）
第三节　车端连接装置运用情况与检修 …………………………………（71）
第六章　转向架 ……………………………………………………………（74）
第一节　直线电机车辆转向架分类及特点 ………………………………（74）
第二节　BM3000 型转向架 ……………………………………………（79）
第三节　SDB－LIM 型转向架 …………………………………………（88）
第四节　转向架运用情况及其改进 ………………………………………（97）
第五节　转向架检修与维护 ………………………………………………（108）
第七章　空气制动与供风系统 ……………………………………………（114）
第一节　空气制动与供风系统组成 ………………………………………（114）
第二节　空气制动控制原理 ………………………………………………（122）
第三节　空气制动与供风系统运用情况与检修 …………………………（124）
第八章　受流系统 …………………………………………………………（128）
第一节　受流系统组成及其特点 …………………………………………（128）
第二节　受流器转换控制及其保护 ………………………………………（133）
第三节　受流系统运用情况及其改进 ……………………………………（135）
第四节　受流系统检修与维护 ……………………………………………（139）
第九章　辅助电源系统 ……………………………………………………（141）
第一节　辅助电源系统组成及其特点 ……………………………………（141）
第二节　辅助逆变器及其他设备 …………………………………………（146）
第三节　辅助电源系统运用情况及检修 …………………………………（150）
第十章　牵引与电制动系统 ………………………………………………（154）
第一节　系统基本组成及工作原理 ………………………………………（154）
第二节　直线电机与感应板 ………………………………………………（162）
第三节　牵引与电制动系统运用情况及其改进 …………………………（169）
第四节　牵引与电制动系统检修与维护 …………………………………（173）

第十一章 列车控制……………………………………………… (180)
第一节 列车低压硬线控制……………………………………… (180)
第二节 列车网络控制与诊断…………………………………… (187)
第三节 列车与信号系统接口…………………………………… (192)
第四节 列车控制运用情况及其改进…………………………… (195)
第五节 列车控制检修与维护…………………………………… (198)
第十二章 乘客信息系统……………………………………… (202)
第一节 广播系统………………………………………………… (203)
第二节 动态电子地图…………………………………………… (207)
第三节 乘客信息系统运用情况与检修………………………… (209)
第十三章 列车运行能耗与节能技术运用…………………… (212)
第一节 列车运行能耗分析……………………………………… (212)
第二节 列车节能技术…………………………………………… (217)
第十四章 车辆段及其工艺设计……………………………… (222)
第一节 车辆段的设计要求……………………………………… (222)
第二节 车辆检修设备设计要求………………………………… (230)
参考文献………………………………………………………… (237)

第一章

大中运量直线电机车辆概述

自 1985 年世界上第一条直线电机轻轨线（加拿大多伦多 Scarborough 线）开通运营，经过 30 多年的运用发展，直线电机车辆技术逐渐成熟、可靠，运营里程迅速增加。尤其是大中运量直线电机运载系统的诞生，标志着直线电机车辆已成为城市轨道交通系统的重要组成部分。

第一节　直线电机车辆

直线电机车辆是当今世界先进的城市轨道交通移动装备，因其采用直线电机牵引技术而得名。直线电机车辆转向架上安装电机定子（称为直线电机），轨道上铺设电机转子（称为感应板），当交变电流通过直线电机的电磁线圈时，产生行波磁场，在磁场与轨道感应板相互作用下产生牵引力和制动力，驱动轨道车辆的运行和制动，如图 1—1 所示。

一、直线电机车辆特点

相对于旋转电机车辆，直线电机车辆有以下特点：

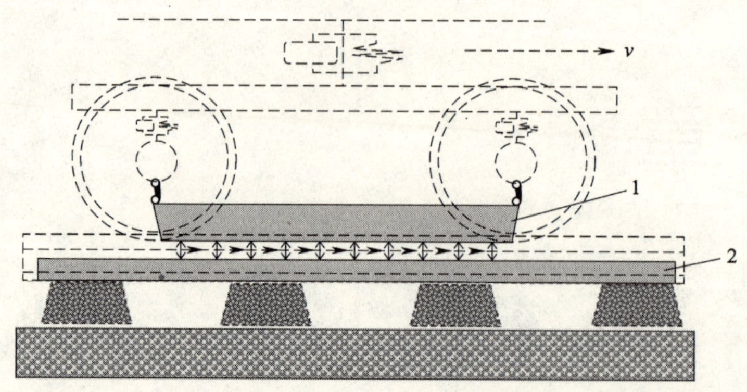

图 1—1　直线电机驱动原理

1—直线电机　2—感应板

1. 爬坡能力强，转弯半径小

直线电机车辆依靠安装在车辆上的直线电机与铺设在轨道上的感应板之间的电磁力推进运行，因此，直线电机车辆的最大优点在于不受轮轨黏着的限制，具有良好的爬坡能力。常规的旋转电机车辆爬坡能力一般不超过35‰，而直线电机车辆爬坡能力可达到 80‰，且不易受雨雪天气的影响。同时，直线电机车辆一般采用径向转向架或柔性转向架，曲线通过能力强，可通过的最小曲线半径为 60 m。

2. 建设造价低及全寿命周期维修成本低

直线电机车辆线路及车厂岔群区可选择小半径曲线，使线路及车辆段占地面积减小，降低了车辆段建设造价，采用直线电机车辆的地铁线路总工程费用低于采用旋转电机车辆的地铁线路。此外，由于直线电机车辆省去了传统的齿轮传动机构，使传动系统结构大大简化，其全寿命周期内的维修成本也得到了大幅降低。

3. 直线电机的效率与能耗

直线电机车辆的缺点是直线电机气隙偏大，效率相对较低，约为旋转电机效率的 70%。为保证电机效率，必须严格控制直线电机与感应板间的气隙，日常检修需定期调整直线电机相对轨面的高度，并加强感应板高度的控制。

因直线电机气隙大，运用线路坡道大，曲线半径小，所以，直线电机车辆的牵引能耗比旋转电机车辆高。但其综合效率的提升是多方面的，除线路造价、车辆制造成本低外，可以通过车辆的设计和运用进一步降低列车能耗，如车体轻量化设计、采用节能空调、降低直线电机气隙运用标准、采用叠片式感应板等。

4. 机械振动和噪声较小

传统的旋转电机车辆依靠轮轨作用来发挥牵引力和制动力，传动机构复杂，运行时机械振动和噪声较大；直线电机车辆依靠无黏着驱动，无齿轮箱等传动机构，运行时机械振动和噪声明显减小。

二、直线电机车辆发展前景

凭借着在曲线及坡度方面的优势，直线电机车辆线路在建设方面可以大大缩减隧道和桥梁长度，如图 1—2 所示，尤其是随着复杂的多层次立体化

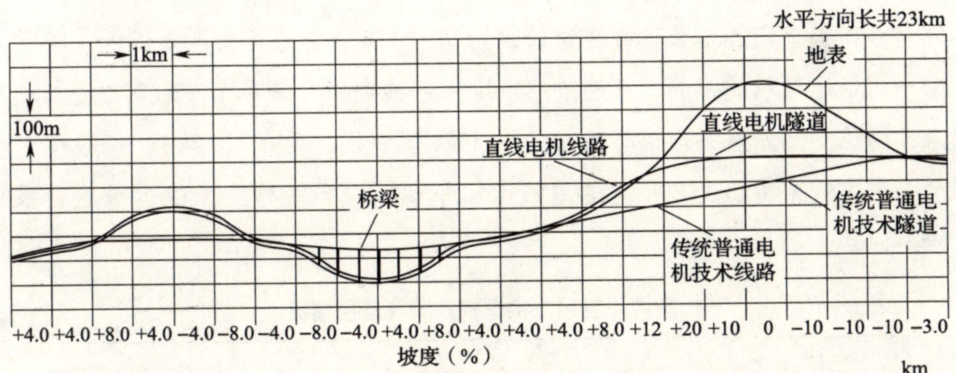

	传统普通电机技术	直线电机技术
隧道长度	12.5	6.5
桥梁长度	4.0	0

图 1—2　直线电机车辆线路优势

轨道交通线网的发展建设，地铁车辆也从单一的地下形式逐渐发展到地下—地面—高架相结合的形式，从单一的城区运输发展到城区—城郊联运。线路立体化，使线路垂断面坡度增大，线路水平断面曲线半径减小，同时线网越来越密集，站点的布置要求更高，这些给线路设计带来许多限制。直线电机车辆爬坡能力强、转弯半径小的独特优点使得线路造价更低，规划更为合理，因此，直线电机车辆具有广阔的应用前景。

第二节 国内外直线电机车辆运用发展现状

2005 年 12 月，世界上第一条大中运量城市轨道交通直线电机车辆线路——广州地铁 4 号线开通运营，2008 年的北京机场线、2009 年的广州地铁 5 号线、2013 年的广州地铁 6 号线三条直线电机车辆线路相继开通运营，国内运用直线电机车辆的线路总里程已达 150 km。

目前，直线电机车辆主要在日本、加拿大、中国等国家运用，国内外直线电机车辆开通及运用情况见表 1—1。相比轨道交通常用的 A、B 型车，国外直线电机车辆的单节车载客量普遍为 90～130 人，载客量明显偏低，属于中小运量运载系统，而已开通的广州地铁直线电机车辆单节车载客量达 230 人，两倍于国外直线电机车辆，但小于 A 型车载客量（310 人）。一般将单节车额定载客量超过 200 人的直线电机车辆运载系统称为大中运量运载系统。

表 1—1　国内外直线电机车辆开通及运用情况

线路名称	开通年份	线路长度（km）	车站数（座）	列车编组（辆/列）	额定载客量（人/节）（定员 6 人/m^2）
加拿大多伦多 Scarborough 线	1985	6.4	6	2 或 4	90
加拿大温哥华 SkyTrain 线	1986	51	31	2 或 4	90

续表

线路名称	开通年份	线路长度(km)	车站数(座)	列车编组(辆/列)	额定载客量(人/节)(定员 6 人/m^2)
美国底特律 DPM 系统	1987	4.8	13	2	123
日本大阪市营地铁 7 号线	1990	15	17	4	95
日本东京都营地铁 12 号线	1991	40.7	38	5	116
日本神户市营地铁海岸线	2001	7.9	10	4	95
日本福冈市营地铁 3 号线	2005	12.7	16	6	98
日本大阪市营地铁 8 线	2006	11.9	17	4	95
日本横滨市营地铁 4 号线	2008	42	32	6	65
马来西亚吉隆坡 PUTRA 系统	1998	29.4	24	2	130
美国纽约肯尼迪机场线	2003	13	10	2	123
北京机场线	2008	28	4	4	112
广州地铁 4 号线	2005	46.6	16	4	230
广州地铁 5 号线	2009	32.0	24	6	230
广州地铁 6 号线	2013	24.5	22	4	230

一、国外直线电机车辆运用发展现状

加拿大是世界上最早将直线电机运载技术用于城市轨道交通的国家，其运用的车辆均由庞巴迪公司开发。第一代 MKⅠ型直线电机车辆 1985 年起在多伦多 Scarborough 线和温哥华 SkyTrain 高架线运用，一般采用 4 辆编组，车辆外形小巧，长 12.7 m，宽 2.5 m，高 3.125 m，转向架轴距 1.7 m，乘客容量 90 人，属于小运量直线电机车辆。1988 年，庞巴迪公司在 MKⅠ型车辆基础上开发了 MKⅡ型直线电机车辆。MKⅡ型车辆比 MKⅠ型车辆乘客空间约增加 50%，单节车载客量从 90 人增加到 130 人，一般采用 2 辆编组，长 17.35 m，宽 2.65 m，高 3.275 m，转向架轴距1.9 m，仍属于小运量直线电机车辆，MK 型直线电机车辆分别如图 1—3、图 1—4 所示。

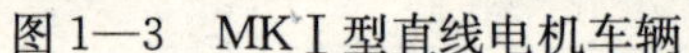
图 1—3　MKⅠ型直线电机车辆

图 1—4　MKⅡ型直线电机车辆

日本于 1978 年开始研究将直线电机牵引技术应用于城市轨道交通系统，1990 年第 1 条直线电机车辆线路大阪地铁 7 号线开通运营，1991 年第 2 条直线电机线路东京 12 号线开通运营。随后，神户、福冈、横滨等城市相继开通直线电机地铁线路，日本成为世界上运用直线电机地铁线路最多的国家。日本直线电机车辆主要由日本车辆制造株式会社、川崎重工业株式会社、三菱重工业株式会社等设计及制造，单节车载客量一般在 100 人以下，属于中小运量直线电机车辆，车辆尺寸比既有地铁车辆小，使用小轮径车辆降低地板高度，采用曲线车体断面和平直形车辆顶板。日本直线电机车辆转向架采用自导向径向转向架，提高了小半径曲线通过能力，直线电机的功率较小。

二、国内直线电机车辆运用发展现状

广州是首次采用大中运量直线电机车辆运载系统的城市。2003 年，广州地铁根据线路规划及客流特点，在 4 号线首次提出了大中运量直线电机运载系统技术方案。广州地铁 4 号、5 号、6 号线大中运量直线电机车辆由中车青岛四方机车车辆股份有限公司（以下简称中车青岛四方）制造，如图 1—5 所示，北京机场线的中小运量运载系统直线电机车辆由长春轨道客车股份有限公司制造，如图 1—6 所示，两种车辆的技术参数见表 1—2。

图 1—5 广州地铁 4 号线车辆

图 1—6 北京机场线车辆

表 1—2 国内直线电机车辆技术参数

参数	广州地铁直线电机车辆	北京机场线直线电机车辆
车辆体系	川崎重工	庞巴迪 MKⅡ
车体长度（m）	17.6	17.602
车体宽度（m）	2.9，地板面 2.8	3.2，地板面 3.048
车体高度（m）	3.625	3.94
车门数量（对/侧）	3	4
额定载客量（人/节）	230	112
最大速度（km/h）	运营 90，设计 100	运营 100，设计 110
供电电压（V），供电方式	DC 1500，三轨/接触网	DC 750，三轨
空车质量（t）	29.5	24
列车控制方式	人工驾驶/自动驾驶	人工驾驶/自动驾驶

三、国内自主知识产权直线电机车辆

我国自主知识产权的直线电机车辆由广州地铁联合中车青岛四方制造，2011 年 12 月完成首列车设计、制造及静态调试，2012 年 10 月在广州地铁 5 号线完成了动态调试和型式试验，2013 年 3 月开始批量投入载客运营服务。

自主知识产权直线电机车辆的转向架、牵引系统、制动系统、网络控制系统和钩缓系统等核心部件均具有完全的自主知识产权，整车国产化率超过了 90%，采用轻量化、模块化设计理念，提高了车辆的可维护性和可维修性，降低了车辆的全寿命周期成本。

自主知识产权直线电机车辆与国内外其他直线电机车辆主要参数对比见

表 1—3，国产化车辆技术成果已能够完全替代进口系统，在国内直线电机车辆发展史上具有重大意义。

表 1—3　　自主知识产权车辆与国内外其他车辆参数对比表

参数	自主知识产权车辆	广州 5 号线车辆	日系直线电机车辆	庞巴迪北京机场线车辆
供电电压（V）	DC 1 500	DC 1 500	DC 1 500	DC 750
受流方式	受电弓、集电靴双制式受流	受电弓、集电靴双制式受流	受电弓、集电靴双制式受流	第三轨受流
编组形式	－A＋B＋B1＋B2＝B3＋A－	－A＋B＋B1＋B2＝B3＋A－	－A＋B＝B1＋A－	－A＋B＝B1＋A－
AW2 载客量（人）	1 402	1 402	380～580	448
最小曲线半径（m）	*R*60	*R*60	*R*60	*R*60
最大线路运行速度（km/h）	90	90	80	110
常用制动平均减速度（90 km/h～0）	≥1.0 m/s²	≥1.0 m/s²	≥1.0 m/s²	≥1.0 m/s²
紧急制动平均减速度	≥1.3 m/s²	≥1.3 m/s²	≥1.2 m/s²	≥1.3 m/s²

第三节　大中运量直线电机车辆

一、线路

自 2005 年广州地铁 4 号线开通以来，5、6 号线陆续开通运营，这 3 条大中运量直线电机车辆线路在广州城市轨道交通中发挥了重要作用，4 号线不仅推动了广州城郊的发展，更为直线电机车辆在我国的推广积累了宝贵经验，5、6号线作为贯通广州市区东西的交通大动脉，给广州市民的出行带来了极大便利。

1. 线路简介

（1）黄村——金洲（4号线）

4号线单线全长46.6 km（不含辅助线），全线共设16座车站，正线最大坡度达到50‰，正线最小曲线半径为300 m，辅助线最小曲线半径为100 m，车厂线为65 m。

（2）滘口——文冲（5号线）

5号线单线全长32.0 km（不含辅助线），全线共设24座车站，线路最大坡度达到55‰，正线最小曲线半径为200 m，辅助线最小曲线半径为100 m，车厂线为65 m。

（3）浔峰岗——长湴（6号线）

6号线单线全长24.5 km（不含辅助线），全线共设22座车站，线路最大坡度达到55‰，正线最小曲线半径为250 m，辅助线最小曲线半径为150 m，车厂线为65 m。

2. 受流方式

广州地铁直线电机车辆采用双制式受流方式，车辆段架设柔性接触网，正线为复合第三轨，在车辆段通过车顶的受电弓受流，在正线通过安装在转向架上的集电靴受流。

3. 感应板

感应板主要由导电板和背铁两部分组成。感应板相当于旋转电机的转子，其导电板相当于转子绕组，作用是通过感应电动势产生感应电流，背铁相当于转子的铁芯，也作为直线电机磁路的一部分。

感应板按照导磁板结构方式可分为两种：一种是整体式感应板，另一种是叠片式感应板。广州地铁 4、5 号线采用整体式感应板，广州地铁 6 号线采用叠片式感应板。

4. 能耗吸收装置

随着城轨车辆及供电技术的发展，再生制动技术获得了推广，目前，国内车辆普遍采用电制动为主、气制动补充的模式。其中，电制动包含再生制动和电阻制动。

广州地铁 4、5、6 号线充分考虑直线电机车辆的轻量化设计，车上不配备电阻制动时的吸收电阻，而是在每个牵引变电所设置一套恒压式能量吸收装置，以达到减轻车重、提高列车运用效率的效果。

二、车辆组成

广州地铁直线电机车辆由 2～3 个基本单元（4、6 号线由 2 个基本单元；5 号线由 3 个基本单元）组成，每个基本单元由 1 个带司机室的 A 车和不带驾驶室的 B 车组成，5 号线中间单元不带司机室，如图 1—7、图 1—8 所示。

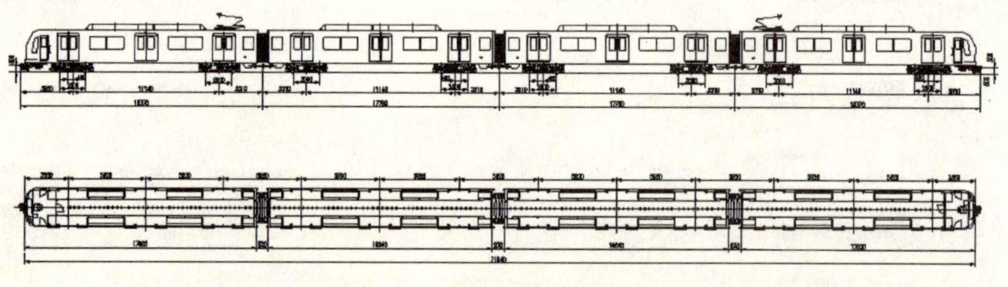

图 1—7　4、6 号线列车编组

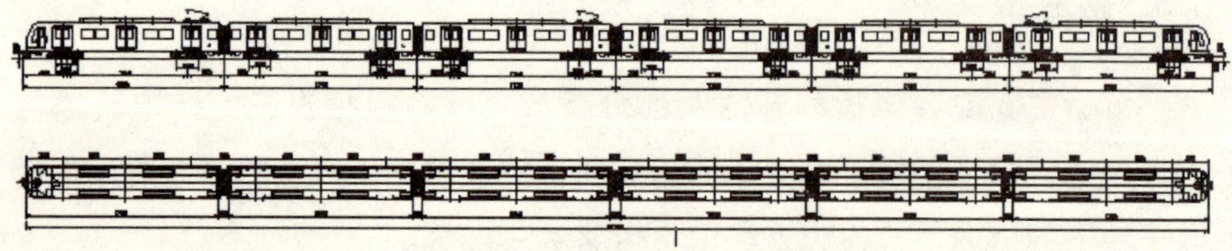

图 1—8　5 号线列车编组

1. 车辆主要技术参数

（1）车辆适应的线路条件

轨距	1 435 mm
最小曲线半径：	
正线	150 m
辅助线	100 m
车厂线	60 m
最大坡度：	
正线	60‰
辅助线、车辆段	70‰
外轨最大超高	120 mm
正线连接 9＃道岔最小导曲线半径	200 m
车辆段线路连接 5＃道岔最小导曲线半径	65 m

（2）车辆的主要结构尺寸

车辆长度（不含列车两端车钩）	
含司机室的车约	约 17.2 m
不含司机室的车	约 16.84 m

（3）车体侧面

鼓形车体宽度	
车体外部最大宽度	≤2 900 mm
外部在站台高度处最大宽度	2 800 mm

（4）车辆高度（轨面至车顶高、新轮）

含排气口及空调单元	≤3 625 mm
受电弓落弓高度	约 3 560 mm
转向架中心距	11 140 mm
车辆固定轴距	2 000 mm
车轮直径（采用整体辗钢车轮，新轮）	730 mm

车轮直径（全磨耗） 650 mm

轮对内侧距 1 353±2 mm

2. 列车动力性能

(1) 列车牵引性能

在平直、干燥轨道上，额定负荷（AW2），额定供电电压情况下：

列车结构速度 100 km/h

列车最大运行速度 90 km/h

冲击极限 0.75 m/s^3

起动平均加速度（0～35 km/h） ≥1.0 m/s^2

(2) 列车制动特性

在平直、干燥轨道上，额定负荷（AW2），车轮半磨耗状态，额定供电电压下：

常用制动平均减速度 ≥1.0 m/s^2

紧急制动平均减速度 ≥1.3 m/s^2

列车停放制动能使超负荷（AW3）的列车在55‰坡道上停住。

三、车辆各系统

1. 车体及其附属设备

车体为列车的主要承载结构，通常具备美观性、舒适性、轻量化三大特点。外部造型为现代时尚的流线型，结构材料通常使用强度高、耐腐蚀性好、质量轻的铝合金型材，车内设备、设施牢固可靠，且具有良好的防水、防尘性能。

2. 空调与通风系统

空调系统的主要作用是确保车内温度基本恒定，为乘客提供舒适的乘坐环境。空调系统的主要参数是通风量和制冷功率，其选型特点为舒适与节能。同时，空调还应包括紧急通风功能，紧急情况下能够保证足够的外界通风。

3. 车门

车门包括客室车门和司机室侧门。客室车门为乘客出入列车的通道，司机室侧门为司机进出列车的通道，车门机械结构相对复杂，安装基数大，动作频繁，因此，要严格把控车门尺寸，确保车门动作可靠。车门开关动作可以由司机人工控制和信号系统自动控制。

4. 车端连接装置

车端连接装置主要包括车钩、电气连接装置和贯通道三部分。车钩和电气连接装置实现列车之间的机械连挂和电气连接，其设计与列车的曲线通过能力相适应；同时，在两端全自动车钩处具有能量缓冲装置，保证低速情况下撞击能量的吸收。贯通道实现车厢之间的连接，满足车辆顺利通过小半径曲线的要求。

5. 转向架

转向架是列车牵引力、车辆载荷和轨道外力的直接承受者，其性能决定了乘客的舒适性及安全性。转向架承受车体自重、载重并将其传递给钢轨，传递列车牵引力、制动力，使列车顺利通过曲线道岔，同时还能够减缓轮轨间冲击振动对车体的影响，提高列车运行品质。

6. 空气制动与供风系统

空气制动与供风系统用于控制列车制动的施加与缓解，保证车辆及时减速或停车。常见的制动系统控制形式主要为车控式和架控式，一般采用盘式制动和踏面制动，而直线电机车辆转向架结构紧凑，轮径较小，更适宜采用盘式制动。

7. 受流系统

受流系统主要作用是将高压接入列车，包括集电靴受流和受电弓受流两种。在提高供电稳定性，保护员工人身安全等方面，正线运营时采用集电靴受流，库内检修时采用受电弓受流的双制式受流表现出较大优势。

8. 辅助电源系统

辅助电源系统包含辅助逆变器、充电机、蓄电池组、车间电源等设备。其中辅助逆变器为空调、空压机提供380 V交流电源，充电机为蓄电池组和直流负载提供110 V电源，蓄电池组用于列车激活启动，车间电源为库内检修（主要是空调）提供高压电源。

9. 牵引与电制动系统

牵引与电制动系统是列车的动力核心，是列车电能转化为机械能的关键机构。其中高压主回路主要承担高压的接入和列车动力的输出，牵引控制回路主要承担控制指令的接入、逆变控制的输出及故障诊断功能，两者共同作用实现列车的牵引和电制动功能。

10. 列车控制

列车控制技术包含列车网络控制及硬线控制两种，通过总线或硬线向牵引、制动等子系统传输数字信号或模拟信号，实现对子系统的控制，进而实现列车的激活、列车牵引和制动控制等基本功能，同时兼具网络监控与诊断功能。

11. 乘客信息系统

乘客信息系统由列车广播系统和媒体系统组成，主要用于提供及时、准确的线路信息和出行信息，给乘客提供及时、准确的运营服务和应急指引信息，同时具备应急情况下的乘客报警及紧急广播功能。

第四节　大中运量直线电机车辆检修

一、车辆检修模式

大中运量直线电机车辆的检修模式参照A、B型车，根据检修目的不同，车辆检修主要分为预防性检修和故障性维修两大类。随着科技的发展，越来越多的自动化检测手段运用于车辆检修中，能大大提升车辆运行的安全保障，也大大提升了检修效率。

1. 预防性检修

预防性检修主要分为计划修和状态修两种。一般来说，计划修以车辆运行时间和运行里程为依据，状态修以设备状态参数为依据，两者在车辆检修方面各有优势，计划修全面性好，状态修更适合设备的专项维护。

(1) 计划修

计划修是根据事先确定的计划，当达到一个时间周期或者车辆运行公里数时，对相关设备进行的检查和处理。计划修可以提前处理各种可预测的问题，也可根据异常征兆采取进一步措施。一般来说，车辆计划修主要包括日检、月检、半年检、年检、架修、大修等。广州地铁大中运量直线电机车辆的主要维修项目与A、B型车计划修内容相似，略有调整，见表1—4。根据多年运用经验，计划修具有一定提前量和重复度，容易导致过度修。

表1—4　　广州地铁中大运量直线电机车辆的主要维修项目

检查种类	周期	停修时间	场地设施要求
日检	1日	0.5 h	停车库、接触网供电、无检修地沟
		1 h	检修库、接触网供电、有检修地沟

续表

检查种类	周期	停修时间	场地设施要求
月检	30 日	1 工作日	检修库、接触网供电
半年检	半年	3 工作日	检修库、接触网供电、车间电源
年检	1 年	5 工作日	检修库、接触网供电、车间电源
架修	5 年	20 工作日	大修基地、架车机、部分部件维修场地
大修	10 年	30 工作日	大修基地、架车机、各种部件维修场地

（2）状态修

状态修是通过对设备的某一参数进行定期检查，一旦参数超过限定警戒值即介入处理。例如，根据合理的测量周期，调整电机高度，保证其在正常运用范围内；及时更换磨耗到限的制动闸片等作业。根据设备参数、状态及时进行调整和处理，既保证了设备质量，又降低了运营成本，这些都是状态修的研究方向。

从一定程度上来说，状态修是对计划修的一种探索和尝试，当对状态修的尝试达到一定程度积累后，经过总结归纳可将其列为计划修的一部分，以此循序渐进，优化维护及检修体系。一个好的维护及检修模式既能保持列车的工作状态，又能使维修占用资源减至最小。计划修和状态修相结合的方式能有效克服状态修带来的维修不足，减少计划修引起的过度维修，保证城轨车辆的维修质量，提高车辆利用率，降低维修成本。

2. 故障性维修

故障性维修是在某个部件出现故障后所采取的维修方式，也称为临修。故障性维修可以是彻底维修，也可以在保证安全前提下进行临时性处理，设备在临时处理后仍然可以投入运营，并等待彻底维修。

为了提高维修效率，在故障性维修中，故障排查主要遵循以下顺序：

（1）确认故障现象及故障信息，锁定故障部件并更换。同一故障现象可能有多个故障原因，同一设备故障可能造成不同的故障现象，在检修过程中需认真分析。

(2) 根据设备功能进行本地自检，缩小排查范围。自检是电气部件检查的有效手段，目前，像车辆牵引、辅助、制动、空调等电控系统均具有完善的自检功能。

(3) 部件互换观察，尽量采用最小可更换部件的形式。对于疑难故障，可采用互换跟踪对比，若互换后故障转移，可判定具体故障部件，便于快速排除故障。

二、车辆运用与检修概况

截至 2015 年 9 月，广州地铁 4、5、6 号线投入载客运营的大中运量直线电机车辆共计 696 辆，累计运营已超过 8 600 万列公里，单列车最高运行里程超过 180 万公里，日均客运量超 200 万人次，整体运用状态良好。

大中运量直线电机车辆与旋转电机车辆相比，载客量相差不大，车辆的空调、车门、车体等系统整体故障率基本一致。在其他系统方面，由于直线电机车辆的特点，系统运用情况与旋转电机车辆区别较大，例如，直线电机悬挂在转向架上，转向架簧下质量比较大，轮轨振动作用力也比较大；车轮表面摩擦不均衡或材质性能差异等导致车轮踏面圆跳动加大；自然风冷的直线电机裸露吊挂，电机温升使得电机绝缘逐步下降，强磁场吸附线路铁质异物，导致电机烧损故障。

在车辆检修作业中，针对直线电机车辆的结构特点和运用情况，其检修要求和作业内容也有其特殊之处：小轮径带来的更短的换轮周期、周期性的电机高度调整作业、适应小半径曲线要求的车钩和贯通道检查标准等，具体的运用情况及检修要求详见后文相关内容。

第二章

车体及其附属设备

第一节　大中运量直线电机车辆车体组成

大中运量直线电机车辆的车体尺寸需与其运量相适应，但长度偏短，地板上有直线电机高度调整孔，总体设计上与其他地铁车辆相似。车体是车辆结构的主体，是容纳乘客和司机驾驶（对有司机室的车辆）的处所，也是安装其他设备和部件的基础。车体需承受各种动、静载荷和各种振动，适应车辆在最高速度下的运行，还需满足隔音、隔热、防火等要求，并能在事故状态下尽可能保证乘客安全。

一、车体尺寸及布局

按车体的尺寸参数、载客量大小，车辆一般划分为 A 型车、B 型车。大中运量直线电机车辆与 A、B 型车尺寸对比详见表 2—1。

表 2—1　　各车型对比

车型	最大宽度（m）	最大高度（m）	基本长度（m）	额定载客量（人/节）（定员 6 人/m^2）
A 型车	3	3.89	22	310
B 型车	2.8	3.89	19	240
大中运量直线电机车辆	2.89	3.625	17	230

为了提升车辆的小半径曲线通过能力，大中运量直线电机车辆车体比 A、B 型车短，但宽度可以适当加大，达到 2.89 m。因此，在室内布局上，车门和座椅的数量与布置与 A、B 型车有差异，单侧设置 3 对车门、2 张长座椅，不带司机室的车头尾两端设短座椅，带司机室的车仅尾端设短座椅。

二、车体结构

大中运量直线电机车辆采用四节或六节车编组，其车体布置如图 2—1 所示，分为带司机室的车体和不带司机室的车体，带司机室的车体由司机室、

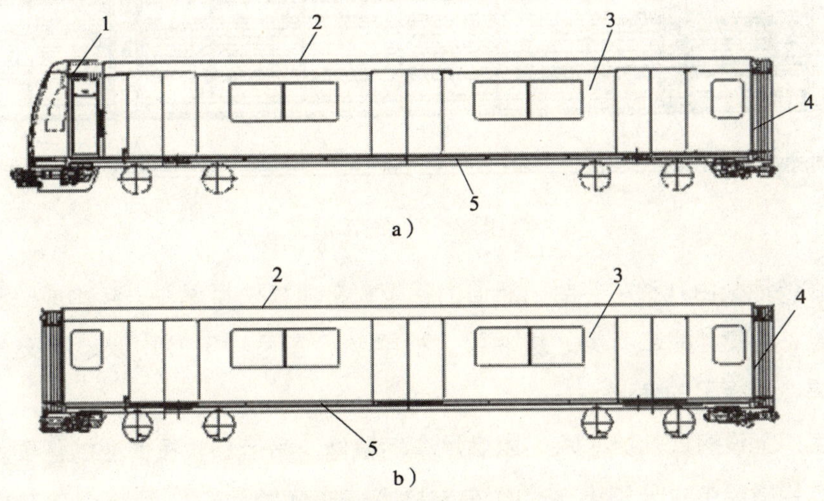

图 2—1　车体布置

a）带司机室车体　b）不带司机室车体

1—司机室　2—车顶　3—侧墙　4—端墙　5—底架

底架、侧墙、端墙和车顶组成；不带司机室的车体由底架、侧墙、端墙和车顶组成。车顶的两侧设有排水槽，车顶的空调冷凝水和雨水经过集水槽汇集，经排水槽排到车底。司机室外侧设有扶手，下方设有脚蹬，满足司乘人员上下车的需要。

车体采用大型挤压结构铝合金型材焊接而成，在满足大中运量强度要求的同时兼顾了减重。

三、车体构件介绍

1. 底架

底架如图 2—2 所示，其主要作用是承受车体上部载荷并将其传递给整个车体，承受因各种原因引起的横向力及走行部传来的各种振动和冲击，通过牵引梁连挂组成列车，并在车辆间传递牵引力和制动力。底架的挠度保证任何载荷下车门都能顺利打开。

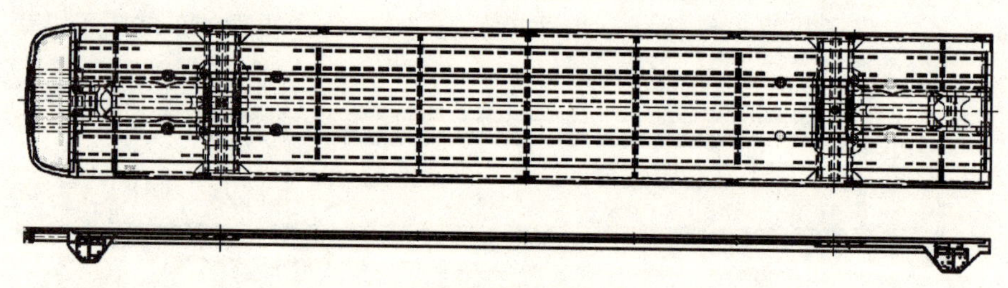

图 2—2 底架

底架地板由几种中空封闭断面的铝型材挤压模块拼焊在一起构成一整块地板梁，底架上的牵引梁、缓冲梁、枕梁及设备吊挂梁等均以地板梁为基础，焊在地板梁的底部。

底架上设有四处抬车点，以满足车辆检修、吊运和救援作业的需要。两端的车钩横梁中央分别设 1 个架车支撑点，车辆的四角处设 4 个架车支撑点，用于紧急情况下的架车。

2. 侧墙

侧墙如图 2—3 所示，通常由多个空腔结构按纵向分布组成，由中空截面的铝合金挤压型材铆接或焊接而成。侧墙主要用于安装客室窗玻璃、客室车门、座椅等部件。

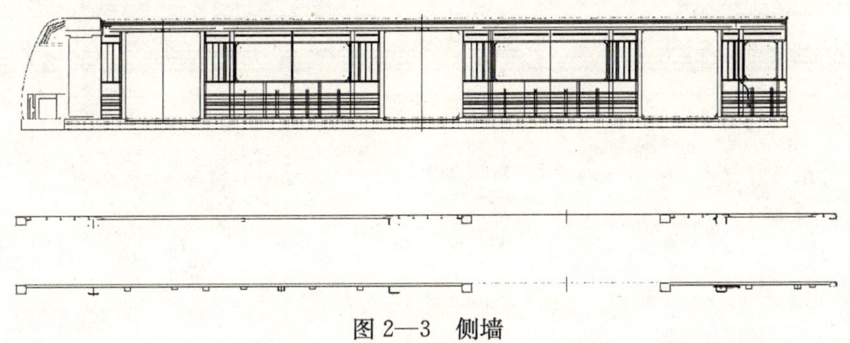

图 2—3　侧墙

侧墙主要由墙板、支撑梁、隔音和隔热材料组成。

3. 端墙

端墙如图 2—4 所示，是一个呈∩形的结构，为焊接或铆接结构，过渡设备用框架固定。端墙的结构通常由墙板、支撑梁、隔音和隔热材料、阻尼浆组成，与侧墙结构基本相似。

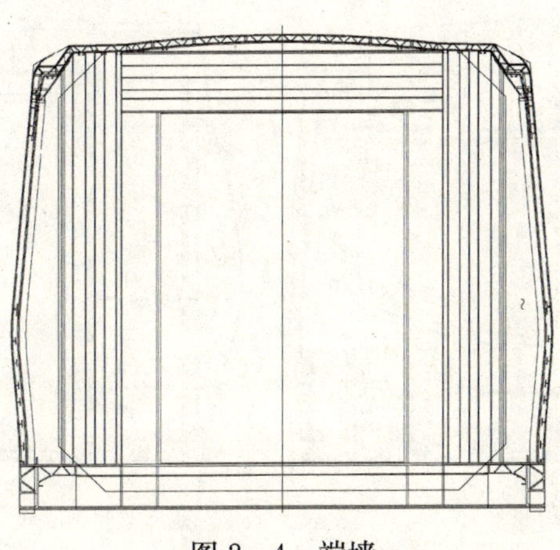

图 2—4　端墙

端墙主要用于连接贯通道、司机室。

4. 车顶

车顶如图 2—5 所示，由几个空腔部分按照纵向排列组成，包括拱形顶梁。

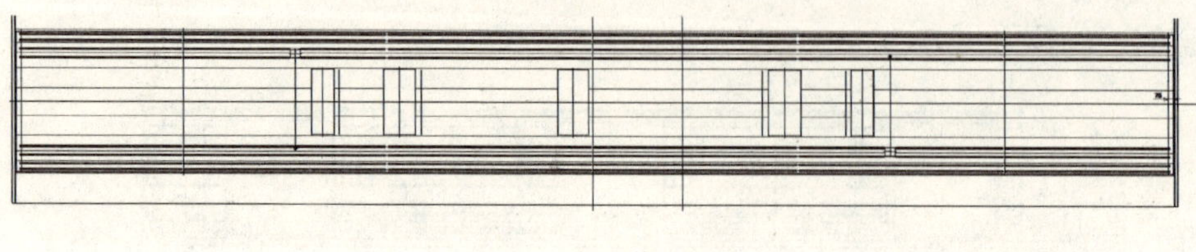

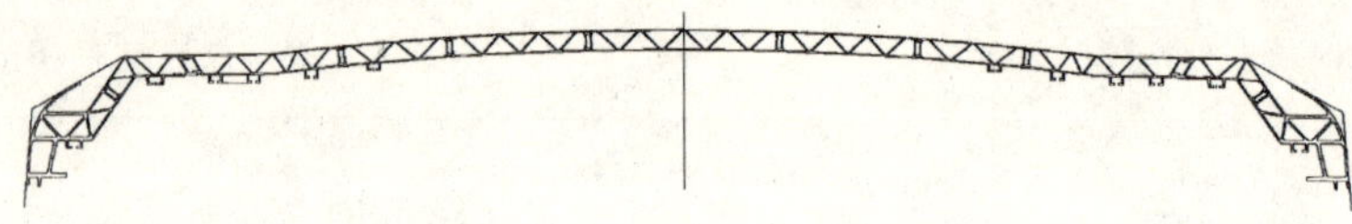

图 2—5　车顶

车顶通常装有通风口、空调设备、排水装置、受电弓及其连接装置、车辆无线电天线等设备。

5. 司机室

司机室如图 2—6 所示，外观造型采用现代化的流线型，司机室外罩采用玻璃钢，司机室内一般设置有信号和通信设备、车辆电器控制设备、乘客

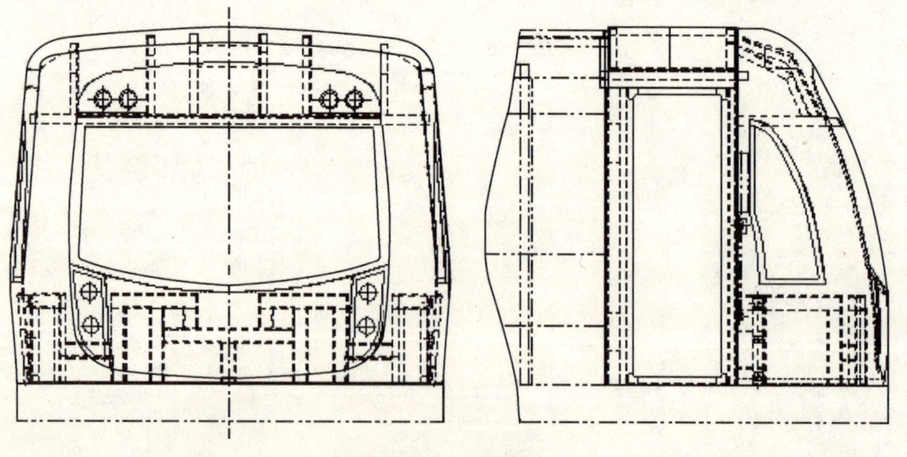

图 2—6　司机室

信息系统设备、司机操纵台和座椅等。司机室和客室之间设有分隔门，左、右侧设有司机室侧门，以方便司机进出。司机室前窗挡风玻璃一般设有雨刮器和遮阳板等。

第二节　车体附属设备

车体附属设备主要有雨刮器、头灯、客室灯、车窗、地板、座椅、立柱和扶手等。

一、雨刮器

雨刮器安装在两端司机室前窗玻璃附近，主要作用是能够有效地清除司机室前窗上的雨水、雪和污垢，保证驾驶室司机正常瞭望。在地面或高架路段较长的地铁线路，尤其是南方多雨城市，雨刮器的性能直接影响地铁列车运营安全。雨刮器通过旋转组合开关控制，可实现低速、高速、停止回位。

二、头灯

列车头灯可分为前照灯及运行灯两大部分，主要用于列车运行照明、指示列车运行状态，方便司机观察隧道情况，保证行车安全。

前照灯由头灯和尾灯组成，两盏灯安装在同一个灯体内，位于 A 车的Ⅰ位端司机室前端墙的两侧。头灯为氙气灯，能提供强光和弱光两种照明强度，并且在水平和垂直方向上能进行适当调节，以满足运行要求。尾灯为红色 LED 灯。

运行灯位于 A 车的Ⅰ位端前部上方的两侧。运行灯分为红色和白色两种，均由相应颜色的 LED 组成，由 DC 110 V 供电。

三、客室灯

按照功能分类，客室灯可分为紧急照明和正常照明两部分，采用三基色荧光灯照明，由两条 40 W 顶灯组成，作为主照明。正常照明可由辅助逆变器输出的 AC 220 V 或 DC 110 V 供电，所有灯管均处于正常工作状态。紧急照明则由蓄电池输出的 DC 110 V 供电，三分之一荧光灯工作。

车厢内照明均匀分布，在车内离地板面高度 0.8 m 处测得的照度宜不小于 300 lx 并且不大于 350 lx，紧急照明时，离地板面高度 0.8 m 处测得的照度宜不小于 100 lx。

四、车窗

为了美观及扩大视野，尤其是扩大高架线路的视野范围，宜尽量增大客室窗户面积。车窗玻璃一般采用双层中空的安全玻璃，能承受内部和外部的压力差，包括会车和通过隧道。

五、地板

地板由流平层和地板布组成。每一个客室侧门下边安装有一个门槛，门槛由铝合金型材加工而成，上面设有凹槽防滑。

每节车地板上设置 8 个直线电机检查孔，用于直线电机的检查及高度的调整。检查孔上安装了一个可以方便打开的检查孔盖，由不锈钢制成，底部为复合隔音材料。车底还有两个中心销安装孔，也作了同样的处理。

六、座椅、立柱和扶手

座椅、立柱和扶手的布局如图 2—7 所示，在两客室侧门之间沿车体侧墙设置纵向座椅，提供了较大的车内站立空间，满足大中运量直线电机车辆的载客空间需求。座椅面板一般采用不锈钢制造，符合人体工程学的要求。每个座位应至少能承载 100 kg。

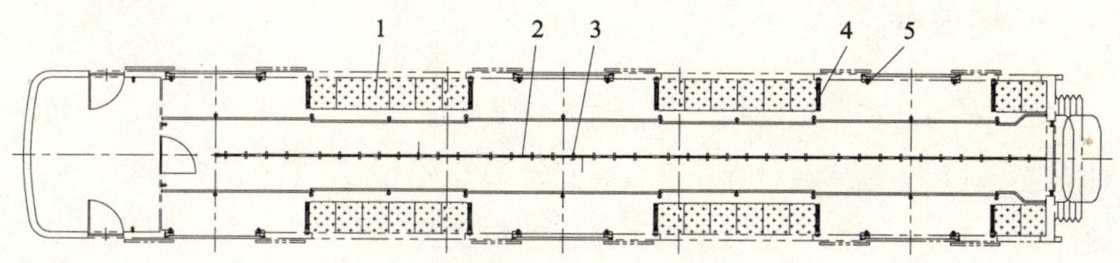

图 2—7　座椅、立柱和扶手的布局

1—座椅　2—立柱及横杆　3—吊环　4—挡风板　5—扶手杆

客室立柱及横杆均为 3 列布置，其中中间一排横杆上设有吊环，客室侧门两侧、司机室后端门两侧及端部贯通道等处也设有扶手杆。

立柱、横杆和扶手杆采用不锈钢管或用铝合金制作，表面采用烤漆或拉丝等处理。吊环的材质为尼龙加玻璃纤维，吊座及链环采用不锈钢制作。

挡风板位于客室座椅的两侧，挡风板玻璃为透光钢化玻璃，上部的装饰块采用铸造铝合金结构。

第三节　车体及其附属设备运用情况及检修

一、运用情况

大中运量直线电机车辆车体及其附属设备技术成熟，总体运行可靠。根据运营经验，在地板布、检查孔盖、客室立柱和车体表面处理等环节均有改进和优化的空间。

二、系统运用问题及改进

1. 地板布

地板布覆盖在地板结构上，通过粘接安装。地板布为聚合材料，采用纵向接缝。在实际运用过程中，聚合材料地板布易出现开裂、破损故障，地板布为纵向布置，增加了出现故障时更换的难度及工作量。地板布材质宜采用PVC，并采用横向接缝，有望延长使用寿命并减小更换工作量。

2. 检查孔盖

检查孔盖表面粘接的地板布四周无包边防护，长期运营后，检查孔盖上的地板布边缘因脱胶出现缝隙，如果地板上的沙粒等异物进入检查孔盖的不锈钢底板和地板布之间，会进一步加速地板布的脱胶翘起，严重时可能会绊倒乘客。

检查孔盖地板布脱胶后，需要人工剥离地板布，打磨不锈钢底板后再重新粘贴新地板布，耗费人力、物力较多且不能彻底解决问题。针对该问题，可采用增设不锈钢翻边保护地板布的方案。

3. 客室立柱

立柱的材质主要有不锈钢和铝合金。不锈钢材质表面烤漆的立柱，随着运营年限的增加，表层烤漆层会出现脱漆现象。针对该问题，可将表面烤漆层清除，改为不锈钢拉丝效果。铝合金管材表面阳极氧化的立柱，在汗渍的腐蚀下可能出现局部发黑现象。

对比铝合金及不锈钢材质，铝合金有利于车辆减重，而不锈钢抗氧化能力强，如能解决铝合金表面腐蚀问题，则同时兼顾了减重和抗氧化，可以作为客室立柱设计选型优化的研究方向。

4. 车体表面处理

目前运营的地铁车辆铝合金车体外墙大多采用表面喷漆的方案。随着城市的发展，部分新建车辆段有上盖物业，这类地下车辆段排风条件不利于喷漆作业，在车辆架大修车体外墙需翻新时，可考虑采用外墙贴膜方案。此外，高架等露天路段出于广告宣传等目的也可以采用车体外墙贴膜。

5. 客室灯罩

客室灯罩通常有格栅式和 PVC 一体式。格栅式的灯罩在实际运用中存在容易积尘、不易清扫的缺点，不宜采用。PVC 一体式灯罩外形美观，设计和施工时需关注安装可靠性和接缝尺寸控制。

三、系统检修

1. 日常维护要点

（1）检查车窗、车体及内装各部件外表面，检查玻璃胶条，年检时检查司机室车顶及两侧密封情况，并测试司机室车顶密封胶密封性能（淋水试验）。

（2）检查雨刮器刷杆拉紧弹簧及胶条，年检时拆解检查主轴并对主轴进行润滑。

（3）检查头灯、尾灯和运行灯灯罩及内部隔热玻璃。

（4）检查车底牵引梁、枕梁、车钩底座可见部位。

2. 架大修要点

（1）检查车体结构，确保车外排水管、裙板等部件的紧固件安装牢固。

（2）检查车体涂层表面、车号标记、车顶密封胶及各部件紧固情况。

（3）检查客室内装各组件的紧固螺钉，检查车体内墙板、顶板、立柱、扶手、横杆、吊环、车门盖板、表面涂层和贴膜。

(4) 检查车窗玻璃密封胶条，检查电子柜门、设备柜门和锁、广告画框和警示标语。

3. 维护及保养注意事项

车体维护及保养需重点关注清洁剂的使用，外墙及内装清洁宜使用中性清洁剂，酸、碱性较强的清洁剂可能造成车体涂层受损，车窗玻璃密封胶条老化、开裂后渗水，车底设备安装螺栓腐蚀失效，客室内扶手、立柱腐蚀变色等问题。

大中运量直线电机车辆车体载荷较大，在架大修时宜对车体底架焊缝等关键受力位置进行探伤检查。

第三章

空调与通风系统

随着科技的发展和人民生活水平的提高，人们对地铁乘车环境的舒适性和安全可靠性要求越来越高，地铁车辆空调系统必须具有耐振动、抗冲击、能适应地面及地下隧道等不同运行环境的特点，空调机组的制冷量、形式、数量、安装位置等均需满足车辆的运行环境、车辆整体结构、线路特点等要求。直线电机车辆的空调与通风系统制冷量和风量设计上与 A 型车或 B 型车类似，在总体设计和功能上无特殊要求。

第一节　空调机组和通风系统组成

一、空调机组基本结构

空调机组的主要部件包括全封闭制冷压缩机、冷凝器、节流元件、蒸发器、气液分离器、干燥过滤器、通风机、冷凝风机、风阀等。

空调机组为下出风或侧出风形式，出风口与车内主风道连接，经空调机组处理后的空气经车内主风道、送风口送入客室内。废气经由安装在车顶的排气装置排放，保证列车在运行中客室排气正常。司机室不单独配置空调机组，但加设一个独立的通风机。与司机室相邻的空调机组将已处理的空气经单独的风道送入司机室（不经客室)。空调机组外形及结构如图3—1所示。

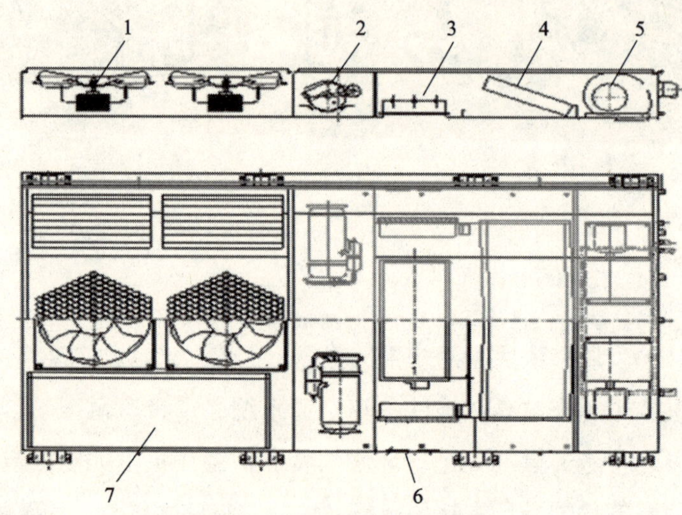

图3—1 空调机组外形及结构

1—冷凝风机 2—压缩机 3—回风口 4—蒸发器 5—通风机 6—新风口 7—冷凝器

二、空调机组主要部件

1. 制冷压缩机

由于压缩机不断地吸入和排出制冷剂，才使得制冷循环得以周而复始地进行。因此它是整个制冷系统的“心脏”。

应用于地铁车辆空调的压缩机主要有以下几种形式：

(1) 活塞式压缩机

活塞式压缩机应用曲柄连杆机构带动活塞在气缸内做往复运动，从而压缩制冷剂，具有使用温度范围广，技术成熟、可靠等特点，有良好的使用性能和能量指标，应用较广泛。但由于振动及结构的复杂性，限制了其转速及制冷量的扩大，加上工作时振动及噪声偏大，性能普通的活塞式压缩机在地铁车辆上极少应用。

(2) 螺杆式压缩机

螺杆式压缩机具有结构简单、易损件少、转速高、排气温度低、对湿压缩不敏感等优点，其主要运动部件是装于机体内的相互啮合的一对转子。转子的齿槽与机体内圆柱面及端壁面之间的空间容积构成了压缩机的工作容积，又称基元容积。阳转子的齿周期性地侵入阴转子的齿槽，并且随着转子的旋转，空间接触线不断地向排气端推移，致使转子的基元容积不断缩小，基元容积内气体的压力不断提高，达到压缩气体的目的。

(3) 涡旋式压缩机

涡旋式压缩机目前在轨道交通车辆空调系统中应用较广泛，具有结构简单，自身运动部件少，没有往复运动机构，吸气、排气过程几乎连续进行等特点。同时，整机振动和噪声小，可靠性高。

涡旋式压缩机的基本结构如图 3—2 所示。涡旋式压缩机主要由两个涡旋盘相错 180°对置而成，其中一个是固定涡旋盘（静盘），而另一个是运动涡旋盘（动盘）。运动涡旋盘依靠安装在动盘和静盘之间的十字滑环，一方面与固定涡旋盘啮合而保持给定的旋转半径，另一方面做不自转的旋转运动。吸气口在涡旋盘的外表面，随着曲面的顺时针转动，气体由边缘吸入，进入月牙形容积，在顺时针向中心运动的同时，月牙形容积逐渐缩小而压缩气体。

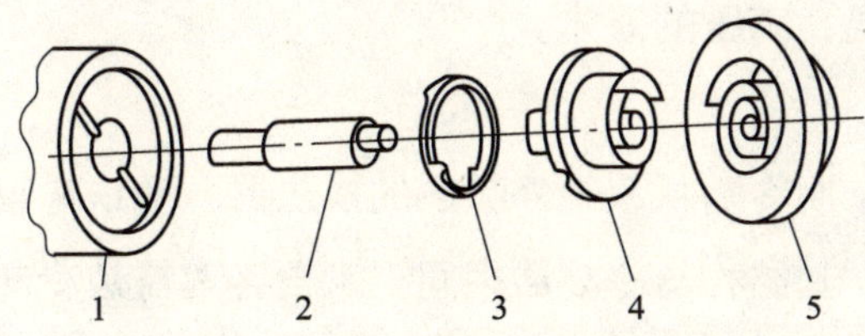

图 3—2　涡旋式压缩机的基本结构

1—曲轴箱　2—偏心轴　3—止动环　4—动盘　5—静盘

三种压缩机对比见表 3—1。

表 3—1　　常用地铁车辆空调压缩机对比

项目＼形式	活塞式	螺杆式	涡旋式
应用范围	较少	一般	广泛
结构特点	结构复杂，易损件多	零部件少，易损件少，可靠性高	零件少（特别是易损件少），可靠性高
工作特点	排气压力适应范围广。吸气、排气不连续，气流有脉动，容易引起管道振动	吸气、排气连续，排气温度低	多个压缩腔同时工作，排气连续，气体泄漏量少，容积效率高
体积	较大	较大	较小
振动与噪声	较大	较大	较小
质量	一般	较重	较轻

2. 换热器

(1) 冷凝器

冷凝器是一个制冷剂向系统外放热的换热器。按冷却介质和冷却方式不同，可以分为水冷式、空气冷却式（风冷式）和蒸发式三种类型。地铁车辆空调系统的冷凝器采用的是风冷式，由铝或铜管、散热翅片（通常有铜片和铝片两种）与不锈钢端板和支撑板构成。在冷凝风机的加压下，环境空气流过冷凝器翅片缝隙，带走来自压缩机内高温、高压制冷蒸气中的热量，使高温蒸气冷凝成常温、高压的液体。

(2) 蒸发器

蒸发器是一个制冷剂从系统外吸热的换热器。地铁车辆空调系统蒸发器采用的是风冷式，其结构与冷凝器相同。来自客室需被冷却的空气在通风机的带动下，流经蒸发器翅片，而蒸发器管路内的制冷剂液体因吸收客室空气的热量成为低温、低压的制冷剂蒸气。

3. 节流装置

节能装置是利用孔口节流原理，将冷凝器中受冷凝压力的饱和液体或过冷液体降至蒸发压力和蒸发温度，同时根据客室热负荷的变化调节进入蒸发器的制冷剂流量。地铁车辆空调常用的节流装置有热力膨胀阀和毛细管。

(1) 热力膨胀阀

热力膨胀阀既是控制蒸发器供液量的调节阀，又是制冷装置的节流阀。它利用蒸发器出口处制冷剂蒸气过热度的变化来调节蒸发器入口的制冷剂流量，实现对制冷量的调节。

(2) 毛细管

当液体沿管内流动时，由于管道摩擦阻力而产生压降，管径越小或管子越长则阻力越大，流量也就越小。在制冷技术上，利用此性质，采用了小内径并有一定长度的纯铜管代替膨胀阀作为制冷循环的流量控制与节流降压元件，这就是毛细管节流装置。

4. 冷凝风机

为加速环境空气与冷凝器的热交换，确保冷凝器具有较高的热传递效率，冷凝风机将周围冷空气经冷凝器从空调机组旁侧吸入，然后再将加热过的热空气经位于空调机组顶部的风扇格栅排放到周围环境。

冷凝风机为轴流风机，包括 1 台 3 相交流电机及安装在一个精密轴承上的多个叶片，叶片在一个密接环内工作。它用来保护操作人员免受风扇叶片的伤害并防止异物进入风扇。轴流风机设计为双速电机，则可以通过对外界温度或制冷量大小的判断实现高速、低速自动转换。

5. 通风机

通风机为离心风机，用来加速需冷却的空气与蒸发器的热交换，确保蒸发器具有较高的热传递效率。其结构包括 1 台 3 相交流电机及安装在 1～2 个精密轴承上的叶轮，叶轮在风罩内工作，将回风和新风带入蒸发器翅片，并将冷却后的空气送入客室。

三、通风系统的组成

车辆通风系统不分季节，长期运转，将客室内需要处理的空气输送至空气冷却（或加热）系统，同时将经空气冷却（或加热）系统处理后的空气输送并分配到客室，获得合理的气流组织，并将室内污浊的空气排出室外，使客室内的空气参数满足设计的要求。

车辆通风系统分客室通风系统和司机室通风系统两部分，主要由空调机组回风口、新风口、空气过滤器、客室回风道、软风道、主风道、送风口、司机室通风装置、排风装置等组成。车辆空调通风系统空气、冷凝水的流向如图 3—3 所示。

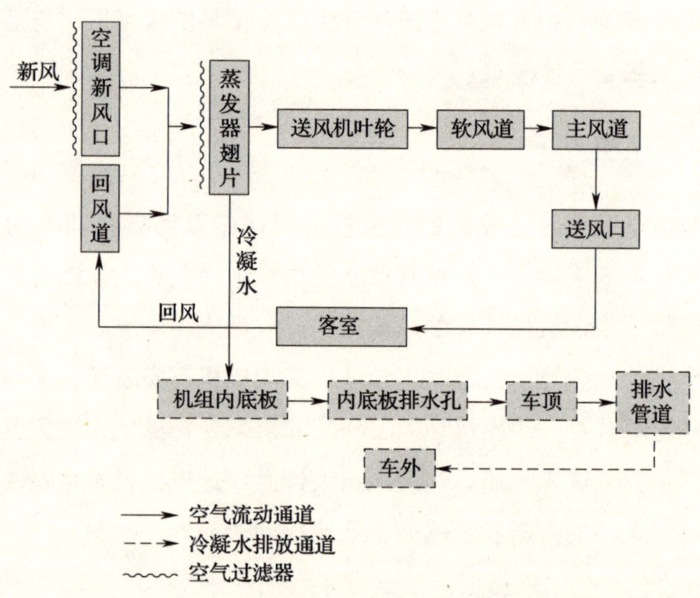

图 3—3　车辆空调通风系统空气、冷凝水的流向

1. 空气过滤器

通风系统中设置了空气过滤器，空气过滤器分为新风空气过滤器、回风

空气过滤器和混合风空气过滤器几种，能降低空气的含尘量，防止灰尘和其他固体颗粒进入并阻塞蒸发器翅片，影响制冷效果。

2. 空调机组新风口

新鲜空气的吸风口一般布置在空调机组的侧面。新风口装有百叶窗和过滤器，防止杂物及雨雪进入车辆内。新风口的内侧装有调节机构，以便调节新风量。

3. 风道

主风道位于客室顶板内部，是对经过处理后的空气的输送通道。软风道用于连接空调机组出风口与车辆主风道，防止机组与主风道硬连接产生的噪声和振动，通常由帆布材料与不锈钢框架构成。回风口和回风道位于客室顶部，是客室内空气进入空调机组进行循环处理的输送通道。

4. 电动风门

电动风门位于新风口、回风口和排风装置内部，用于控制新风风量、回风风量和排风风量。风门开度采用电磁阀调节。

5. 排风装置

为了保证车内空气的品质，外界新鲜空气不断送入车内，车内的一部分空气经由排风装置排出车外，并维持车内外的气压平衡。

6. 司机室通风装置

在司机室顶部安装有司机室通风装置，其主要部件包括离心风机一台、可调节送风口、风量调节旋钮及电气控制部分，各零部件组装在一个由不锈钢板制成的箱体内。与司机室相邻的空调机组将车厢温度调节到目标温度范围内。冷却空气沿风道进入司机室通风机，由司机室通风机把冷却空气送入司机室内。司机室通风装置上的可调式送风口可控制气流的方向，一般送风量分三挡手动开关调节。

四、客室气流组织设置

1. 客室气流组织设置

（1）送风和回风方式

客室通风系统较常采用上送上回式、上送下回式的气流组织形式。

上送上回式是指送风口及回风口均设置在客室顶部，例如，客室内顶板采用纵向布置的两条出风道，并在顶板中部的机组下方设置回风口。

上送下回式是指送风口位于客室顶部，而回风口设置在客室下部，如座椅底部、车体侧墙等。

对比两种送风和回风方式可知，上送下回式的气流能更充分地送达乘坐区域，有利于减少客室送风盲区，气流分布更均匀，可使客室获得更优的气流组织，更适应于客流较大的线路，但是对车体侧墙结构要求较高，易受位置限制。

（2）排风方式

废气排放装置布置在客室顶部，以自然式或机械式废排装置均匀布置，通常采用在两个回风口之间设置一个较大的机械式废排装置的形式。

2. 客室风量设置

根据车型的不同，按照 AW2 载客量的要求，设置车辆通风系统客室送风量、新风量及紧急通风量。列车运营过程中，新风量的大小也可以根据载客量和运行模式的不同来自动调节。

当 AC 380 V 供电失效时，通过蓄电池 DC 110 V 逆变后给通风机和废排风机供电，要求至少保证 45 min 的客室和司机室紧急通风电源供应。紧急通风时，空调机组回风门关闭，新风门处于全开状态，客室里的送风由全新风组成。当交流电源恢复时，空调系统自动转入正常运行模式。

五、空调机组的工作模式

1. 通风模式

在任何工况下，空调机组的通风机都保持运行，保证客室内保持一定的空气流动，满足客室新风补给、废气排放的需要。

2. 预冷模式

空调机组控制系统重新上电时，如需制冷，则执行预冷模式。预冷模式下，新风阀关闭，空调机组满负荷制冷，使客室内部迅速降温。当达到结束预冷的温度值或预冷设定时间 15 min 仍不能降到设定温度时，结束预冷，新风阀开启，自动切换到新风、回风混合状态。

3. 制冷模式

当客室有制冷需求时，空调控制系统将通过控制空调机组压缩机的启停及能量调节机构的动作实现各级制冷能力的调节，由空调控制系统根据客室温度自动判断系统需要处于哪一挡制冷状态。

4. 紧急通风模式

在扩展供电信号有效的情况下，若主电源消失或没有扩展供电信号，当主电源消失时间超过 10 s 时，紧急通风将会启动。此时，空调控制板将发送紧急通风信号给空调机组，机组回风阀关闭、新风阀全开，调整送风机、废排风机运转模式。当交流电源恢复正常后，如果接收到列车控制系统发来的扩展供电信号，则打开回风阀，转入空调机组半载模式；如 5 s 内没有接收到扩展供电信号，则打开回风阀，转入空调机组正常工作状态。

第二节　车辆空调控制系统

列车运营中，客室空气参数不断地发生变化。通常每节车空调机组由一套独立的控制系统来控制，空调控制系统根据环境气候条件及客室实际温度、湿度情况，自动计算客室目标温度值，自动协调整节车空调设备的工作模式，从而自动调节空调机组输出的制冷量，使空调系统运行在最合理的状态，保证客室内温度水平。

一、目标温度设置模式

空调温度自动设定及控制模式是指由空调控制器自行采集车内外空气温度，依据预先设定的温度控制曲线，使客室内的目标温度设定值依据车外环境温度而自动变化，既保证车内外一个舒适的温度差，也可以根据目标温度与客室实际温度的差距调整制冷量输出。

车内设定温度 T_i 可由 UIC553 确定，也可由列车控制系统设定。PLC 将 T_i 与车内实际温度进行比较，控制空调机组在不同模式下工作，将车厢温度调节至目标温度范围内。

车内设定温度与外部气温的关系遵循 UIC553 标准，设定范围为 22～26℃，按下述公式计算：

$$T_i = 22 + 0.25 \times (T_e - 19) \quad (℃) \quad (35℃ \geqslant T_e > 19℃)$$

$$T_i = 22 \ (℃) \ (T_e \leqslant 19℃)$$

$$T_i = 26 \ (℃) \ (T_e > 35℃)$$

其中 T_i 为车内设定温度，T_e 为外部环境温度。

手动模式是指在空调的控制柜内设置一个调节旋钮，通过人为对旋钮的调节，手动设定客室内的目标温度，但该设定值不与车外环境温度相关联，不考虑车内外温度差对舒适性的影响，控制系统根据该手动设定的目标温度与客室实际温度的差距来调整制冷量输出。

二、空调控制系统主要保护功能

1. 短路保护

设置自动空气开关，防止因电气设备及元器件的短路故障而使电路受到损坏。

2. 电机过载保护

在电机接触器的线圈电路中，串联该电机的过流继电器的常闭触点，防止电机运转时过电流对设备及电路的损坏。

3. 顺序联锁保护

为保证不因通风机、冷凝风机的故障影响制冷流程顺利进行，在控制电路中设置顺序联锁保护，对空调机组内主要三大电机的启动顺序进行设定，确保其启动先后顺序为通风机、冷凝风机、压缩机，前级不启动，后级禁止启动。采取将前一级电机接触器的常开触点串入后一级电机接触器线圈电路内的措施，从而实现顺序联锁保护。

4. 压缩机轮换工作

为避免各压缩机的运转时间不均衡，通过控制板进行设置或在电路中设置转换继电器及计时器，保证该功能的实现。

5. 各压缩机顺序启动保护

由于电机启动电流较大，需要避免压缩机同时启动对供电电网的冲击，通过控制板进行设置或在电路中设置时间继电器，使压缩机逐台顺序启动。

6. 压缩机反相保护

螺杆式和涡旋式压缩机属于回转式压缩机，当其电机反向运转时，不但不能对制冷剂进行压缩，而且还可能导致电机发热烧损。

7. 制冷系统压力保护

当排气压力过高或吸气压力过低时，导致高压压力开关或低压压力开关触点断开，切断压缩机的工作电源，以保护压缩机及整个制冷系统。

8. 过压、欠压保护

为防止三相电源电压过高或过低，影响空调系统的正常运行甚至导致部件损坏，因此，对空调系统的三相电源进行监控，当电源电压低于或超过一定数值后，将进行欠压、过压保护，空调机组停止工作；当电源电压恢复到复位值时，空调机组自动重新启动。

第三节　空调与通风系统运用情况及检修

一、运用情况

经过近十年的运用，大中运量直线电机车辆空调系统整体运用情况良好，无设备本身问题、设计缺陷造成的重大安全隐患和安全事件。在此期间，积累了丰富的地铁空调的运用经验，并结合设备特性和现场情况，针对空调系统个别问题进行了改进和优化。

二、系统运用问题及改进

1. 空调压缩机停机重启延时

当压缩机停机后，需间隔一段时间才被允许重新启动，防止系统高低压尚未平衡而对压缩机造成的损伤，一般设置为 3 min。压缩机启动后，也被要求保证一定的运行时间，以确保润滑油回油。

正线存在断电区，导致空调系统停机重启次数较多。空调压缩机属于大功率电机，频繁启停易导致列车 SIV 电流波动较大，也使得集电靴易拉弧。目前，通过研究测试，可通过合理设置压缩机停机重启间隔时间和启动运行时间，既满足压缩机性能需要，也避免集电靴拉弧和 SIV 过流等问题出现。

2. 空调系统过流保护继电器选型

水银式过流保护继电器的水银和铁心都是活动部件，在列车通过弯道时，在离心力和向心力的作用下，导致水银式过流保护继电器的水银面偏移，最终过流保护继电器检测断开，系统报出空调过流保护假故障。因此，在后期直线电机车辆选型中，应尽量避免选用水银式过流保护继电器。

三、系统检修

1. 日常检修要点

日常检修中，空调与通风系统主要有以下检修要点：

（1）检查各风机运行状况，检查机组内部压缩机、电磁阀及各种阀体、管路等。检查冷凝风扇螺栓紧固情况及叶片是否能正常转动。

（2）清洁湿度指示镜，检查湿度显示情况，同时清洁空调排水孔。

（3）作业完成后，检查压缩机盖板方孔锁锁闭功能。

（4）检查空调控制柜外观，检查悬挂铰链、方孔锁、搭扣锁闭情况。

2. 架大修要点

架大修时，空调与通风系统主要有以下检修要点：

（1）更新机组壳体及内部、管路隔热材料（带铝箔不吸水）、盖板密封条。

（2）检查机组紧固件、盖板锁，检查机组各部件紧固件及机组盖板锁，对压缩机脱漆处进行除锈、防锈、补漆处理，同时更新压缩机底部橡胶减振片。

(3) 清洁、检查冷凝器和蒸发器，矫正变形翅片。

(4) 清洁、检查机组内外表面。

(5) 测量压缩机电机绕组阻值、绝缘阻值，要求三相绕组阻值平衡，使用兆欧表测量绝缘阻值。

(6) 检查连接管路密封是否良好，并更新压缩机低压管套管隔热材料。

四、典型故障及其应对措施

1. 制冷剂泄漏检测

制冷系统中制冷剂泄漏是最常见的故障，其泄漏部位主要发生在管路的焊接处、压缩机吸气口和排气口的连接处、压力开关的引接处等，由于管路焊接不良或车辆运行中冲击、振动，造成连接螺栓松动或连接部位多次振动后出现裂纹等，均可引起系统泄漏。

制冷剂的检漏可采用以下方法：

(1) 外观检查

由于制冷剂泄漏会渗出冷冻油，一旦发现管路某处有油迹，可用白布擦拭或用手直接触摸检查，并作进一步确认。

(2) 泡沫检漏

泡沫检漏是一种简便的方法，用混有清洁剂的水涂在可能发生泄漏的被检处，若该处有泄漏，将会出现气泡，从而可以确定准确的泄漏发生位置。

(3) 电子检漏仪

用电子检漏仪接近被检处，一旦检漏仪测到有泄漏，将发出异常的声音予以提示，此时应擦净触头，在怀疑处再次测试确认。

2. 制冷剂加注

当空调制冷回路存在泄漏时，在对泄漏位置完成修复后需对空调制冷回路加注制冷剂。制冷剂的加注一般都是采用低压加注和静态加注的方法。具体如下：

(1) 低压加注

启动空调机组制冷运行（通过使用应用软件强行启动制冷运行），从压缩机低压处加注，再观察加注后的压力到达正常工作范围值（根据不同类型的制冷剂，该范围均不同）。当加到压缩机的压力达到范围内即停止，再观察空调的制冷效果。如果空调制冷效果良好，测试高压压力，其工作压力不能超过高压范围。

(2) 静态加注

空调机组停止运行，从加注口处加注制冷剂。当系统压力达到相应范围要求时为合适；再让空调运行制冷 30 min，做详细的检查。

第四章

客室车门

城市轨道交通车辆车门系统包括客室车门和司机室侧门。客室车门按开启及结构形式主要可以分为移动门和塞拉门，移动门又可分为内藏式滑动移门和外挂式滑动移门。内藏式滑动移门开关门时门页在车辆侧墙的夹层内移动，借助风缸或电机驱动。外挂式滑动移门开关门时门页均位于车辆侧墙的外侧。塞拉门在开启状态时门页贴靠在侧墙的外侧，在关闭状态时门页外表面与车体外墙处于一个平面，所以具有密封性好、空气阻力小等特点。目前，塞拉门系统已在国内新建的城市轨道交通项目中广泛应用，结合直线电机列车噪声低的特点，列车客室车门选用塞拉门能进一步降低车厢噪声，本章重点介绍塞拉门系统的结构特点、功能、控制原理及运用情况。

第一节　塞拉门系统

一、塞拉门的主要部件介绍

1. 门的基本构成

列车整个门机构主要包括吊架、门框四周压条、上滑道和下滑道、滚轮、下摆臂、长导柱和短导柱、携门架组件、驱动组件、锁闭机构、解锁装置、门切除锁、门控器、门页、挡销及门槛嵌块等部件，如图 4—1 所示。

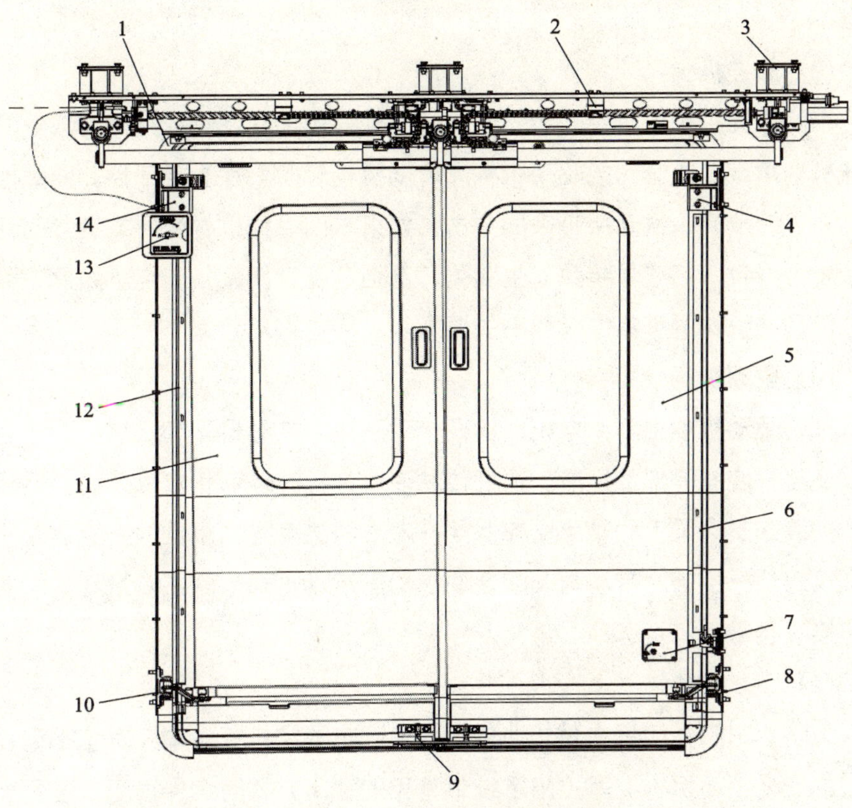

图 4—1 门机构的组成

1—上压条 2—承载驱动机构 3—机构挂架 4—平衡轮组件（右） 5—右门页 6—右侧密封压条 7—门切除锁 8—下滚轮组件（右） 9—门槛嵌块 10—下滚轮组件（左） 11—左门页 12—左侧密封压条 13—门解锁装置 14—平衡轮组件（左）

2. 车门主要机械部件

客室车门主要机械部件包括门页、悬挂机构、驱动机构、锁闭机构等。

(1) 门页

塞拉门门页是铝蜂窝复合结构门板，每个门页上设有一个双层中空钢化玻璃透明固定窗，门窗采用粘接形式固定在门页上。门页的四周都装有优质的橡胶密封条，门页关闭后，密封胶条与门框压条紧密贴合，可以有效隔离噪声，防止风、水、灰尘等异物的进入，达到良好的密封和隔音效果。

(2) 悬挂机构

车门悬挂机构由机架、大支架、长导柱、短导柱及承载组件构成。车门悬挂机构承载了整套门的驱动机构、传动机构和门页等重要部件，同时能够适应开关门及列车振动所带来的冲击，如果车门悬挂机构变形或者紧固件松动，将会导致车门整体参数发生变化，甚至危及车门设备安全。因此，列车对车门悬挂机构的可靠性有很高的要求。

(3) 驱动机构

车门驱动机构由驱动电机、丝杆传动装置、左螺母副和右螺母副、中间支撑及丝杆底座等部件组成。丝杆传动装置为丝杆及球状螺母系统，丝杆由三个安装在支撑梁上的轴承支撑。丝杆左右两边有方向相反的右旋螺纹和左旋螺纹，丝杆旋转时带动与其配合的螺母副运动，螺母副左右滑动的同时通过连接机构带动门页运动。

(4) 锁闭机构

为防止车门关闭后在受外力挤压的情况下异常打开，车门系统都设计了专门的安全锁闭机构。塞拉门系统中常见的锁闭方式有全程锁闭、过死点锁闭和端部锁闭。

1) 全程锁闭机构。该机构为利用带有单向轴承、锁紧扭簧或凸轮组成的锁闭装置，限制车门门页只能往关门方向单向运动，确保在外力推动下车门无法打开，从而实现整个关门过程的全程锁闭。

2) 过死点锁闭机构。该机构由一系列的推杆、锁杆或锁盘组成，当车门关到位时，电机带动推杆使锁杆或锁盘达到过死点位置，此时推杆另一端的传动机构被锁死，在外力推动下车门无法打开，门关到位后实现车门锁闭功能。

3) 端部锁闭机构。该机构是利用丝杆螺纹终端设计的一个“0 导程”结构，车门在关门过程中，自适应螺母内的滚动销在丝杆正常段运动，车门关到位后滚动销进入“0 导程”锁闭段，此时在外力推动下车门无法打开，门关到位后实现车门锁闭功能。

3. 车门主要电气部件

客室车门主要电气部件包括门控器、驱动电机、行程开关等。

(1) 门控器

门控器是单套门系统的控制终端，它不仅能够根据司机室的指令控制列车开门和关门，还能够根据列车运行状况实现车门的安全保护功能，如车门防夹控制、零速保护等。此外，门控器还能通过网络向列车管理系统上传车门状态、故障记录和诊断数据等重要信息。

(2) 驱动电机

国内地铁塞拉门系统普遍使用直流无刷电机，该类型电机具有转速低、输出转矩大、控制精准度高等特性。电机内部设有位置传感器，门控器可以通过采集电机转子的位置变化计算车门运动的位置，实现车门防夹诊断。部分驱动电机尾端还设有电磁锁闭装置，该锁闭装置与无源制动器功能互补，能够实现车门零速保护功能。

(3) 行程开关

客室车门系统中有门关到位、门切除、门解锁和乘务员钥匙四类行程开关。行程开关内部分别设有一对常开触头和一对常闭触头，车门系统通过触头的通断动作向门控器或车门安全回路传递车门的状态信息。

1) 门关到位行程开关。门关到位行程开关在车门关到位后触发，向控制终端和列车车门安全回路传递关门信号。

2) 门切除行程开关。门切除行程开关在操作门切除锁后触发，向控制终端传递车门切除信号。

3) 门解锁行程开关。门解锁行程开关在操作门解锁装置后触发，向控制终端传递车门解锁信号。

4) 乘务员钥匙行程开关。乘务员钥匙行程开关在操作乘务员钥匙后触发，向控制终端传递车门解锁或车门切除信号。

第二节 车门控制及功能

一、列车车门电路

车门的开关指令可通过列车人工按钮或自动控制系统送出，当控制指令输送到单个车门的门控器后，门控器综合判断门使能信号和零速信号后控制车门开关。直线电机列车在正线普遍采用集电靴受流方式，相比采用弓网受流的地铁线路，车门的安全控制逻辑更为严格，其特点在电路控制和软件设置上均有体现。

1. 开门控制电路逻辑图

列车开门控制至少要同时具备开门指令、零速信号和开门使能信号三个条件。在开门控制电路中，开门零速信号可以通过列车速度传感器采集，在ATO驾驶情况下，列车自动控制系统通过综合判断车速、行车位置等信息后发出开门使能信号。如图4—2所示为开门控制电路逻辑图。

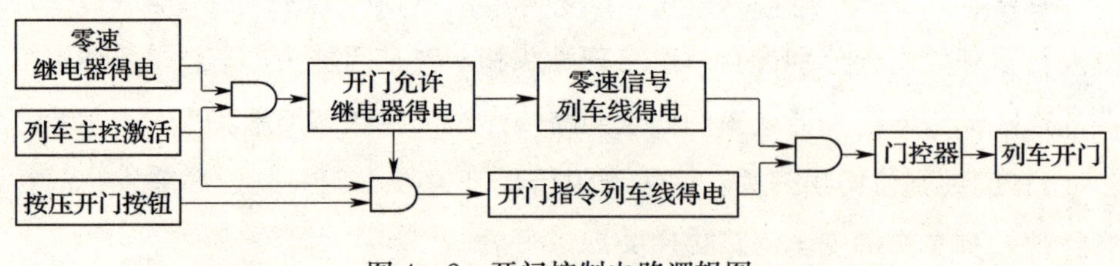

图4—2 开门控制电路逻辑图

2. 安全互锁回路

为了保证列车运营和乘客的安全，在列车车门系统中设置了门环回路。门环回路是将整列车所有客室车门的关到位行程开关都串联在一起，通过车门全关闭继电器检测，如图4—3所示。当门环回路导通时，即检测到车门完全关闭后，关到位行程开关触头闭合，车门全关闭继电器得电，司机室内门全关闭指示灯亮。只有当牵引回路中的车门全关闭继电器触头闭合后，列车才可以施加牵引，否则列车将会施加牵引封锁。

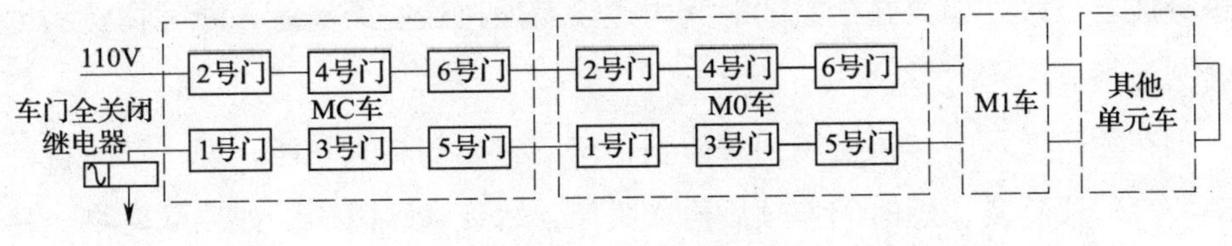

图 4—3 门全关闭回路

3. 零速保护回路

当列车处于人工手动驾驶模式时，列车零速信号由列车本身的速度传感器检测，再通过零速继电器控制。列车静止时，零速继电器得电，车门可以打开。

当列车处于 ATO 模式下运行时，开门使能信号需要通过 ATP 来获取，只有当列车静止并且在站台正确的位置时，才可以获取开门使能信号，控制车门的打开。

二、车门控制功能

车门系统除常见的开门、关门功能外，还具备障碍物探测、紧急解锁、车门切除等非常规状态下的控制功能。

1. 障碍物探测功能

车门系统主要通过收集电机电流信号和车门运动位置信号来检测障碍物，两者相互补充，当任意一个信号达到设置条件时，车门的障碍物检测功能就会激活。

（1）电流检测

通过监测驱动电机的电流，当关门、开门时电机电流的实际值超过预设阈值，障碍物检测就会被激活。

(2) 位置检测

通过门位置传感器进行距离和时间参数的监测，设定程序将门的运动轨迹分成若干段，如果在给定的时间内还没有通过这些距离段，障碍物检测也会被激活。

在关门过程中如果检测到障碍物，车门将启动防夹功能，即：车门将自动打开一段距离，短时间停顿后再次关闭，以便清除障碍。如果障碍物一直存在，这一循环在重复 3 次后，门将完全打开。车门能够检测的最小尺寸障碍物一般为 30 mm×60 mm 的方形物体。

在开门过程中如果检测到障碍物，同样会激活车门防夹功能。开门防夹在循环 6 次之后，门控器会认为此位置是车门可打开的最大范围，此时车门将停在障碍物阻挡的位置。

2. 紧急解锁功能

车门紧急解锁功能是为满足紧急情况下乘客能够打开车门而设置的，不同门系统的紧急解锁机构在设计原理上有一定的区别，但功能基本一致。

为防止列车运行过程中车门被解锁打开，紧急解锁必须有零速信号。如果乘客在列车运行过程中操作紧急解锁开关，车门也无法打开；如果乘客在列车停止的情况下操作紧急解锁开关，车门可以打开，但第三轨受流的列车在接触轨对应侧的车门解锁后无法打开。

3. 车门切除功能

车门切除锁一般安装在门立柱或门页位置。当车门出现故障时，操作车门切除锁能够实现对单个车门的隔离，车门被切除后将不再响应开关门指令，但并不影响其他正常车门的功能，实现了车门的机械切除功能。同时，切除的车门在电气上被旁路，故障车门不影响整个安全回路的完整性，因此列车不会产生紧急制动，实现了车门的电气隔离功能。

(1) 机械切除

通过方孔钥匙将车门切除锁打到“关”位或“隔离”位，机械锁锁舌伸出与门页配合，此时门页被锁舌限位后无法动作，实现机械切除功能。

(2) 电气隔离

车门切除后，门切除行程开关被触发并发出两路信号，一路信号发送给门控器，控制车门不响应列车线发送的开关门指令；另一路信号把车门旁路，实现电气隔离功能。

第三节 客室车门运用情况及其改进

一、运用情况

客室车门是地铁列车上关系到乘客安全的重要系统，其设计形式、电气控制、维修、保养等多个方面都直接影响着地铁列车的运营状况和广大乘客的人身安全。根据现场故障数据统计，车门系统是地铁列车故障率最高的子系统之一，因此，需在实际应用中不断优化车门部件的设计，提高车门系统的可靠性。

二、技术优化

1. 车门锁闭功能优化

(1) 机械优化

直线电机列车正线普遍采用集电靴受流，若车门异常打开，车下高压会对乘客生命造成威胁，因此车门必须具有良好的锁闭性能。下面以凸轮式全程锁闭机构为例介绍锁闭功能的优化。

凸轮式全程锁闭机构利用摩擦制动的原理，当其内部滚柱向楔角运动一定行程时，凸轮、滚柱、外环三者之间将相互抱死实现锁闭。此类锁闭机构对内部各部件的配合精度和润滑脂的耐候性要求高，维护中常发现制动器个别角度锁闭失效的情况，在低温环境下失效问题更为突出。

为解决凸轮结构存在的问题，全程锁闭机构引入了扭簧和芯轴的差动配合技术，利用扭簧旋转后抱死芯轴的原理实现制动，此类锁闭机构受环境温度影响较小，比凸轮式的全程锁闭机构更加可靠，但由于对电机解锁的精度控制要求高，容易出现开门卡顿的问题。

为避免全程锁闭机构因结构复杂而带来的诸多问题，丝杆端部锁闭被引进直线电机车辆。端部锁闭原理类似于千斤顶的自锁结构，在丝杆端部（关门端）设计有变导程结构，其导程由普通导程逐渐变化到 0 实现锁闭。端部锁闭机构具有结构简单、锁闭可靠和免维护等特点，在实际运用中故障率相对较低，得到了广泛的应用。

(2) 电气控制优化

电气锁闭是机械锁闭的辅助功能，在机械锁闭因突发故障失效的情况下，电机堵转功能同样可实现对门的锁闭。在控制方面增加锁闭失效的检测，门控器收到失效信号后控制电机立即堵转，通过反转力实现锁闭功能。

2. 关门夹紧力优化

塞拉门在关门过程中受乘客挤压、关门风压的影响，很容易出现门关到位后门页之间仍然存在缝隙的情况。因此，车门关到位后，门控器控制电机继续施加堵转的夹紧力以保证车门关紧，避免车门出现密封不良。关门夹紧力大小的设置应兼顾两方面因素：一方面，考虑到关门的可靠性，电机堵转力偏小容易出现车门关闭不良的问题；另一方面，考虑到电机使用寿命，电机堵转力偏大时电机线圈发热严重，会导致电机使用寿命缩短、故障增多。在实际运用过程中，设定关门夹紧力后需进行充分的试验测试，平衡两方面因素的影响，使其达到最佳效果。

3. 门关到位行程开关连接方式的优化

门关到位行程开关有两个作用，一是检测门关到位情况；二是串联在列车门安全互锁回路中实现列车安全控制。每个车门有两个门关到位行程开关，分别用于指示左、右门页的关闭情况。在运用初期两个门关到位行程开关相互串联并接入安全互锁回路，当任意一个开关故障或异常就会造成列车紧急制动，对列车运营影响很大。经综合评估后，通过将两个门关到位行程开关由串联改为并联的连接方式，能大幅降低列车紧急制动的故障概率。

第四节　客室车门检修与维护

一、检修与维护要点

1. 日常维护要点

（1）对各紧固件进行紧固性检查，确保安装紧固。

（2）对各承载部件进行裂纹检查，确保各部件无裂纹。

（3）对各尺寸进行检查，确保尺寸均在正常范围内，且与其他部件无干涉。

（4）对运动部件进行润滑，确保各部件动作正常，无卡滞。

（5）对车门的锁闭功能进行重点检查，避免锁闭失效情况。

（6）对车门的各功能进行检查，确保功能正常。

2. 架大修维护要点

架大修要覆盖所有年检需要检查的内容，还要对关键部件进行定额更新。如架大修期间定额更新门到位行程开关、丝杆螺母副橡胶缓冲圈、滑动滚轮等部件，大修期间定额更新车门周边密封胶条、护指胶条、车门制动器、开门止挡等部件。

3. 其他检修与维护要求

除去周期性的检查与维护之外，检修人员还要结合故障统计、故障风险评估对车门的相关尺寸和机械部件进行定期的普查工作，确保车门系统的稳定性。

二、检修关键作业

1. V形调整

车门V形的设置用于配合车体挠度变形及保证列车正常锁闭，如图4—4所示。若车门V形调整过大，则会导致车门下部阻力过大，车门无法有效关闭；若V形调整过小，关门后车门下部容易出现闪缝等密封不严的现象。车门V形的检查和调整在月检及以上修程中进行，作业内容主要包括测量、调整和紧固等方面，V形参数可通过门页上的偏心轮进行调整。

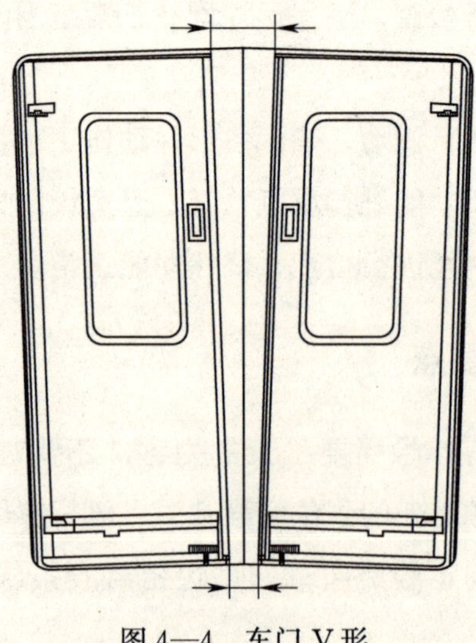

图4—4　车门V形

2. 门关到位行程开关调整

门关到位行程开关的调整关系到车门的防夹功能和锁闭功能，若调整过小，会导致车门不断启动防夹功能；若调整过大，则会导致车门无法正常关闭。在检修及维护中需要定期对门关到位行程开关进行调整，首先通过测量门处于完全关闭位置时左、右携门架组件的距离 S，再测量行程开关刚好触发时的距离 S'，用 $S'-S$ 算出行程开关的位置，如图 4—5 所示。

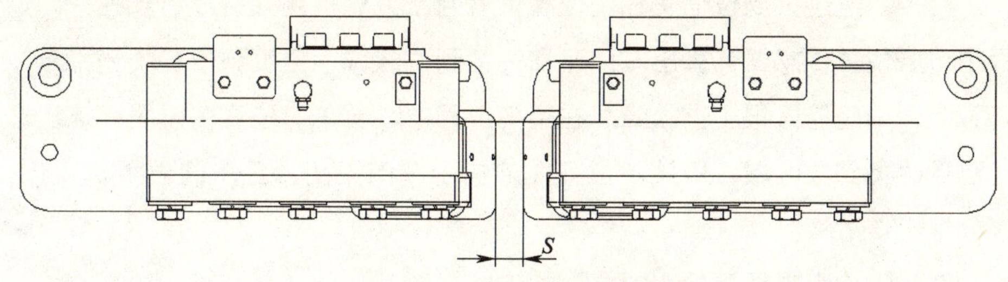

图 4—5　门关到位开关测量

3. 对中

塞拉门系统对对中尺寸的要求非常高，由于对中尺寸关系到车门开关门的同步性，若左、右携门架上的滚轮进出上滑道的弯轨段不同步，就会导致开关门阻力增大。测量对中尺寸时，首先要使门处在上滑道直道的前端位置，分别检查左、右门页前端到后端侧密封压条的横向距离参数，借此判断车门对中情况。如需调整对中，应松开对中装置的防松螺母，通过旋转螺纹套调整对中参数。

4. 密封性

直线电机列车具有良好的爬坡性能，其应用线路多数存在地下隧道与露天高架结合的情况，车门系统需要适应风压急剧变化的恶劣环境，因此对车门的密封性要求高。密封性的调整主要包括门页与压条的密封和车门上下部区域的密封。调整密封性前，首先电动开关门数次，将门页置于关闭位置。

门页下部的密封通过下滑道进行调整，门页上部的密封通过上滑道进行调整。

三、典型故障及其应对措施

1. 关门检测开关故障

门控器通过关到位信号和门位置信号判断关门检测开关故障。在开门过程中，若位置传感器计算出车门已离开关到位区域，但关到位开关还指示车门关闭，则门控器报出该故障。在关门过程中，若车门位置传感器计算出车门已到达关到位区域，但关到位开关未指示车门关闭，且车门电机仍工作，也会报出该故障。

在故障检查中需要检查的方面如下：

（1）关到位开关组件故障

关到位开关组件卡滞是指车门在离开关到位位置时，关到位开关不动作，此时车门系统报出关到位开关故障。因此，在故障查找过程中需要检查开关组件的行程开关动作是否正常，铰链臂是否与底板相抗，复位弹簧是否正常，复位弹簧杆安装是否紧固。

（2）电机内部故障

电机内部故障主要包括位置传感器故障和齿轮减速器故障。位置传感器故障是指其输出的脉冲出现畸形，门控器计数出现异常，导致车门位置计算错误。齿轮减速器故障是指内部传动星形齿轮脱节，导致电机出现空转打滑的现象。

（3）联轴节故障

若电机与锁闭装置之间的联轴节松动，或锁闭装置与丝杆连接之间产生相对运动，则会导致驱动装置空转，门位置传感器的计数开始后，丝杆无动作，车门不能离开关门或开门位置。因此，在故障查找中需要检查电机与锁闭装置间的联轴节安装是否紧固，锁闭装置与丝杆连接之间是否有相对运动。

(4) 传动螺母组件故障

若传动螺母组件在运动过程中失效，丝杆将不能带动车门运动。因此，在故障查找过程中需要检查螺母组件中尼龙螺母的磨损情况；检查螺母组件上撞块是否正常，是否能正常触发开关组件；检查螺母组件与携门架连接是否良好，动作有无卡滞。

2. 车门不动作

车门收到开门指令后电机向开门方向启动，如果超过设置时间后车门关到位开关依然指示门关闭，且门位置传感器检测不到门运动，此时门系统会报车门无动作故障。总体来说，此类故障的根本原因是电机驱动力不能克服开门阻力，主要检查车门的运动部件有无干涉、门控器控制是否正常。

从运动部件方面考虑，若车门开门运动中产生的阻力过大，车门在开门过程中就需要施加较大的电机驱动力，而此时门控器输出的电流值无法满足要求，因此导致车门无法动作。

从锁闭部件方面考虑，锁闭装置一般具有防误开门的保护，需要电机转动解锁后才能开门，应检查锁闭装置的锁闭情况。

门控器故障后有可能输出错误的电机驱动电压值，导致电机在启动过程中无法克服开门阻力。此类型故障可能表现为电动开门时门页动作忽快忽慢，运动过程中出现抖动等异常现象。

3. 正线关门防夹

车门出现关门防夹故障是指因非客流原因导致的车门防夹启动，故障原因大多是机械部件干涉导致。因正线夹人、夹物而产生的车门防夹是车门的正常功能，但检修中也要对车门相关尺寸、功能进行复查和确认。检查要点如下：

(1) 车门运动部件故障

从运动部件方面考虑，若关门运动中产生的阻力过大，车门在关门过程中需要施加较大的电机驱动力，此时门控器就会输出较大的电流值，除此之外，阻力过大也有可能导致车门在运动过程中速度较慢，在规定时间内不能通过指定位置。

（2）关到位开关调节故障

若行程开关调整间距过小，则有可能导致车门在关门到位时行程开关仍未动作。此时电机仍旧有输出转矩，并处于堵转状态，电流值急剧增大，门控器就会判断为检测到障碍物，并启动防夹功能。

（3）部件相抗故障

在检查中需关注限位部件的情况，如平衡压轮、下挡销等。若出现尺寸变化，可能导致车门运动中受到干涉，阻力增大。

（4）车体高度

若车体高度过低，会导致车门在运动过程中与站台的屏蔽门防踏空胶条相抗，造成阻力过大，需检查车门下表面是否有刮蹭痕迹。

4. 门异常离开关闭位

门异常离开关闭位故障是指在车门关好状态下，门控器未收到开门信号，但是门关闭到位开关动作，指示车门打开。此类故障多数发生在列车运行区间，发生故障后门控器会控制车门关闭，并保持电磁制动。

目前多数故障原因为门关到位开关距离过小，车门关到位时关到位开关处于临界状态，由于车辆振动或外力使门到位行程开关动作，从而报出该故障。在故障检查时必须测量门关到位开关的尺寸，保证其在标准范围内。

四、其他潜在隐患及其防控控制

客室车门作为直接面对乘客的重要部件，不仅在开门时有着疏导客流的作用，在关门状态下车门的稳定性直接影响乘客的安全及列车运营质量。因此，需要对车门潜在的故障风险进行评估，制定有效的检修和维护措施，从根源上降低隐患发生概率。

1. 开门动车

列车设置了门全关闭安全保护回路，从电气设计上防止出现开门动车的情况，但运用过程中仍然存在开门动车的风险。在检修中需重点关注门全关闭继电器和螺母副组件。

2. 夹人、夹物动车

客室车门的防夹功能是保证乘客人身安全的重要因素。在实际应用中由于存在门关到位开关调整不良或门页胶条硬度不足等维护不到位的情况，有可能会导致车门夹人、夹物动车。为防止此情况，在月检以上的检修及维护中需要按要求对车门的防夹功能进行测试。

3. 错开车门

大多数地铁车站在设计上都是单侧开门，因此，要求列车到站后开门侧应与站台侧一致。在电路设计中车门的零速信号和开关门信号分左右两路控制，在车载信号系统控制中其根据站台的位置分别输出左开门零速或右开门零速。错开车门的风险主要从电路检修和设备检修上进行规避，如在电路检修上检查线缆是否存在串电的风险，电路接线是否存在错接的情况。

4. 车门无法打开

列车客室车门采用集控方式，每个车门均有门控器，在满足零速信号和开门信号的条件下，门控器控制车门打开。从车门的控制原理分析，车门无法打开分为整列车车门无法打开和单个车门无法打开两种情况。

（1）整列车车门无法打开

整列车车门的控制主要通过继电器、按钮及接线实现，在进行风险防控时需重点对继电器及按钮进行检查。继电器故障主要表现为触头阻值过大或线圈烧损，按钮故障则表现为按钮脱扣或触头阻值过大。在半年检以上需对此类电气部件进行检查，避免出现部件在状态不良的情况下运行。

（2）单个车门无法打开

单个车门由单个门控器进行控制，单个车门无法打开的可能主要是门控器故障、车门驱动部件故障或车门运动机械故障。在风险防控中需定期试验门控器功能，检查车门电机的接线和工作状态，检查机械部件的尺寸状态并定期进行润滑。

5. 车门误打开

开车门需要同时具备开门指令、零速信号和门使能信号三个条件，客室车门系统通过门控器对信号进行收集逻辑判断，并控制驱动电机运转。从集控开门和单个车门控制逻辑分析，车门仍存在误打开的风险。在集控方面需通过列车线和继电器的检查进行防控，避免出现异常信号或串电等情况而导致车门打开；在单个车门方面需加强车门紧固件的检查，避免因车门紧固件松动而导致车门机械失控后打开。

第五章

车端连接装置

车端连接装置是直线电机车辆的重要部件之一，实现列车编组和乘客在车厢之间的流动分布，主要包括车钩、电气连接装置和贯通道三部分。其主要作用是实现各车厢之间的机械连挂、电气连接和车厢柔性连接。直线电机车辆因为轮径值小、线路的曲线半径小，所以车端连接装置具有车钩高度低、半永久牵引杆跨接电缆长、跨重大，贯通道结构复杂、质量大等特点。

第一节　车钩与车端电气连接装置

直线电机车辆的车钩有全自动车钩、半自动车钩和半永久牵引杆三种形式。车厢之间采用半永久牵引杆或半自动车钩连接，两列车之间则采用全自动车钩连接。

直线电机车辆轮径值较小，车体高度较低，因此车钩高度仅为 500^{+10}_{0} mm。

一、全自动车钩

全自动车钩可实现车钩的自动连挂和解钩（包含机械连挂、电气连接和气路连接)。它主要由机械钩头、套筒联轴节、气液缓冲器、钩尾座、对中装置及主风管和接头共六大部件构成，如图 5—1 所示。全自动车钩连挂过程如下：机械钩头连挂，主风管和接头自动对接给电气钩风缸供气，风缸推杆推动电气钩头伸出对接，实现电气连接。

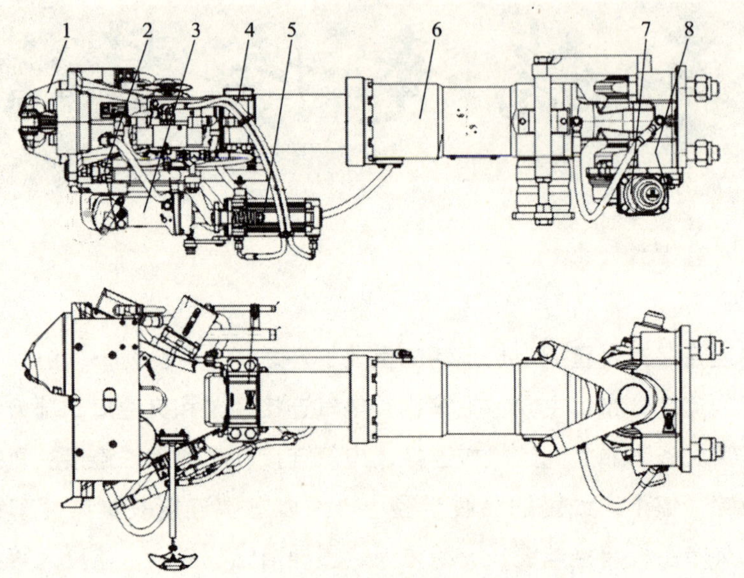

图 5—1　全自动车钩

1—机械钩头　2—风管接头　3—电气钩　4—套筒联轴节　5—电气钩风缸
6—气液缓冲器　7—对中装置　8—钩尾座

1. 机械钩头

机械钩头设置有凸锥和凹锥，通过凸锥和凹锥的配合满足车钩在垂直方向 ±90 mm、水平方向 ±170 mm 的偏准连挂范围。列车的牵引载荷通过钩锁（钩板、钩舌、中枢和拉簧）进行传递。冲击载荷则通过凸锥和凹锥边缘的平面传递。

机械钩头有待连挂、连挂和解钩三种状态。

(1) 待连挂状态

钩舌外伸接近凸锥边缘，钩板被拉伸弹簧拉紧逆时针转动。

(2) 连挂状态

当两车钩端面贴合时，钩舌挤压钩板，推动钩板顺时针转动直至钩舌推进钩板室，钩板因为拉伸弹簧作用有逆时针转动的趋势，从而锁紧钩舌。钩板、钩舌在待连挂状态和连挂状态的位置是一样的，因此，被称为一位锁闭。当连挂完成时，车钩锁闭形成平行四边形结构，保持平衡，车钩不会自发解钩。

(3) 解钩状态

解钩时，钩板顺时针转动，直至钩舌从钩板室里释放出来。

2. 套筒联轴节

套筒联轴节由上、下套筒和四套六角螺栓、螺母组成，其下套筒设有一个排水孔。机械钩头与缓冲器的连接以及半永久车钩之间的连接均采用方便拆卸的套筒联轴节。套筒联轴节承担了机械钩头的所有质量，是车钩中重要的部件。另外，机械钩头的水平也可通过套筒联轴节进行调节。

3. 气液缓冲器

全自动车钩缓冲器采用气液缓冲器，气液缓冲器由吸收拉伸载荷的摩擦弹簧和吸收压缩载荷的液压再生缓冲器组成，如图 5—2 所示。气液缓冲器吸收的最大能力为拉伸 390 kN、22 mm；压缩 500 kN、150 mm。当缓冲器需吸收的能量超过其能力范围时，则通过钩尾座铆钉传递到车身底架。

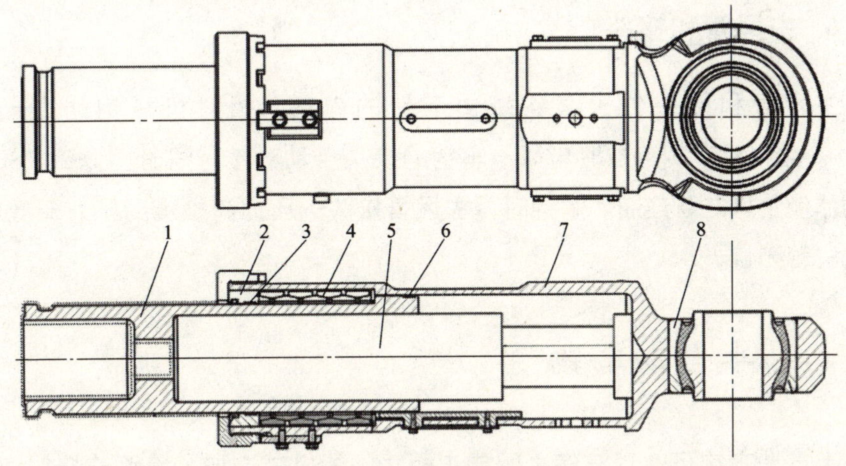

图 5—2 气液缓冲器

1—中间件 2—环形片 3—导向环 4—摩擦弹簧 5—缓冲器 500 kN/150 mm 6—导向环 7—簧套 8—关节轴承

4. 钩尾座

钩尾座起到连接缓冲器和车身底架的作用，一端通过四个螺栓直接连接在车体底架上，实现牵引和缓冲载荷的传递；另一端通过圆柱销与缓冲器相连接，实现车钩牵引杆的水平运动。另外，钩尾座上设有中空橡胶堆，该橡胶堆的主要作用是调节车钩的水平和高度，同时吸收部分垂向撞击载荷。

5. 对中装置

为了确保列车的车钩在纵向列车中心线位置，防止车钩产生横向摆动，在车钩上设置了对中装置。对中装置通过用碟形弹簧将两根带有滚子的心轴压入旋转式凸轮盘凹槽来实现其对中功能。旋转式凸轮盘与钩尾座枢轴为刚性连接，当车钩水平摆动、钩尾座枢轴转动时，对中装置通过限制旋转式凸轮盘使车钩保持在纵向列车中心线位置。车钩水平偏转在±15°范围内会自动回到中心位置。如果水平偏转超出±15°，将超出对中装置自动对中的范围，车钩将维持外摆。

6. 主风管和接头

主风管和接头位于车钩端面下沿的中部，相对机械钩端面凸出8 mm。全自动车钩连挂时与另一车钩的接头自动对接。同时，弹簧式阀挺杆动作使主风缸管连通。解钩时，主风管接头的压力阀检测到压力降低后，主风缸管闭合。

二、半自动车钩

半自动车钩可实现车辆之间或车厢之间的机械连挂和气路连接，但是无法实现电气连接。其机械钩头的解钩可以通过气动实现，在风缸压力不足时也可以采用手动解钩。但是电气钩的连挂和解钩必须通过手动操作实现。半自动车钩主要由机械钩头、套筒联轴节、橡胶缓冲器、对中装置和钩尾座共五大部件构成，如图 5—3 所示。半自动车钩连挂过程如下：机械钩头连挂，主风管和接头自动对接，电气连接则需用专用工具手动操作实现。

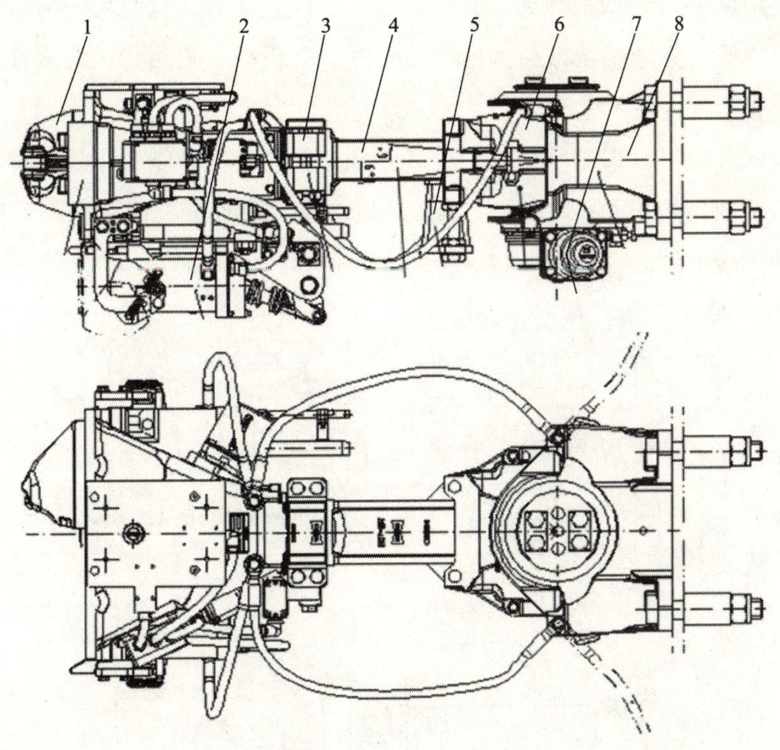

图 5—3 半自动车钩

1—机械钩头 2—电气钩 3—联轴节 4—拉杆 5—中空橡胶堆 6—橡胶缓冲器 7—对中装置 8—钩尾座

半自动车钩因缓冲能量小，连挂频率低，所以采用了橡胶缓冲器和钩尾座且无电气钩风缸。橡胶缓冲器及钩尾座由上壳体、下壳体、橡胶垫和拉杆组成。由于其特殊设计，允许车钩在车厢纵轴垂直 ±6°和水平 45°的范围内运动；同时，具有减轻预定的牵引载荷和缓冲载荷的作用。当载荷超出预定行程时，橡胶缓冲器及钩尾座将多余的牵引载荷和缓冲载荷传递到车厢底架。

三、半永久牵引杆

编组单元内的两节车之间采用套筒联轴节和半永久牵引杆连挂。这种连挂方式刚度好，无松脱隐患，安全性高。此种连挂方式仅适用于两节车之间或列车之间，紧急情况或架大修时才分解。其机械、气路和电路的连挂与分解均需在车库内手动完成。

半永久牵引杆仅由牵引杆、主风管和接头、套筒联轴节、橡胶缓冲器及钩尾座组成，如图 5—4 所示。其套筒联轴节、橡胶缓冲器和钩尾座结构与半自动车钩一致。

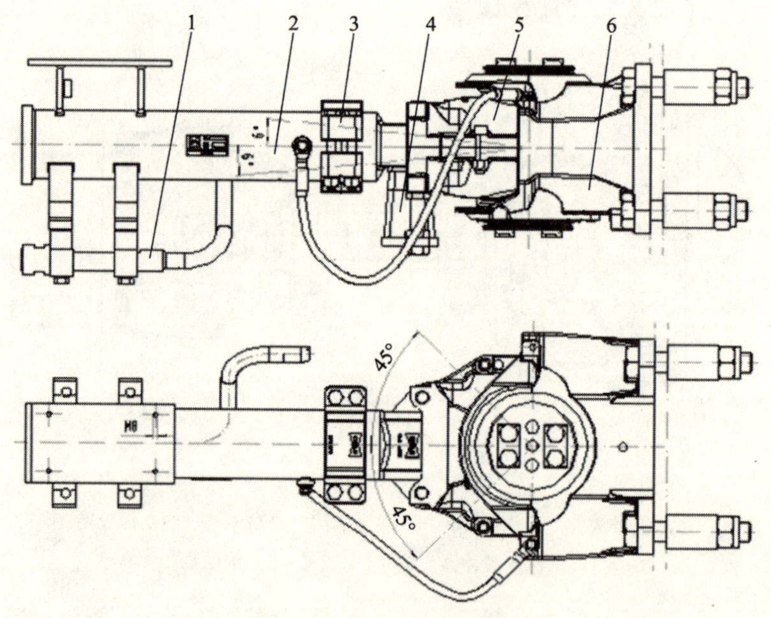

图 5—4　半永久牵引杆

1—主风管和接头　2—牵引杆　3—联轴节　4—中空橡胶堆　5—上、下壳体　6—钩尾座

1. 主风管和接头

主风管和接头位于牵引杆下方。连挂时，接头与配对车钩的接头牢牢相套，确保风管连接的密闭性良好。

2. 牵引杆

牵引杆两端均设有套筒联轴节法兰，通过套筒联轴节与法兰的配合安装实现牵引杆与钩尾座、牵引杆与对接单元车牵引杆的连挂。

四、电气连接装置

1. 电气钩

全自动车钩和半自动车钩的电气连挂均采用电气钩。电气钩配有保护等级为 IP55 的保护盖，该保护盖在电气钩被推向前（或拉向后）时可自动打开（或闭合）。连挂时，两电气钩内的触头紧密连接，外壳及其密封圈紧密地压接，从而实现电气连接和密封防护。

2. 连接器和跨接电缆

半永久牵引杆采用固定连接形式，其电气连接采用连接器和跨接电缆的方式实现。跨接电缆与连接器相连后插在半永久牵引杆的电气箱上，将两车厢的供电、牵引、辅助和控制等系统的电气装置连接在一起，其功能与电气钩相同。

连接器由外壳和插头本体两部分组成。外壳的作用是防水、防尘，保护插头本体。插头本体通过带针脚的公插头与带针孔的母插头对位连接，形成一个整体。

第二节　贯　通　道

一、贯通道的功能设计

贯通道装置在功能设计上完全满足列车顺利通过车辆段 60 m、辅助线

100 m、正线 150 m 最小平面曲线半径的需要。同时，贯通道需进行 S 曲线的通过试验（R60 m—5 m—R60 m），曲线通过试验（R60 m）及在不同曲线位置，车辆各滚动角、纵向倾斜角相对于 100～140 mm 高度不一致情况下的试验，以保证车辆能顺利通过最不利条件的组合（竖向曲线、水平曲线及车速）且无异常的摩擦声。

二、直线电机车辆贯通道的结构

贯通道的结构如图 5—5 所示。

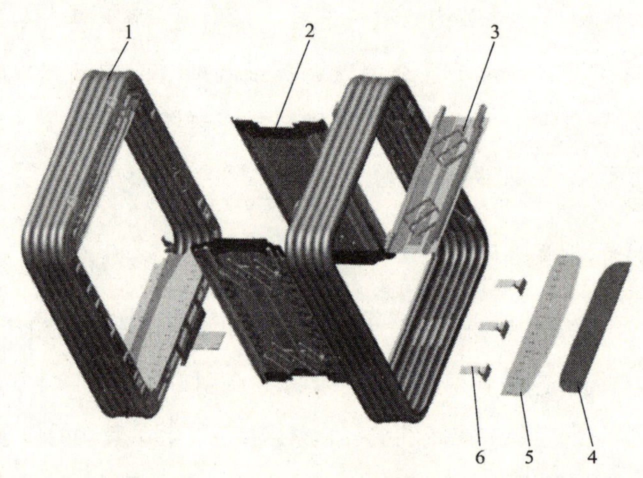

图 5—5 贯通道的结构

1—折棚体 2—侧护板 3—顶板 4—渡板 5—踏板 6—踏板支撑

1. 折棚体

折棚体包括端框、对接框和棚布。

棚布由多折环状棚布面料缝制而成，每折环的下部设有 2 个排水孔。折棚体选用特制的阻燃、高强度、耐老化进口棚布面料制作，棚布采用双层夹心结构，大大提高了贯通道的隔音、隔热性能。折棚体各折均用铝合金型材框镶嵌，折棚体的一端连接在端框上，另一端与对接框连接。

端框由铝合金型材焊接而成，表面喷塑，通过安装螺钉固定在车体端墙上。端框型材上设计有沟槽，安装有橡胶密封胶条，保证了水密性要求。

对接框由铝合金型材焊接而成，表面喷塑，并安装有 4 个对接锁销和 4 个锁销孔座，以实现连挂时的对中和锁闭。连接锁闭机构为滑杆结构，滑杆装有 4 个楔形板销。两车连挂时，操作手柄，4 个楔形板销同时运动，这样的结构使对接框承载均衡并可靠定位。对接框型材上设计有沟槽，安装橡胶密封胶条，可调整并确保端框间距离。两对接框连接后保证贯通道不漏雨、不渗水。

每套折棚体均能实现拉伸和压缩，在最大和最小情况时，均能满足技术条件中线路的要求。为防止棚布受损，对接框与车体间装有收紧弹簧。分别装在贯通道上部和下部，以限制折棚体的最大拉伸量。

2. 侧护板

每个贯通道两侧各有一个侧护板，如图 5—6 所示。每个侧护板的内侧有两组连杆。整个侧护板通过侧护板安装心轴安装在连杆的移动中心轴上。连杆通过连杆座安装在车端的护板安装座上。侧护板在护板安装座上可快速装卸。

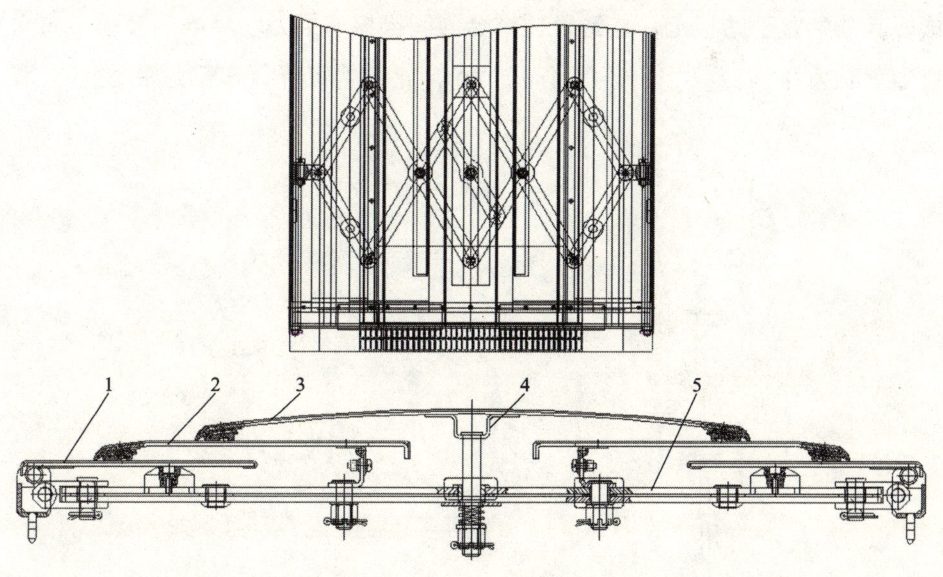

图 5—6 侧护板

1—边护板 2—搭接护板 3—中央护板 4—连杆座 5—连杆

为方便贯通道顺利通过小曲线半径，侧护板采用叠板互动、差位伸缩式结构。它主要由中央护板、搭接护板、边护板、护板连杆和连杆座组成，各护板均由钢制骨架和不锈钢板制成，其刚度高，乘客倚靠不易变形。中央护板通过连杆固定在两车端的中心位置；搭接护板则叠加在中央护板和边护板之间，随连杆的伸缩而做差位移动，使整个侧护板实现拉伸和压缩。

侧护板上下设有橡胶裙边，避免侧护板在车辆运行中与顶板及渡板干涉，减小侧护板上、下边部与顶板及渡板之间的间隙。

侧护板表面采用贴膜和喷塑处理，且与车辆内部装饰颜色协调一致。由于侧护板采用叠板互动、差位伸缩式结构，在车辆运行中贯通道的通过宽度变化不大。

3. 渡板和踏板

贯通道的过道板包括踏板和渡板，其材料均为铝合金，如图 5—7 所示。踏板由踏板体和固定在车体上的踏板支撑组成。渡板则由渡板体和安装在风挡对接框中间支撑上的渡板支撑组成。渡板体采用具有防滑作用的菱纹板制成，其前端置于踏板上，与踏板体结合面间铆接有尼龙耐磨条。渡板顶面比过道地板水平面高，但小于等于 16 mm，此结构可降低车辆过曲线时与踏

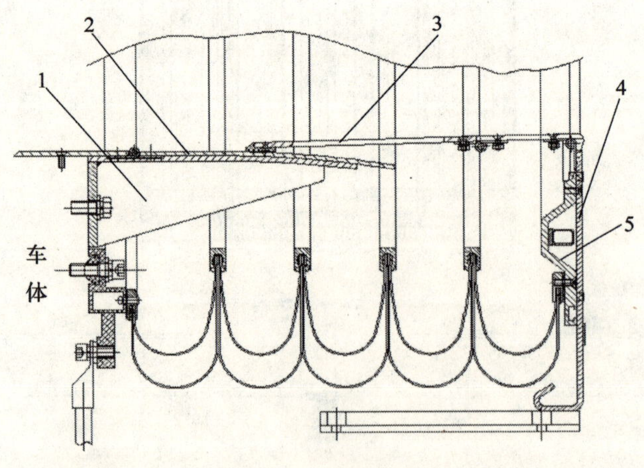

图 5—7　渡板和踏板

1—踏板支撑　2—踏板体　3—渡板体　4—渡板支撑　5—中间支撑

板间的摩擦和错动量。当通过车辆段线路 R60 m 曲线时，渡板和踏板间不产生干涉现象，并可以安全通过。为了便于清洁和检查，踏板和渡板均可被抬起。

第三节 车端连接装置运用情况与检修

一、运用情况

直线电机车端连接装置运用情况良好，未发生造成重大影响的故障。其设计结构也相对稳定，无须进行改变设计性的改造。直线电机车辆具备车体高度低、过小半径曲线能力和爬坡能力强的特点，因此，对车钩、车端电气连接装置和贯通道等部件的性能要求更高。同时，在检修过程中需加强活动部件的检查和润滑。

二、检修及维护要求

1. 日常维护要点

目前，直线电机车辆车端连接器维护工作量较少，在日常检修作业中主要工作是清洁及检查外观、对活动部件进行检查及润滑、对磨耗件进行更换。由于直线电机车辆通过的最小曲线半径为 60 m，各活动部件的磨耗量较大，因此，需要在架大修作业时加强检查并更换相应磨损部件。

2. 架大修要点

架大修时，车端连接装置主要有以下维护要点：

（1）车钩外观检查、清洁、修补防锈涂层和表面涂层；探伤检查钩舌、钩舌板、钩舌销、钩头颈、钩杆颈、缓冲器颈、套筒联轴节；分解、清洁、检查机械钩头、解钩风缸；清洁、检查电气车钩并检查触头，分解、清洁车钩气路控制装置、电气钩操纵机构，对操纵风缸进行试漏，更新橡胶气管、行程开关及紧固件、车钩拉簧。

(2) 更新贯通道各组件的紧固件、渡板磨耗条、踏板、转轴铜套、上拉簧、下拉簧等部件。

(3) 气液缓冲器委托外修检测，对不符合缓冲曲线的部件进行更换。

(4) 对车钩不水平的，通过中空橡胶堆调整其水平。

三、典型故障及其优化

1. 贯通道踏板塌陷

受小曲线半径影响，贯通道对踏板、渡板等部件的性能要求更高，贯通道踏板活页与固定踏板之间高度差超出标准范围将导致踏板塌陷问题。当客流量较大时，乘客有在贯通道位置聚集的习惯，因此，贯通道踏板的塌陷将会直接危及在贯通道位置的乘客生命和财产安全。为防止贯通道踏板塌陷，需在日常检修中对踏板活页与固定踏板高度差进行检查，对于高度差超出标准的踏板采取以下措施进行调整：对于踏板活页低于固定踏板的情况，采用增加调整垫片的方式进行调整；对于踏板活页高于固定踏板的情况，采用打磨的方式进行调整。

2. 踏板材质优化

为减重，贯通道踏板的材质为铝合金。铝合金偏软且不耐磨，另外，在客流量大时乘客喜欢站立在贯通道位置，踏板与渡板相对运动时承受较大压力，从而导致踏板 4～5 年磨穿。为解决此类故障，可从设计角度将贯通道踏板换型为不锈钢材质。

3. 电气连接器烧损故障

由于车钩处跨接线缆较长，受重力及列车振动影响，各连接器线缆存在一定的位移，进而影响线缆端部插针接触性能，最终造成连接器插针接触不良、连接器发热烧损。若正线运营时该连接器烧熔，很可能导致第三轨跳闸；若发生机械损坏，则一段时间后也可能导致插针烧熔。

为了增加连接器的稳定性和可靠性，减少连接器烧损故障，可将金属外壳和轴向螺栓压电缆的连接器插针改造换型为绝缘外壳和冷压线缆的连接器插针。另外，为了减少跨接电缆重力对连接器的影响，对半永久牵引杆处各连接器加装固定支架和钢丝吊绳加固。通过固定支架电缆缓解电缆重力和拉扯力对连接器的作用，从而提高各连接器的可靠性，减少连接器烧损的故障率。同时，通过规定跨接电缆高于轨面 85 mm 来防止跨接电缆与车底感应板相抗磨损。

4. 机械钩连挂故障

车钩机械部件润滑不到位、高度调整不良、工程车过渡车钩设计不匹配、凸锥或凹锥廓形盈余都将导致车钩无法连挂。为预防卡滞导致的车钩不能连挂，需在月检及其以上检修作业中对车辆机械部件进行检查和润滑。为解决廓形盈余导致的不能连挂，需对机械钩头盈余部位进行打磨和削减。同时，对车钩的生产质量和工艺进行严格控制。

第六章

转向架

为了实现直线电机车辆爬坡能力强、转弯半径小的特点，直线电机车辆转向架设计上不同于传统旋转电机车辆转向架，采用直线电机非黏着驱动，不受轮轨之间黏着限制；取消了联轴节和齿轮箱等驱动装置，降低了传动噪声；采用小直径车轮，减小轮对轴距，优化转向架结构尺寸，实现了转向架紧凑化设计等。

第一节　直线电机车辆转向架分类及特点

一、直线电机车辆转向架分类及适应性

为了实现直线电机车辆优良的曲线通过能力，降低轮轨作用力，直线电机车辆一般采用径向转向架或柔性转向架。径向转向架通过轮轨的蠕滑力（自导向）或自身机构（迫导向）使所有轮对都趋于曲线径向位置；柔性转向架通过采用较小的一系横向刚度和踏面锥度的方式使轮对趋于径向位置，

两种转向架轴箱定位方式不同，曲线通过原理也存在差异，但均具有较高的小半径曲线通过能力。

1. 径向转向架

车辆通过曲线时，所有轮对都具有趋于曲线径向位置能力的转向架称为径向转向架，如图 6—1 所示。根据导向原理不同，径向转向架可分为自导向转向架和迫导向转向架两大类。自导向转向架是依靠轮轨间的蠕滑力，通过转向架自导向机构的作用使轮对进入曲线时自然地呈径向位置排列；迫导向转向架是利用进入曲线轨道时车体与转向架构架间的相对回转运动，通过专门的导向机构（如连接车体与轴箱或副构架的杠杆系统）使轮对偏转，强迫轮对进入曲线后呈径向位置排列。相对于迫导向转向架，自导向转向架结构简单，不需要额外的径向装置，但由于轮对轴箱与构架之间仍有一定的约束刚度，其径向精度不高，径向效果随着曲线半径的减小也越来越差，在小半径曲线上不可避免地会引起较大的轮轨横向力，造成轮缘磨损。

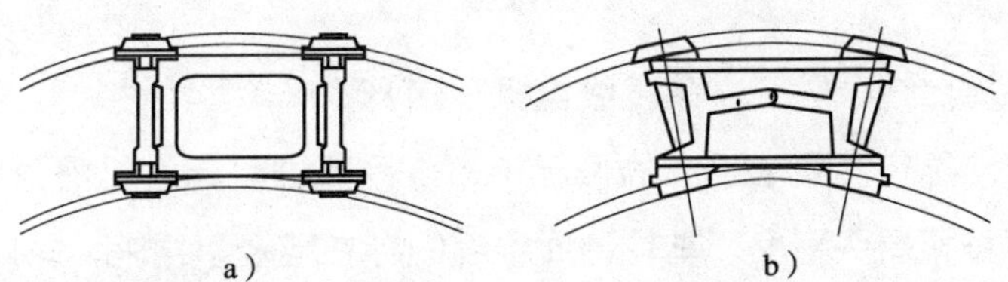

图 6—1 常规转向架与径向转向架的比较
a）常规转向架 b）径向转向架

加拿大庞巴迪公司开发的直线电机车辆 MKⅡ型转向架为副构架悬挂形式的迫导向径向转向架，该型转向架采用了特殊的一系悬挂装置，轮对能够比较容易地在带有摩擦块的弹性垫一侧滑动，绕着带有转动定位轴的弹性垫一侧转动，当车辆通过曲线时，车体带动摇枕相对转向架构架回转，摇枕推动连杆机构，轮对趋向于曲线径向位置，实现轮对的迫导向功能。

MKⅡ型转向架结构较小且复杂，一系悬挂中一系簧跨距和二系悬挂中空气弹簧跨距较小，具有良好的曲线通过能力，但新轮车轮轮径仅为

660 mm、转向架轴距仅为 1 900 mm，转向架承载能力有限，载客量较小。

2. 柔性转向架

由于径向转向架存在零部件多、结构复杂、维护量大等缺点，业界在常规转向架基础上研发出一系悬挂刚度更低、曲线通过性能更优的柔性转向架。柔性转向架采用中心承载式设计，简化了转向架结构，降低了转向架质量，提高了转向架高速运行的稳定性。由于车轮不传递牵引力和电制动力，所以轴箱定位结构可以大大简化，容易实现较低的轴箱定位刚度，降低轮对横移和摇头刚度。车轮非驱动和良好的曲线通过性能可以降低通过曲线时的振动和噪声，有利于保护环境。车轴间无须安装传动装置和电机，转向架轴距可以缩减，同时，踏面锥度的存在减轻了约束，容易使轮对趋于径向位置，更有利于转向架通过小曲线，提高车辆的曲线通过性能和运行平稳性。但由于柔性转向架两车轮的夹角不够大，轮轨冲角不能减小到零，且没有径向装置，后轮径向运动能力不足，因此，柔性转向架的曲线通过能力不如径向转向架。

加拿大庞巴迪公司开发的直线电机车辆 BM3000 型柔性转向架，在运行速度低、横向稳定性要求不高的情况下，一系悬挂采用圆锥叠层橡胶弹簧，降低轮对横移和摇头刚度，车轮踏面锥度的存在减轻了约束，轮对趋于曲线径向位置，实现轮对的自导向功能。该型转向架整体布局合理，结构紧凑，轴箱内置式和一系弹簧横向和纵向刚度较低；二系悬挂采用空气弹簧带摇枕和旁承结构，保证了车辆良好的曲线通过性能，同时轮径、轴距相对于 MK 系列转向架较大，新轮车轮轮径为 730 mm、转向架轴距为 2 000 mm，转向架承载能力强，载客量较大。

二、直线电机车辆转向架主要结构特点

由于电机结构、驱动方式、轮轨作用等方面存在根本区别，旋转电机车辆与直线电机车辆在转向架设计思路上也存在诸多差异。基于直线电机车辆

的特性，直线电机车辆转向架具有以下特点。

1. 电机悬挂方式

直线电机的定子与转子在平面内是平行的，直线电机的定子部分安装在车辆的车底，即通常所说的直线电机本体，转子部分是安装在轨道上的感应板。直线电机与感应板的距离就是直线电机气隙，气隙值越小，电机效率就越高，消耗电能就越少。但气隙值不能设定得过小，车辆振动、轮轨磨耗、感应板安装精度误差、电机垂向吸引力等因素均会使气隙值进一步降低，这样车辆运行时存在直线电机和感应板相接触的安全风险。因此，直线电机气隙值要严格控制且尽量保持恒定。直线电机气隙值变化程度与直线电机悬挂方式存在一定的关联关系，目前直线电机悬挂方式主要分为架悬式和轴悬式两大类。

（1）架悬式

架悬式就是把直线电机悬挂在构架上，电机和轮对轴箱之间布置有一系悬挂，通过一系悬挂缓和冲击振动，气隙受一系悬挂刚度影响。架悬式的优点有：簧下质量小，车轴安装部件少，电机及悬挂系统承受振动冲击较小，便于维护，轮对摇头运动约束也减少，更加容易采用径向转向架。架悬式的缺点有：一系悬挂的垂向刚度选择要求较高，需要平衡列车舒适性和气隙稳定性的关系，通常情况下，为了保证气隙稳定会牺牲列车乘坐的舒适度。日本日立直线电机转向架采用架悬式，气隙控制在 12 mm 左右，能耗相对较高。

（2）轴悬式

轴悬式就是直线电机悬挂在轮对轴箱上，电机和轮对轴箱之间没有布置一系悬挂，通过两者间布置的减振橡胶缓和冲击振动。轴悬式的优点包括：电机气隙比较稳定，额定气隙可比架悬式小；一系悬挂的刚度可以降低，隔振能力提高，乘坐舒适性提升。轴悬式的缺点包括：簧下质量比较大，轮轨冲击振动较大，对轮轨匹配的要求更高，同时，电机及悬挂系统承受振动冲击也较大。广州地铁大中运量直线电机车辆电机悬挂方式均采用轴悬式，气隙控制在 9 mm 左右，能耗相对较低。轴悬式直线电机的气隙如图 6—2 所示。

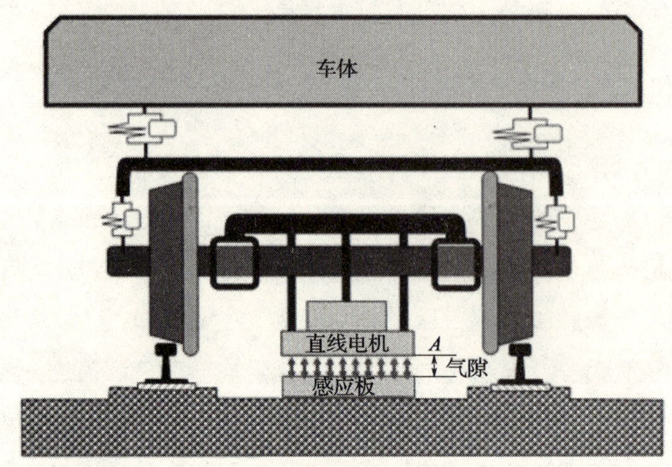

图 6—2　轴悬式直线电机的气隙

2. 牵引力和电制动力非黏着传递

直线电机转向架是利用直线电机直接驱动的，其牵引力和电制动力均由直线电机与感应板之间的电磁作用产生。由于不需要中间的机械传动装置，轮轨间仅起垂直承载及水平导向的作用，因此可视为非黏着驱动方式。驱动方式作了改进，取消了旋转电机及传动装置，它不需借助轮轨相互作用，因而可以在大坡度线路上传递牵引力和电制动力。另外，由于直线电机转向架牵引力和电制动力的非黏着传递特性，使直线电机车辆有更高的环境适应性，可以应对雨、雪、冰等异常气候，满足在湿滑轨面运行的要求。

但直线电机转向架机械制动力的传递由制动夹钳与制动盘配合，通过轮对与轨道的黏着作用使列车制动，因此，直线电机车辆机械制动力仍然依靠黏着作用传递，也仅在此阶段存在轮对擦伤的可能。

3. 紧凑化设计

与传统旋转电机转向架相比，直线电机转向架取消了齿轮箱、联轴节等传动部件，轮径值也得到降低，轴距变小，并把构架侧梁设置在车轮内侧，构架尺寸减小，转向架自重大大降低。同时，由于紧凑化设计要求，机械制动大多数采用盘形制动，在保证列车机械制动性能的前提下，进一步缩小了制动夹钳安装空间。

直线电机车辆转向架的二系悬挂一般采用空气弹簧配合摇枕、抗侧滚扭力杆结构，或空气弹簧配合 Z 字形中央牵引装置结构，此类设计可减小车辆在曲线通过时车体与转向架摇头运动所引起的回转阻力，利于在通过小半径曲线时保持稳定性，在正常速度下能表现出各种设计优越性，结构更加紧凑。

第二节 BM3000 型转向架

BM3000 型转向架由庞巴迪公司研究开发，整体布局合理，结构紧凑。该型转向架采用轴箱内置布置，直线电机固定在轴箱上，并设有摇枕、空气弹簧、抗侧滚扭力杆、空心车轴、轴盘式制动等装置。

BM3000 型转向架相比于旋转电机转向架，主要具有以下特点：

(1) 采用空心轴设计，减轻簧下质量。

(2) 轴箱分布在车轮内侧，制动盘分布在车轮外侧。

(3) 采用摇枕与抗侧滚扭力杆配合的形式，保证列车曲线通过能力。

(4) 电机悬挂在轴箱上，保证气隙的稳定性，电机高度采用螺纹无级调整方式，结构简单，易于操作。

一、主要结构及技术参数

1. 转向架结构

BM3000 型转向架主要由构架、轮对、一系悬挂装置、二系悬挂装置、直线电机、直线电机悬挂和调整装置、轴端辅助装置等组成，如图 6—3 所示。

图 6—3 BM3000 型转向架整体

1—轮对 2—抗侧滚扭力杆 3—旁撑 4—摇枕 5—构架 6—直线电机悬挂梁 7—直线电机吊杆 8—制动盘 9—集电靴 10—垂向减振器 11—集电靴熔断器箱 12—气管 13—直线电机 14—制动夹钳

2. 主要技术参数

最大设计速度：100 km/h；最大运行速度：90 km/h；转向架中心距：11 140 mm；转向架轴距：2 000 mm；轮对内侧距：1 353 mm±2 mm；车轮直径（新轮/全磨耗）：730/660 mm；两组一系簧跨距：1 150 mm；两个空气弹簧跨距：1 150 mm；转向架质量：6 300 kg；最大轴重：13 t；最小曲线通过能力：$R=60$ m。

二、部件情况介绍

1. 构架

构架采用高锰合金钢材焊接而成，采用钢板、钢管焊接成“目”形整体结构，主要由两根横梁、两根侧梁和两根端梁组成，如图 6—4 所示。

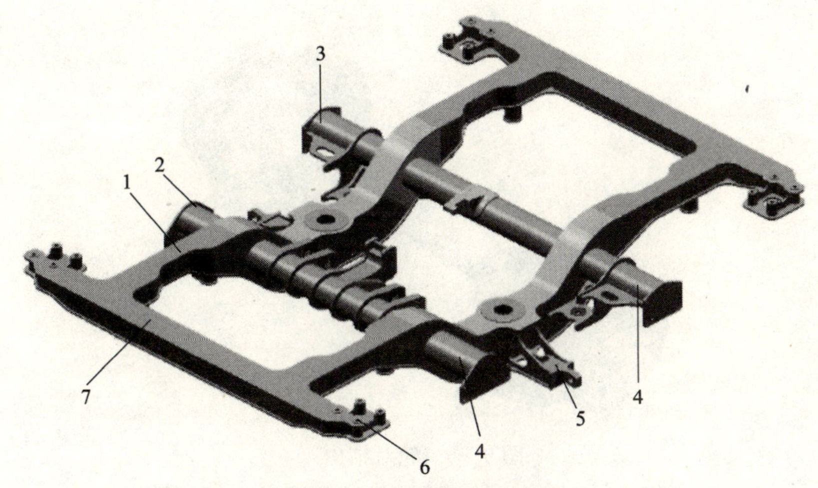

图 6—4 转向架构架结构

1—侧梁 2—熔断器安装座 3—集电靴安装座 4—横梁
5—抗侧滚扭力杆安装座 6—基础制动单元安装座 7—端梁

构架整体布局合理、结构紧凑、侧梁跨距小，在保证强度的同时有效减少构架的质量，降低自重。侧梁采用 U 形结构，中央为空气弹簧安装座。横梁采用非合金无缝钢管结构，钢管两头封闭，并与空气弹簧连通，作为空气弹簧附加风缸，用以调节空簧的动刚度。内横梁焊有二系牵引拉杆座、电机牵引拉杆座，电机牵引拉杆座同时作为横向止挡挡板，通过橡胶缓冲止挡、摇枕、中心销限制车体与转向架之间的横向位移。侧梁焊有横向减振器座、垂向减振器座等结构。侧梁和端梁采用箱形结构，侧梁焊有直线电机横向拉杆和抗侧滚扭力杆安装座等，侧梁采用内置式结构，配合内置式轴箱结构，降低自重。端梁焊有 ATC 天线和制动单元安装座等结构。

2. 轮对及轴箱装置

BM3000 型转向架轴箱装置为内置结构，分布在轮对内侧，轴箱悬挂跨距大大缩小，为外侧制动盘安装留出空间。

(1) 轮对

轮对主要由一根车轴和两个车轮组成，如图 6—5 所示，承担车辆全部质量，使车辆在轨道上高速运行，还承受着从转向架、钢轨两方面传来的

图 6—5　轮对结构

1—制动盘　2—车轮　3—内置接地装置　4—车轴　5—轴箱

静、动作用力，受力较为复杂，轮对性能好坏直接影响到车辆的运行品质。

车轴的材质为 EA4T 级钢，使用寿命为 30 年，采用孔径为 ϕ 30 mm 的空心轴，该结构在保证强度的同时有效地减轻了簧下质量，提高了转向架动力学性能和运行品质。车轴包含制动盘座、轮座、轴箱轴承座和轴身几部分。车轴作为车轮、轴箱、牵引速度传感器、轴端接地装置和制动盘等部件的安装载体，承受转向架和车体重量以及各种冲击。车轮采用直辐板形式的整体辗钢轮，直径范围为 660～730 mm，轮对内侧距为 1 353 mm±2 mm，踏面外形采用 LM 型磨耗形踏面，具有便于通过曲线、可自动调中、踏面宽度方向磨耗较为均匀等优点。

(2) 轴箱

轴箱装置主要由轴箱体、轴承、防尘挡圈、前盖、压盖等组成，如图 6—6 所示。轴箱体采用球墨铸铁铸造而成，迷宫式防尘结构，轴箱前盖、后盖采用铝合金材料制成，有效地减轻了簧下质量。

轴箱是直线电机悬挂梁的安装座，轴承采用双列圆锥滚子、自密封结构轴承，轴箱轴承内径大，支撑构架、承载电机及电机垂向吸引力，承载能力强。轴箱装置安装在车轮内侧，可缩短轮对和构架横梁长度，减轻质量。

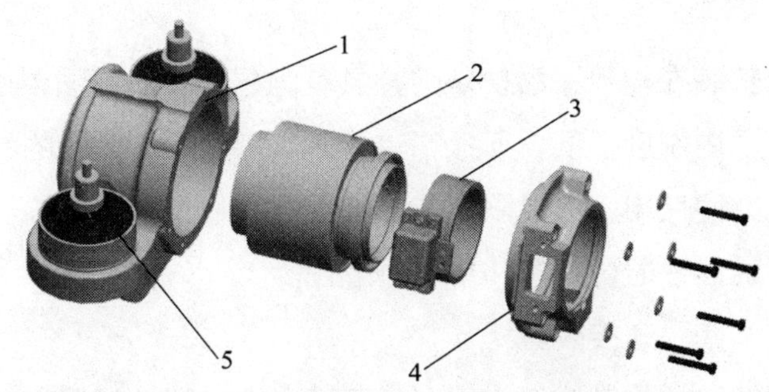

图 6—6 轴箱及其相关部件组成图

1—轴箱体 2—轴承组成 3—接地装置 4—轴承后盖 5—圆锥叠层橡胶弹簧

3. 一系悬挂

一系簧采用圆锥叠层橡胶弹簧，如图 6—6 所示。一系簧位于轮对轴箱和构架之间，缓和来自轮轨产生的冲击与振动。一系簧通过在径向设置缺口槽，可实现纵向和横向不同的刚度定位，通过垂向、纵向和横向刚度的优化匹配，减小了车轮轮缘和钢轨的磨耗、轮对的冲角和转向架的摆动，轮对在过曲线时顺利获得径向调整，提高了转向架的过曲线性能，同时也能保证车辆在直线轨道运行的稳定性。每个轴箱和构架之间设有一个固体金属挡块，安装在构架底部，在弹簧塌陷时支撑构架。每个一系簧中有提升止挡装置，限制构架过度提升，同时通过测量提升间隙可反馈一系簧的蠕变量和运用状态，并且在起吊构架时起到连接轮对和直线电机的作用。由于轴箱内侧布置，一系簧安装在轴箱上，横向跨距也随之缩小，在轴箱纵向刚度相同的情况下，轮对摇头角刚度明显降低，转向架的曲线通过能力大幅提升。

4. 二系悬挂

二系悬挂主要由摇枕、牵引连接装置、空气弹簧、抗侧滚扭力杆、减振器、高度阀和过充保护阀等组成，如图 6—7 所示。虽然设置摇枕在一定程度上增大了转向架质量，但摇枕为抗侧滚扭力杆、垂向减振器、横向减振器提供了安装平台，且能有效减少回转扭矩，提高了转向架的曲线通过能力。

两个空簧安装在构架和摇枕之间，具有理想的反S形非线性刚度特性，在正常工作范围内刚度很低，而振幅较大时其刚度具有陡增的特点。抗侧滚扭力杆和摇枕共同使用，可以限制车体发生过大的位移，提高了车辆抗倾覆稳定性、小半径曲线通过性能和乘坐舒适性。

(1) 摇枕和牵引连接装置

摇枕采用铸铁材质制成，中部上端安装有中心销及摩擦心盘，用来连接和承载车体。摇枕两端安装旁承，中部下端安装两个横向橡胶止挡，同时有一根二系牵引拉杆连接摇枕和构架内横梁，车体与转向架的牵引力与制动力是通过中心销、摇枕和二系牵引拉杆依次传递来实现的。

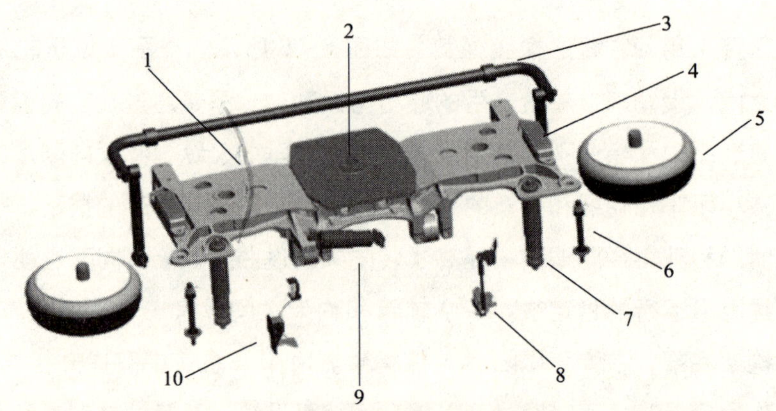

图 6—7　二系悬挂装置组成图

1—摇枕　2—中心销组成　3—抗侧滚扭力杆　4—旁承　5—空气弹簧　6—垂向止挡
7—垂向减振器　8—高度阀　9—横向减振器　10—过充保护阀

当车辆空载时，车体与摇枕采用摩擦心盘一点承载，当载荷达定员及以上时，车体与摇枕采用摩擦心盘和旁承三点承载。摇枕和牵引连接装置结构在保证车体强度、有效控制转向架摇头运动的同时提高了转向架的曲线通过性能。此外，两个横向止挡有效限制了车辆过大的横向位移，提高了转向架运行的稳定性。由于心盘磨耗板与旁承在车辆过曲线转向时承受旋转摩擦，为了减少磨损，材质分别采用合成材料和高分子材料。

（2）空气弹簧

空气弹簧采用橡胶空气弹簧，每台转向架装配两个空气弹簧，安装在构架和摇枕之间。空气弹簧采用连通式结构，与一个高度阀和一个过充保护阀配合使用，保证两个空气弹簧同时充排气，保持车体的两侧高度一致且车辆在运行时不超过车辆动态包络线，保证车辆的运行安全，地板面高度与站台高度保持基本一致，方便乘客上下车辆。空气弹簧将构架的两个横梁作为附件气室，增大其容积、柔度，减小垂向刚性，提高乘坐舒适性。

（3）抗侧滚扭力杆

抗侧滚扭力杆由扭力杆、垂向连杆、抗侧滚扭杆轴承、盘簧、轴承盖、M30 槽形螺母等部件组成，安装在构架和摇枕上面。抗侧滚扭力杆的实质就是一个扭力弹簧，它不约束车体的浮沉和横摆运动，但在车体发生侧滚时可产生较大的复原力矩，在不增加车辆的垂向和横向悬挂刚度的前提下，提高车辆的抗侧滚刚度，以限制车辆在较大线路不平顺时的侧滚角，抑制了车辆的侧滚振动，保证车辆在动态情况下不超出允许的车辆限界。

（4）减振器

减振器采用油压减振器，根据使用方向不同分为横向减振器和垂向减振器两种，两个垂向减振器安装在转向架两侧摇枕与构架之间，一个横向减振器安装在构架内侧与摇枕中部之间。减振器作为转向架二系悬挂系统中的阻尼元件，在轮轨振动传到悬挂系统后，通过液压油受压将振动机械能转化为热能，衰减车辆在运行中的垂向、横向振动，减小车体的振动幅度和频率，延长弹性元件和机械部件的使用寿命，提高车辆乘坐的舒适性。

5. 直线电机悬挂和调整装置

电机悬挂装置的功能是将电机悬挂在转向架上，传递牵引力和电制动力。电机高度调整装置用于调整直线电机高度，保证电机高度出现变化的情况下，通过操作电机高度调整装置可将电机高度调整到标准范围内。

（1）电机悬挂装置

电机悬挂装置主要由两根悬挂梁、五根垂向吊杆、两根横向拉杆和一根牵引拉杆组成，如图 6—8 所示，分别承担直线电机垂向、横向和纵向载荷。悬挂梁通过支撑橡胶弹性安装在轴箱上部，垂向吊杆上端固定着悬挂梁、下端吊挂直线电机，承受垂向载荷；横向拉杆连接直线电机与构架，限制电机的横向摆动。牵引拉杆连接直线电机与转向架横梁，传递直线电机的纵向牵引力和电制动力。

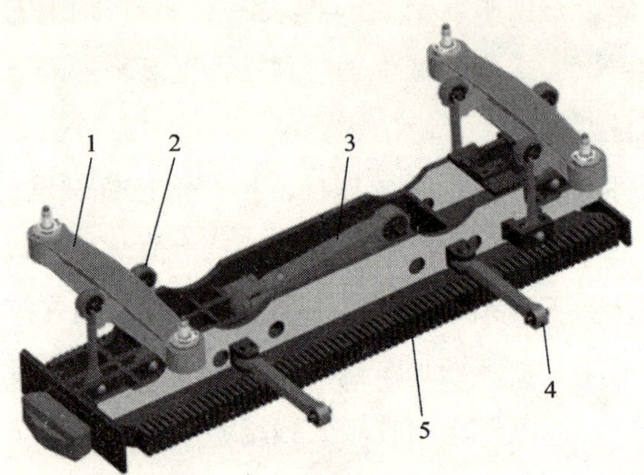

图 6—8　直线电机悬挂示意

1—悬挂梁　2—垂向吊杆　3—牵引拉杆　4—横向拉杆　5—直线电机

垂向吊杆和横向拉杆与直线电机连接端采用航空用的高可靠性金属球轴承，与悬挂梁和构架连接端采用金属橡胶关节，既保证了电机悬挂的刚性，维持了直线电机与感应板之间气隙的稳定性，又在一定程度上缓和了来自轮轨间的冲击和振动。牵引拉杆两端均采用金属橡胶关节，可通过优化橡胶关节的刚度减缓纵向牵引力和制动时的冲击和振动。但由于车辆运营过程中直线电机温度较高，电机端的金属橡胶关节在抗高温、抗老化性能上要求较高。

(2) 直线电机高度调整装置

直线电机高度调整装置主要由双头螺柱、调节套筒、弹簧套管、支撑橡胶等主要部件组成，位于悬挂梁两端，如图 6—9 所示。电机高度调整方式采用螺纹无级式调整模式，作用原理是通过旋转调节套筒驱动弹簧套管内螺纹与调节套筒外螺纹啮合，实现悬挂梁高度的提升或下降，直线电机直接吊

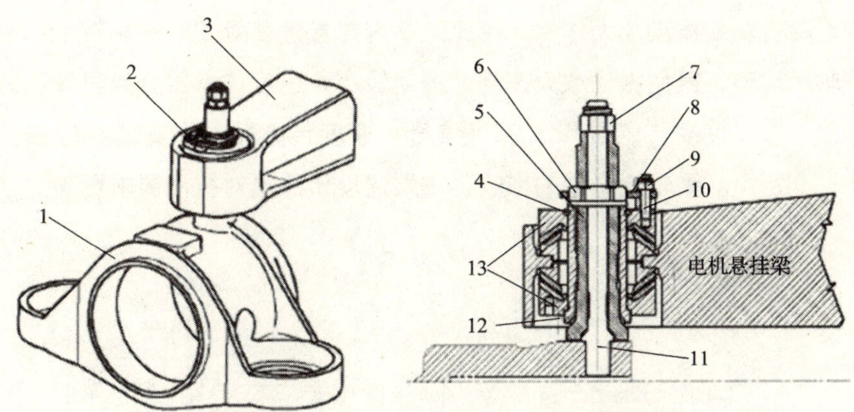

图 6—9　螺纹无级式高度调整装置结构

1—轴箱　2—电机调整装置　3—电机悬挂梁　4—止动挡圈　5—调节套筒
6—M42 锁紧螺母　7　M20 防松扭力螺母　8—止动挡板　9—M10 防松扭力螺母
10—M10 螺柱　11—双头螺柱　12—弹簧套管　13—支撑橡胶

挂在悬挂梁上，即实现了电机高度的螺纹无级调整，保证电机气隙调整至额定范围内。弹簧套管内螺纹与调节套筒外螺纹均采用螺距为 $P=2$ mm 的细牙螺纹，即螺纹旋转一圈可调整电机高度 2 mm，调节套筒顺时针旋转实现电机高度上升、反之下降。

直线电机高度调整装置直接通过悬挂梁定位在轴箱上，当车轮磨耗、镟修或者电机悬挂橡胶部件蠕变时，均可能引起电机的高度下降、气隙变小，所以需要在日常检修作业中定期对直线电机高度进行调整，将电机气隙恢复至额定范围内，保证直线电机车辆转向架的电机高效、安全运行。

6. 制动装置

基础制动装置采用外置式，制动盘和闸片散热性能好，便于闸片更换。制动盘采用整体铸铁结构，内部有柱形散热筋，散热性能好，通过盘毂压装在车轴端部，拆卸时不需要破坏盘毂。制动夹钳与构架通过螺栓安装，与制动盘配合使用。

7. 轴端辅助装置

轴端辅助装置分为接地装置和速度传感器两种。外置接地装置采用悬臂结构，存在轴端振动放大作用，相比之下内置接地装置安装在轴箱上，取消自身轴承环节，避免振动放大作用，振动较小，速度传感器分为里程计速度传感器、牵引速度传感器和ATC（信号）速度传感器，均安装在轴端，如图6—10所示。受轴端振动的影响，轴端速度传感器对抗振要求更高。

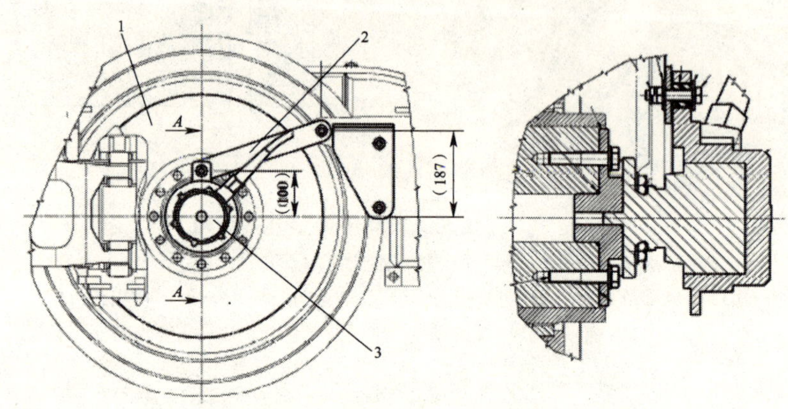

图6—10 轴端速度传感器安装

1—轮对 2—止动臂 3—轴端速度传感器

第三节 SDB-LIM型转向架

直线电机车辆技术在国外已有30多年的运用经验，核心技术一直为国外所掌控，国内城市轨道交通技术在这一领域仍处于空白。为掌握核心技术，国内厂家研发了拥有完全自主知识产权的SDB-LIM型转向架。

SDB-LIM型转向架相比于BM3000型转向架，主要具有以下特点：

(1) 加粗了车轴直径，以提高轮对弯曲振动频率。

(2) 采用了外置式薄壁大断面结构构架，取消了摇枕和抗侧滚扭力杆等，实现了转向架轻量化，减小了转向架的回转扭矩。

(3) 二系空气弹簧采用四点支撑，增大了空簧跨距，且采用Z字形中央牵引装置，具备良好的动力学性能，保证了车辆乘坐舒适性和限界安全。

（4）采用外置式轴箱及内置式支撑箱配合结构，直线电机通过悬挂梁固定在支撑箱上，使车体载荷与电机载荷作用位置分散，有利于改善转向架、轮对等部件的受力情况，抑制轮对弯曲振动。

（5）直线电机悬挂在独立的支撑箱上，保证了气隙的稳定性，同时采用独立二级大刚度橡胶关节悬挂，缓和冲击和振动，电机高度采用垫片调整方式，结构简单、便于操作。

一、主要结构及技术参数

1. 转向架结构

SDB-LIM型转向架主要由构架、轮对、一系悬挂装置、二系悬挂装置、直线电机、直线电机悬挂和调整装置、辅助装置等组成，如图6—11所示。

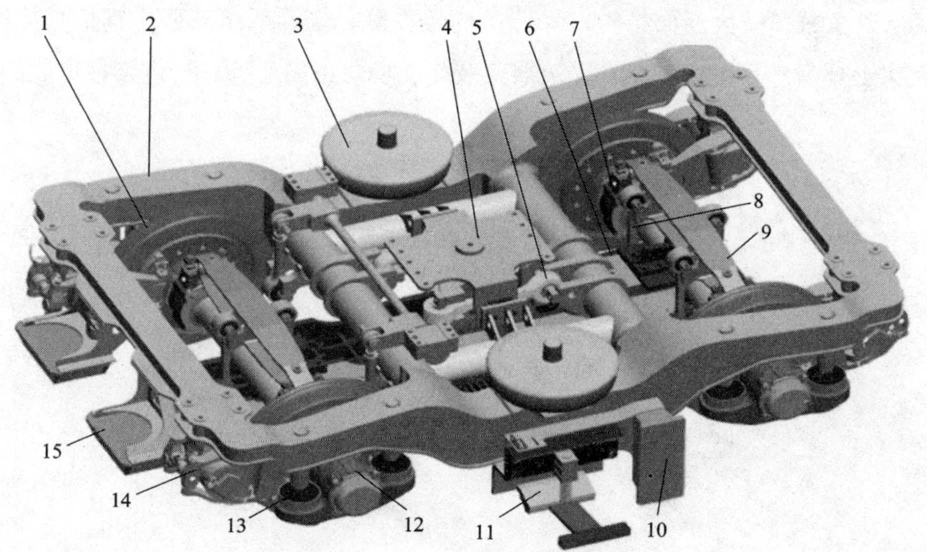

图6—11 SDB-LIM转向架整体

1—轮对（带轮盘制动） 2—构架 3—空气弹簧 4—中央牵引装置 5—牵引拉杆 6—直线电机 7—悬挂梁支撑箱 8—电机垂向吊杆 9—电机悬挂梁 10—集电靴熔断器箱 11—集电靴 12—外置式轴箱 13—一系弹簧 14—基础制动单元 15—信号天线

2. 主要技术参数

最大设计速度：100 km/h；最大运行速度：90 km/h；转向架中心距：11 140 mm；转向架轴距：2 000 mm；轮对内侧距：1 353 mm±2 mm；车轮直径（新轮/全磨耗）：730/650 mm；两组一系簧跨距：2 010 mm；两个空气弹簧跨距：1 800 mm；转向架质量：6 600 kg；最大轴重：13 t；最小曲线通过能力：$R=60$ m。

二、部件情况介绍

1. 构架

构架“目”形结构与BM3000型构架结构类似，如图6—12所示，但采用了外置式薄壁大断面结构，降低了构架质量。侧梁采用箱形全钢板焊接，侧梁上焊有一系簧安装座、受流器安装座、横向止挡座等。与侧梁相贯通的

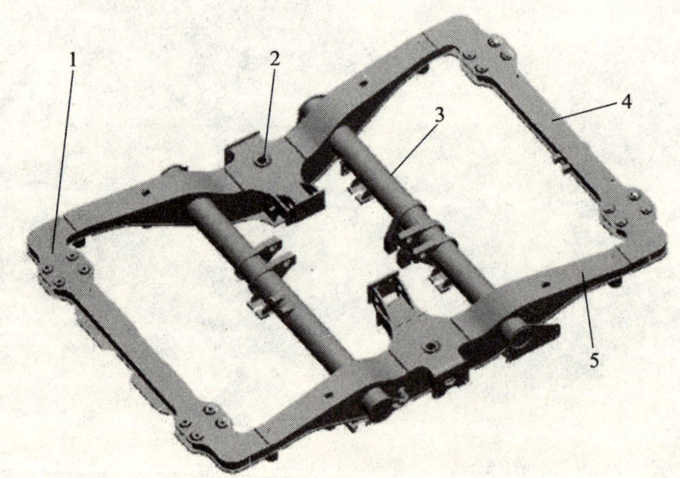

图6—12　转向架构架结构

1—制动夹钳安装座　2—空气弹簧安装座　3—横梁组成　4—端梁组成　5—侧梁组成

横梁用无缝钢管制成，内腔作为空气弹簧附加空气室。横梁上焊接直线电机牵引座、二系牵引座、钢丝绳座以及高度阀座等。端梁与侧梁对接，安装ATC、制动夹钳。整个构架结构采用优化设计避免应力集中。

2. 轮对及轴箱装置

相比于BM3000型转向架，SDB－LIM型转向架采用轴箱外置的形式，轮对轴箱分布在车轮外侧，同时制动盘也相应调整为轮盘式结构。

（1）轮对

车轴的材料、空心轴孔径均与BM3000型转向架车轴相同，如图6—13所示。但车轮采用直辐板整体车轮，制动盘分布在车轮内外两侧，不仅能降低轮轨间的噪声，也能在一定程度上提高轮对的弯曲频率。车轴增加电机悬挂支撑箱，为直线电机提供悬挂基础，承受电机载荷，在一定程度上改善了轮对相关部件的工况。轴箱布置在车轮外侧，承受车体载荷，使电机载荷与车体载荷作用位置分散，有利于改善转向架、轮对等部件的受力情况，抑制轮对弯曲振动。

图6—13 轮对及电机悬挂组成

1—电机高度调整装置 2—悬挂梁纵向拉杆 3—车轮制动盘组成 4—轴箱组成 5—电机垂向吊杆 6—电机悬挂梁 7—电机悬挂支撑箱 8—轮装盘形制动盘

（2）轴箱

轴箱组成主要包括轴箱体、自密封双列圆柱滚子轴承、防尘挡圈、前盖、压盖及紧固件等，如图 6—14 所示。轴箱体采用铸钢材料，轴箱前、后盖均采用铝合金材料，有效的减轻了簧下质量。轴箱顶部设有垂向限位台，在保证车辆正常运营时垂向位移要求的同时，具有安全限位功能，保证一系簧故障模式下车辆的安全性。轴箱采用外置结构，接地装置安装在外置轴箱端部，以降低接地装置的振动和冲击，也增大了直线电机区域的维修空间，提高了可维修性。

3. 一系悬挂

一系簧采用圆锥叠层橡胶弹簧，如图 6—14 所示，其部件特点与 BM3000 型转向架基本一致。但由于轴箱外置，一系悬挂跨距较大，在相同轴箱纵向刚度情况下，轮对摇头角刚度较高，需要采用合适的横向刚度来保证转向架的曲线通过性能，因此通过调整一系簧的结构尺寸、性能参数，选取合适的横向刚度来保证转向架的曲线通过性能。

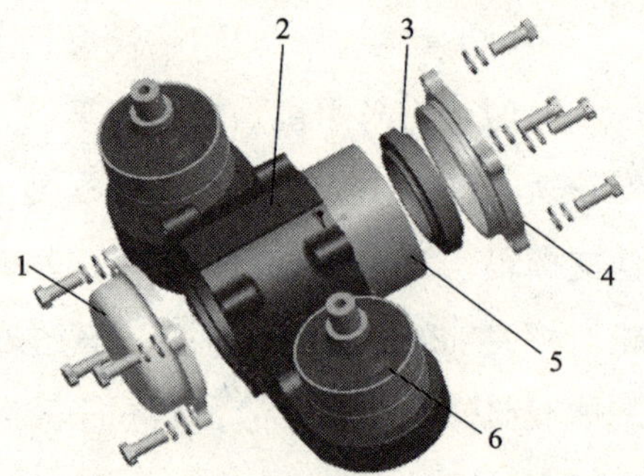

图 6—14　一系悬挂装置组成

1—轴箱前盖　2—轴箱体　3—防尘挡圈
4—压盖　5—圆柱滚子轴承
6—一系橡胶弹簧

4. 二系悬挂

二系悬挂装置由中央牵引连接装置、空气弹簧、减振器、横向止挡、高度阀、差压阀和安全钢索等组成，如图 6—15 所示。其与 BM3000 型转向架相比，取消了摇枕和抗侧滚扭力杆，进一步降低了转向架整体质量。为抑制车体侧滚运动，增大了一系簧、二系簧的跨距，二系空气弹簧采用四点支撑，且采用 Z 字形中央牵引装置，有利于优化转向架动力学性能，保证车辆乘坐舒适性和限界安全。

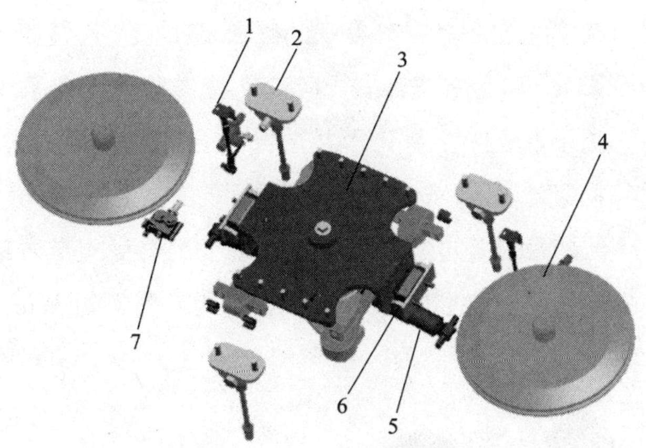

图 6—15 二系悬挂装置组成

1—高度阀 2—安全钢索 3—中央牵引装置组成

4—空气弹簧 5—横向减振器 6—横向止挡 7—差压阀

(1) 中央牵引装置

中央牵引装置主要由中心销、牵引梁、牵引拉杆等组成，如图 6—16 所示，每台转向架设有一套。中心销的上端通过螺栓固定在车体的枕梁中心，通过中心销套将中心销与牵引梁固定在一起，牵引梁和构架之间通过两个呈 Z 字形布置的牵引拉杆连接。中心销、中心销套、牵引梁之间是无间隙配合，实现了弹性无间隙牵引，使牵引制动力传递效率更高。SDB - LIM 型转向架重新进行中央牵引装置选型，同时选择了柔度更大的空气弹簧，在保证了列车曲线通过能力的情况下，取消了摇枕结构，减轻了转向架自身质量。

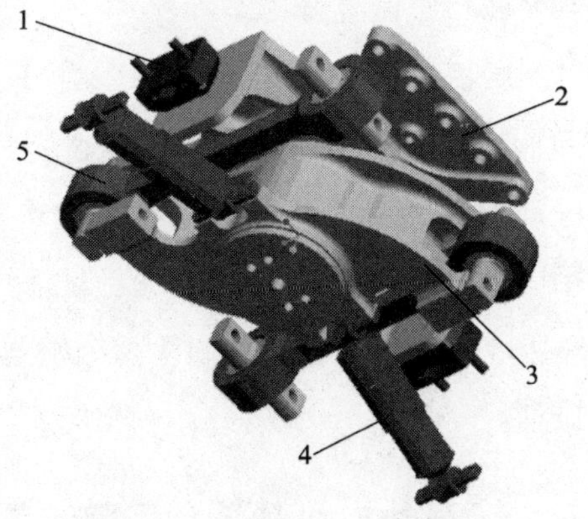

图 6—16 中央牵引装置结构

1—横向止挡 2—中心销

3—牵引梁 4—横向减振器 5—牵引杆

(2) 空气弹簧

空气弹簧系统由两个空气弹簧、两个高度阀、一个压差阀和两个附加空气室通过管路连接而成，构架的横梁仍然作为空气弹簧的附加空气室。空气弹簧与两个高度阀共同作用保证车辆运行过程中高度恒定。其中高度阀的数量及布置、设置差压阀而取消过充保护阀，是 SDB - LIM 型转向架与 BM3000 型转向架在二系簧系统中最大的区别。此外，由于增大了空簧跨距并选择了合适的空簧垂向刚度和阻尼，可减小空簧内部振荡，抑制车体侧滚，所以取消了抗侧滚扭力杆。SDB - LIM 型转向架需要更大的横向位移，因此采用了大柔度的带内部阻尼孔的空气弹簧结构，外形尺寸、性能参数也作了相应的调整，如图 6—17 所示。

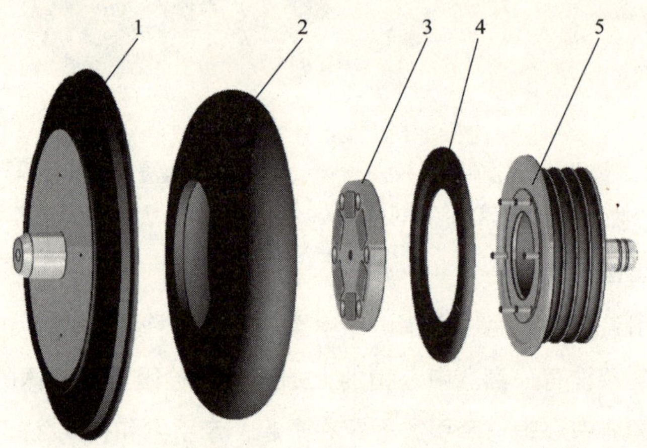

图 6—17 空气弹簧结构图

1—顶板 2—气囊 3—内部阻尼装置 4—橡胶底板 5—紧急弹簧

(3) 减振装置

减振装置只采用两个横向油压减振器，安装在构架侧梁与牵引梁之间，衰减车辆的横向振动，通过空气弹簧中阻尼节流孔来衰减车辆的垂向振动。通过空气弹簧阻尼参数的选择满足运行平稳性、舒适性的要求。其相比于 BM3000 型转向架，取消了两个垂向减振器，主要通过一系簧、二系簧吸收垂向振动，此外由于两个横向减振器有 10°倾角，也可衰减部分垂向振动。

5. 直线电机悬挂和调整装置

SDB - LIM 型转向架与 BM3000 型转向架的电机悬挂装置和高度调整装置作用相同，用于悬挂电机及传递相关作用力，但除了两者的悬挂位置和固定方式存在区别外，电机高度调整装置的调整方式也采用了完全不同的原理。

(1) 支撑箱及电机悬挂装置

支撑箱体构造简单紧凑，通过一组圆锥滚子轴承安装于轮对内侧。支撑箱轴承采用双列圆锥滚子轴承，支撑箱盖采用铝合金材料，在保证结构使用性能的基础上，有效地减轻了簧下质量。支撑箱盖通过紧固件压紧轴承外圈，轴承挡圈套在车轴上，有效压紧轴承内圈，并在挡圈与支撑箱盖之间设有叠层金属密封环，能有效防尘防水，保证支撑箱的密封要求，如图 6—18 所示。

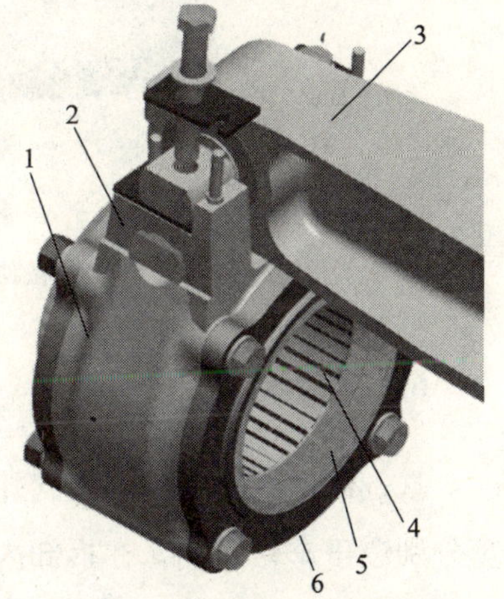

图 6—18 支撑箱及电机悬挂装置结构

1—支撑箱体 2—特型螺母 3—悬挂梁 4—圆锥滚子轴承 5—挡圈 6—支撑箱盖

直线电机支撑箱组成是直线电机悬挂系统的基础，主要承担直线电机的悬挂支撑及直线电机的高度调整。其采用内置式支撑箱与外置式轴箱配合的结构，直线电机通过悬挂梁固定在支撑箱上，使车体载荷与电机载荷作用位置分散，有利于改善转向架、轮对等部件的受力情况，抑制轮对弯曲振动。支撑箱并没有一系簧定位，因此增设了两根悬挂梁纵向拉杆进行支撑箱、悬挂梁的固定，以加强悬挂梁的稳定性。

(2) 电机高度调整装置

悬挂梁与支撑箱的连接处设置直线电机高度调整装置，采用垫片式高度调整方式，如图 6—19 所示。直线电机悬挂梁弹性节点的耳轴部位，上下均预装规定数量和厚度的垫片，通过移动垫片可以达到抬高或降低悬挂梁高度的目的，再通过紧固件与特型螺母连接支撑箱与橡胶关节心轴，实现直线电机高度调整。垫片式高度调整装置结构简单、便于操作，性能可靠、稳定。直线电机悬挂在独立的支撑箱上，保证了气隙的稳定性，同时采用独立二级大刚度橡胶关节悬挂，减少冲击和振动。

图 6—19　垫片式高度调整装置结构图

1—紧固件　2—调整垫片　3—橡胶关节　4—特型螺母　5—橡胶关节心轴　6—悬挂梁

6. 制动装置

基础制动装置采用内置式轮装盘形制动盘和紧凑式制动夹钳，由于制动盘分别位于车轮两侧，在拆卸内侧制动盘时需要同时退出车轮，因此需要统筹安排轮对、制动盘等部件的拆装工作。为应对此情况，可以考虑开发分体式制动盘，在不退出车轮的情况下即可进行制动盘更换工作，有利于生产作业的安排。

7. 辅助装置

(1) 接地装置

接地装置采取外置接地装置，使用三根碳刷与接触盘相配合进行接地回流。轮对的弯曲刚度提高后，从一定程度上降低了车轴轴端的振动幅值。

(2) 横向止挡

横向止挡用来限制车体的横向摆动。横向止挡采用弹性橡胶堆，限制车体幅值较大的横向摆动，具有适当的弹性以满足运行平稳性（舒适度）要求。所有与弹性橡胶堆相接触的转向架零件都经特殊涂层处理以防腐蚀。

(3) 安全钢索

在车体与构架之间设置三条安全钢索，安全钢索的功能是当车辆出现异常状态时，即空气弹簧处于过充状态，高度调整阀、差压阀同时处于故障状态时，由安全钢索将车体和构架相对限位，限制空气弹簧的高度，保证车辆与限界之间的有效安全距离，从而达到保证车辆行车安全的目的。同时通过安全钢索实现转向架的整体起吊功能。

第四节　转向架运用情况及其改进

一、运用情况

广州地铁拥有国内首条大中运量直线电机车辆项目，经过长期的载客运营，对直线电机车辆转向架主要结构特点、检修维护等方面都积累了一定经验。直线电机车辆转向架结构特点、轮轨关系存在其复杂性和独特性，在此情况下，首先可以从优化轮轨关系入手，降低轮轨振动，改善直线电机转向架运用工况。除轮轨关系优化以外，针对直线电机转向架，也可以从以下角度进行适应性改进。

1. 改善部件薄弱环节

从转向架结构形式分析，车轴轴端振动水平较高，因而导致轴端设备故障风险较高，可以通过优化部件设计方案等措施，降低部件故障率。

2. 提高关键部件可靠性

直线电机高度调整装置、悬挂系统的结构组成较为复杂，且与运营安全紧密相关，因此可针对影响运营安全的关键部件进行结构优化加强，防止安全事件的发生。

3. 改善乘客舒适性

从乘客方面考虑，降低列车横向晃动、改善转向架平稳性，对于提高乘客舒适性有着积极的影响。

大中运量直线电机车辆转向架经过多次适应性改进后，进一步提升了转向架的稳定性、可靠性及运行品质。

二、轮轨关系优化

由于直线电机采用轴悬式设计，电机悬挂系统和高度调整装置承受来自于轮轨的直接冲击较大。当列车牵引时，直线电机与感应板之间会产生额外的法向电磁吸力施加在轮对上，增加了簧下质量，进一步增大了电机悬挂系统和高度调整装置承受的垂向冲击。因此，直线电机车辆转向架对车轮和钢轨的运用条件要求较高，当车轮出现失圆、钢轨出现波磨或钢轨接头出现不平顺等异常情况时，轮轨间会产生高频的振动冲击，而且轮轨振动幅值增加不大时，电机悬挂系统和高度调整装置承受的振动冲击幅值却会急剧增大，在这种情况下，部件失效的概率极高，严重时会导致电机沉降，危及行车安全。为了杜绝此类隐患，有必要根据直线电机车辆轮轨关系的运用特点，不断优化轮轨关系，从而降低轮轨状态不良产生的异常振动和冲击。目前大中运量直线电机车辆主要采取了如下措施优化轮轨关系。

1. 轮轨材质优化

根据目前国内研究理论，钢轨和车轮硬度比值在1.0～1.13，系统处在轨轮磨耗和总磨耗都呈低值平缓特征的合理低耗区段，在车轮全寿命区段内，该轮轨系统也处在一个完整的合理低磨耗区内。由于目前大中运量直线电机运营轨道材质采用U75V（硬度范围为HB280～320），因此可统筹考虑目前国内常用的车轮材质进行对比分析，从轮轨磨耗率、车轮抗热损性能等方面考虑，选取更优的车轮材质，进而降低轮轨系统的异常磨耗，延缓钢轨波磨、车轮失圆的发展速率。

同时在直线电机车辆运营线路的小半径区段，由于列车在通过曲线时产生的轮轨力较大，钢轨侧磨较严重，因此在建设过程中可以考虑针对小半径曲线段设置耐磨型钢轨。耐磨型钢轨相较于普通 60 kg/m 钢轨，最主要特点就是钢轨表面经过淬火处理后，钢轨轨头横断面硬度、拉伸、冲击及断裂韧度、疲劳性能等都有提高。经实践证明，在曲线上使用耐磨钢轨可极大延长钢轨寿命。

2. 轮对一阶弯曲共振模态优化

为了实现轻量化设计，目前大中运量直线电机车辆转向架均采用空心轴轮对，但若空心轴壁厚选择较薄，可能造成车轴刚度小、一阶弯曲振动频率低，易被激振产生弯曲颤振，在轮轨、电机等交变载荷的作用下，轮对的弯曲变形变大，导致轮轨间产生强烈的冲击振动。为了预防一阶弯曲振动导致的轴端设备故障，可以采取以下应对措施：

（1）加粗车轴轴身直径，提高车轴弯曲刚度及抗变形能力，提高一阶弯曲共振频率，使得地铁车辆运行时轮对的一阶弯曲共振模态不易被激发。

（2）考虑增加轴身约束，例如在自主知识产权 SDB－LIM 型转向架的研发过程中，通过采用轮对轴箱外置结构，轮对内侧设置支撑箱，此时两者对轮对弯曲变形具有相互抵消的效果，因此使得轮对弯曲变形较小，轮对承载更合理。

SDB－LIM 型转向架车轴定位情况如图 6—20 所示。

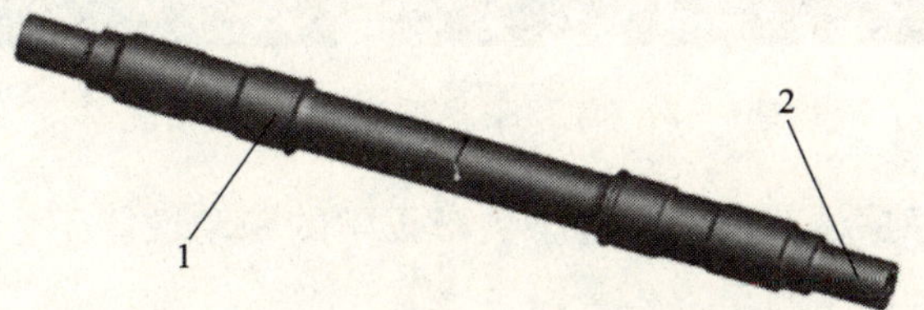

图 6—20　SDB－LIM 型转向架车轴定位情况

1—支撑箱轴承座　2—轮对轴承座

3. 轮轨维护规则优化

新线路或新修整线路在开始运营后，轮轨一经配合作用，车轮圆度、轨道平顺性就会发生变化，尤其在使用初期，一些在验交检或自检时未能发现的较隐蔽的缺陷，均可能使车轮失圆、轨道不平顺现象快速发展。直线电机车辆对轮轨匹配要求较高，其维护标准也应高于普通线路情况。针对列车车轮维护方面，直线电机车辆采用周期性镟修的方式严格控制车轮失圆度的发展，降低车轮失圆产生的异常振动；而针对钢轨维护方面，除了常规的维修标准外，特别要关注钢轨短波波磨的情况，即使波磨深度值不大，也会对列车造成异常的高频振动激扰，破坏更为严重，因此需要有针对性地进行更严格的控制和治理。

4. 轨顶摩擦系数调节

为了进一步优化轮轨关系，可以考虑采取喷涂轨顶摩擦调节剂的措施。由于列车在运行过程中通过轮轨的相互传递，可将摩擦调节剂均匀地涂覆于钢轨顶面和车轮踏面，形成稳定的固体薄膜，通过此方式可以把摩擦系数控制到最优摩擦系数范围内。轨顶摩擦调节设备如图 6—21 所示。

图 6—21　轨顶摩擦调节设备安装情况

使用轨顶摩擦调节技术，对于列车正常的制动性能不会产生不良影响，同时还可以达到以下效果：

（1）列车在通过弯道时，可以降低由于蠕滑产生的高频噪声。

（2）降低轨道横向力。摩擦调节剂可以优化轨顶面摩擦水平，这种优化后的摩擦特性能降低由于高速重载以及车轮状况不佳所造成的轨道横向力，降低列车脱轨风险，延长轨道使用寿命。

（3）优化列车转向性能，降低轮轨磨损，延缓钢轨波磨产生。

5. 轨道减振技术的选用

由于环境噪声控制等原因，越来越多运营线路采用减振扣件，此类扣件与传统扣件相比具有较低的垂直刚度，允许钢轨有较大的垂直变形，并且可控制钢轨不发生过度的扭转变形。在钢轨稳定性方面，虽然过小支撑刚度的减振扣件在使用初期能够有效隔离轮轨冲击接触振动，但同样也易使钢轨发生相对轨道板弯曲共振，导致钢轨短波长波磨发生并快速发展，以致后期减振扣件不能有效隔振，轮轨冲击振动和噪声较大。减振扣件种类较多，其中 GJ－Ⅲ型减振扣件结构如图 6—22 所示。

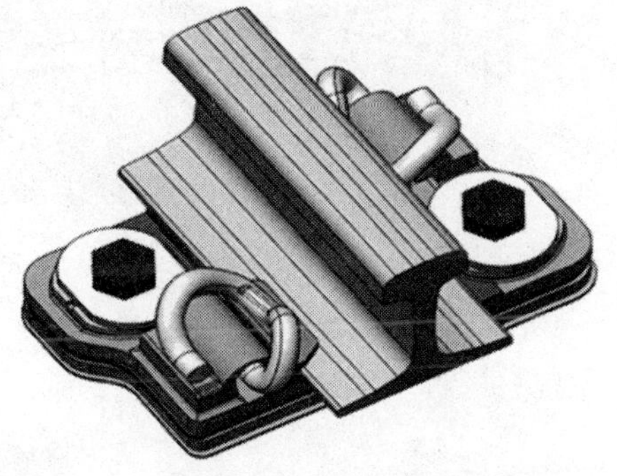

图 6—22　GJ－Ⅲ型减振扣件结构

直线电机车辆由于对轮轨关系要求更为严格，因此在后续优化设计时，更应考虑合理地选取减振扣件刚度。通常情况下可以考虑将轮轨接触冲击能量适当往下传递，例如采用钢弹簧浮置板整体道床技术，依据惯性减振原理，利用轨下支撑结构大质量惯性吸收耗散轮轨能量，并进一步做到轨下各层结构的减振设计优化。

三、轴端装置优化

BM3000 型转向架原采用接地装置轴端安装方式，但是由于存在“扁担效应”，如图 6—23 所示，轮对的弯曲振动使轴端部位振动水平较车轮和轴箱部位更高（即放大了来自轮轨的振动），因此，部件轴端安装方式将使部件长期处于较为恶劣的工况下，故障、失效的风险较高。

为了避免部件故障问题，除了轮轨关系优化中提及的调整车轴尺寸、增加定位的措施外，可以通过设备结构、安装位置的调整，进一步优化设备运用工况。例如原设计在轴端安装的轴向型接地装置，可换型为轴箱安装的径向型接地装置，如图 6—24 所示，该结构布置在内置轴箱处，能有效减小振动的放大作用。

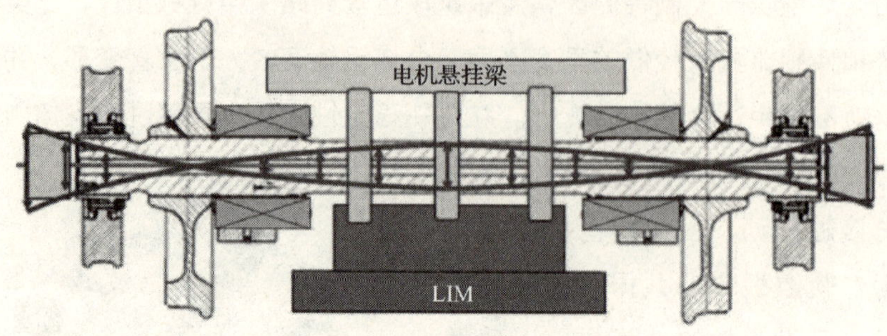

图 6—23　轮对“扁担效应”示意

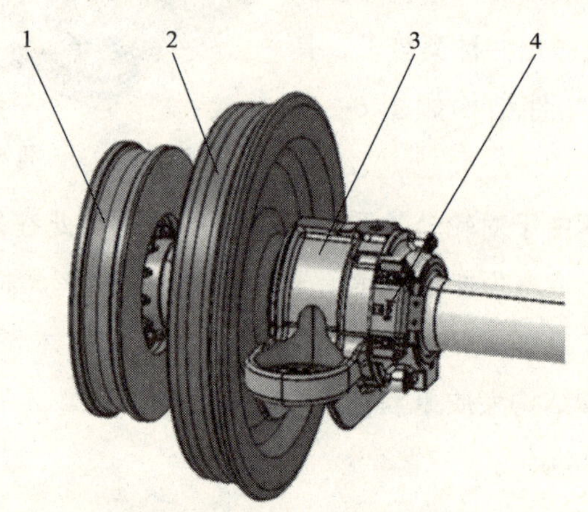

图 6—24　内置径向接地装置示意

1—制动盘　2—车轮　3—轴箱　4—内置径向接地装置

四、直线电机高度无级调整装置优化

直线电机高度调整装置直接关系着电机高度、感应板与电机间的气隙值，如果发生异常变化，很可能造成电机与车轴或与感应板发生干涉，造成安全事故。为进一步提高电机高度调整装置的可靠性，可以从部件材质、结构方面考虑，一方面降低轮轨振动水平，另一方面提高系统内部件的质量稳定性和可靠性。

1. 悬挂梁支撑橡胶结构优化

悬挂梁橡胶关节采用两个支撑橡胶串联的方式，用以缓和悬挂梁的冲击振动。从部件通用方面考虑，在设计过程中在保证参数符合使用要求的情况下优先选用两个结构一致的产品，因此在设计初期采用两个结构一致、倾斜布置的支撑橡胶形式。但此结构支撑橡胶却在实际运用过程中出现疲劳失效问题。

根据实际运营情况分析，悬挂梁跨在两个轴箱或支撑箱上，直接承受轮轨作用力，同时电机吸力的作用也使其工况更加恶劣，因此在适应性改进过程中变更了下端支撑橡胶的结构，牺牲部件通用性，从而提高了关节的垂向承载能力，优化了悬挂梁橡胶关节性能。通过优化设计选型，支撑橡胶的全寿命蠕变量相比原产品减小，预压缩量增大，由此可以改善支撑橡胶在疲劳载荷下出现的失效问题，并在优化过程中加大预压缩量，也可以使悬挂梁支撑橡胶不至于因蠕变、疲劳等原因过早过快出现压紧力丧失。悬挂梁支撑橡胶优化前后结构对比如图 6—25 所示。

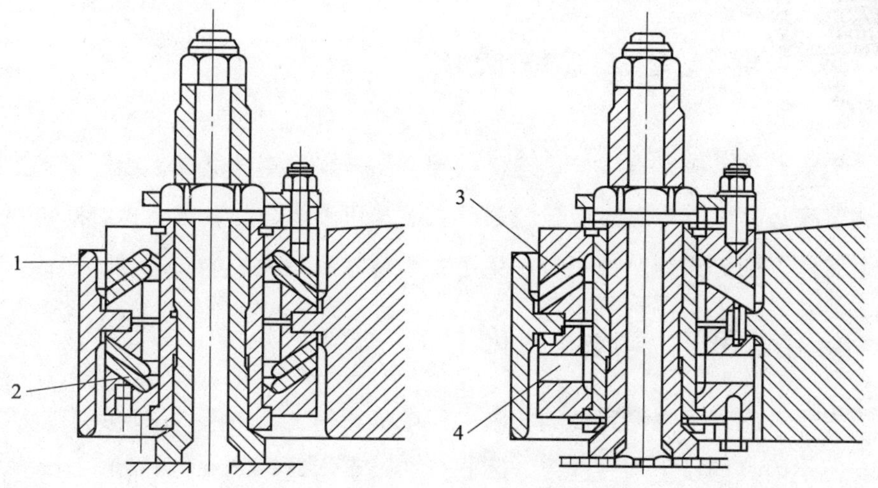

图 6—25　悬挂梁支撑橡胶优化对比图

1—原设计上端支撑橡胶　2—原设计下端支撑橡胶　3—优化后上端支撑橡胶　4—优化后下端支撑橡胶

2. 高度调整装置增加机械锁闭系统

根据初始设计，直线电机高度调整装置主要依靠自身结构进行圆周方向定位，如悬挂梁支撑橡胶依靠压装时的预压紧力实现橡胶与悬挂梁的定位、双头螺柱依靠底部螺纹及锁固胶与轴箱或支撑箱定位、调节套管依靠上下螺栓压紧定位。但上述结构存在橡胶蠕变、压力下降、紧固件失效的风险，且后果极为严重，将直接导致电机沉降的安全事故。为了杜绝上述隐患，可以通过在部件间增加机械锁闭装置的方式，如图 6—26 所示，避免部件间出现转动磨损、松脱的情况，达到较好的防松效果，降低故障隐患。

图 6—26　高度调整装置机械锁闭结构情况

1—支撑橡胶定位销　2—双头螺柱锁紧垫片　3—调节套管锁紧片

五、电机悬挂系统优化

电机悬挂系统是直线电机连接构架、悬挂梁的直接载体，由于运用工况恶劣，在运营过程中曾出现橡胶关节裂纹、压溃等故障，因此也针对电机悬挂系统作了部分调整，进一步避免了车下悬挂系统失效的问题。

1. 电机吊杆上端结构优化

由于考虑到气隙稳定性的要求，在电机吊杆上、下端均采用关节轴承设计。但是因其均使用刚性连接，因此存在以下问题：

(1) 易于出现部件磨损，导致吊杆间出现间隙，加剧电机振动。

(2) 无法有效阻隔振动，易于出现共振激励。

针对上述问题，可将上端关节轴承替换为橡胶球铰形式，通过刚度控制，保证气隙波动处于可控范围内。此方式可以减小直线电机悬挂部分的振动，抑制垂向吊杆间隙的形成和扩大，同时改变了结构和悬挂刚度，也能够相应改变部件模态频率，消除共振影响。

2. 电机垂向吊杆金属橡胶球铰改进

由于直线电机垂向吊杆并非前后对称布置，其中电机前端分布两根、后端分布三根，由于非均匀布置，使得吊杆受力较为复杂。根据有限元分析，吊杆球铰最大受力接近 500 kN，且五个吊杆球铰受力并不一致，可能存在载荷交替变化的情况。同时电机高温也将加速橡胶老化，进而影响球铰缓和振动冲击的性能，此情况也劣化了金属橡胶球铰的运用工况。因此，一般电机吊杆上端金属橡胶球铰装车运用 50 万公里之后，金属橡胶球铰的金属芯轴开始出现裂纹问题。针对此问题，吊杆金属橡胶球铰进行了以下方面的改进。

(1) 材质优化，通过选取材质强度更高、淬透性更好、热处理性能更稳定的材料，提高了心轴的安全系数。

(2) 尺寸优化，调整橡胶关节心轴扁方宽度，增加承载面积，降低疲劳应力。

(3) 结构优化，在橡胶关节两侧设置金属挡块，防止当橡胶出现异常时，吊杆过度沉降导致的安全事件。

垂向吊杆金属橡胶球铰改进后结构如图 6—27 所示。

3. 电机吊杆下端关节优化

因振动冲击作用，直线电机垂向吊杆普通关节轴承在运用中外圈磨损问题增加，导致轴承与吊杆间隙变大，严重的将导致关节轴承失效、吊杆故障，甚至引发直线电机沉降等安全事件。针对此问题，可以考虑对该关节轴承进行了优化，采用了承载能力更强的重型关节轴承，增加内圈、外圈的基本尺寸，提高了使用寿命。此措施可以极大缓解关节轴承磨损问题，降低直线电机高度异常的风险。直线电机吊杆整体结构如图 6—28 所示。

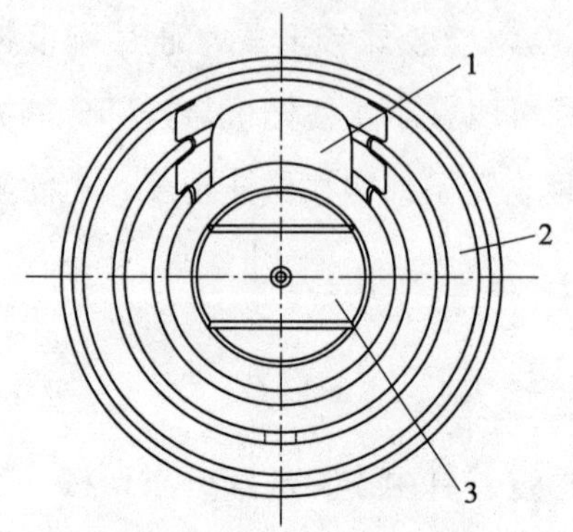

图 6—27　垂向吊杆金属橡胶球铰改进结构图

1—金属挡块　2—橡胶关节　3—心轴

图 6—28　直线电机垂向吊杆整体结构

1—上端橡胶关节

2—下端关节轴承及其安装穿销

4. 电机牵引拉杆橡胶球铰结构优化

电机牵引拉杆连接在电机腔与构架之间，由于牵引拉杆一端与直线电机相连，而电机在工作过程中温度能达到甚至超过 100℃，橡胶关节长期在高温状态下工作，进一步加速其老化。因此，列车振动载荷情况、电机力作用情况及上述高温环境情况，对电机牵引拉杆橡胶关节的选型提出了更高的要求。

在牵引拉杆橡胶关节优化过程中主要考虑了以下因素：球铰外圈设置坡口，避免在压装的时候损坏外圈；增加球铰内隔圈尺寸，提高橡胶刚度，提高产品的疲劳性能；改善橡胶材料配方，保证产品的高温适用性。

六、安全鼻耐磨性能优化

安全鼻底座是直线电机上极其关键的安全防护部件，安装在直线电机的安全鼻底座安装座上，如图 6—29 所示。其作用为预防电机吊杆断裂或其他情况导致电机掉落事故时，电机仍可吊挂在车轴上，避免电机与感应板直接干涉，影响运营安全。根据车辆结构，当发生电机掉落事故时，电机靠安全鼻底座挂在行驶的、旋转的车轴上，安全鼻和车轴将直接受到轮轨冲击力及

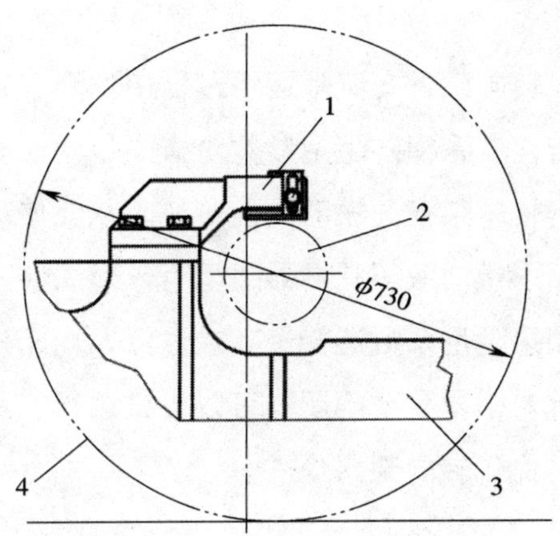

图 6—29　安全鼻结构示意
1—安全鼻　2—车轴　3—电机　4—车轮轮廓

旋转的切削力，造成安全鼻与车轴的磨损，尤其是当安全鼻底座与车轴的磨损超过一定量后，仍会使直线电机和感应板干涉。

为此，有必要对直线电机列车安全鼻底座进行技术改造，对其安全鼻材料进行重新研发，以选定一种耐磨材料能够降低安全鼻与车轴之间的摩擦系数，减轻车轴与安全鼻之间的磨损，避免因材料磨损导致电机再次下沉。因此，对安全鼻处材料改进的目标要求是：与车轴摩擦时，应具有良好的抗压和抗破碎性能、低的摩擦系数、少的磨损量、良好的耐摩擦温升导致的老化失效问题（能够适应摩擦产生的热环境），可满足在列车退出服务之前车轴、安全鼻不会出现过度磨损导致的电机、感应板干涉问题，以提供可靠的安全保障。

七、无摇枕柔性转向架平稳性优化

在车辆设计过程中会根据平稳性预期选取转向架各部件参数并进行模拟仿真，但模拟仿真并不能完全替代真实工况。除了车辆部件影响之外，实际线路条件的不同也对转向架平稳性存在极大的影响，因此在列车投入运营后也存在进一步优化转向架平稳性，提高列车舒适程度，降低车体横向晃动的可能性。

针对无摇枕柔性转向架，在实际运用过程中发现存在横向晃动较大的问题。由于对车辆而言，二系横向阻尼参数对横向平稳性影响最大，二系横向减振器可以通过抑制转向架横向振动向上传递，从而使车体振动水平控制在设计期望值之内。二系横向液压减振器阻尼有一个最佳范围，在该范围内车体运行振动最小，如果阻尼系数选择过高或过低，均无法起到有效抑制横向振动的作用，因此针对横向晃动问题，可以尝试进行二系横向油压减振器的阻尼参数调节工作，优化转向架平稳性。

第五节　转向架检修与维护

一、检修维护要点

1. 日常维护要点

针对转向架系统，年检及以下规程侧重于对部件的检查清洁、状态确认，日常维护要点如下：

(1) 清洁并检查转向架各部件，如摇枕、减振器、一系簧、二系簧、接地装置等。

(2) 针对悬挂梁本体、吊杆及牵引杆橡胶球铰、吊杆关节轴承等电机悬挂关键部位，加密检查频次，确认部件状态。

(3) 检查轮对迟缓线无错位，轮对数据符合技术要求。

2. 架大修维护要点

当列车运行规定年限或公里数时，列车需进行架大修工作，转向架架大修主要侧重于性能恢复，要求对各部件的主要功能、安全可靠性进行检查或检测，更换寿命到限的部件。架大修维护要点如下：

(1) 对转向架全部分解，对结构件进行探伤。其中，由于广州地铁直线电机转向架采用空心车轴，架大修过程中应用专用的空心轴超声波探伤仪对车轴进行探伤。

(2) 对空气弹簧、减振器进行功能检查。

(3) 转向架组装后对管路气密性、转向架配重进行测试。

(4) 检查轴箱轴承润滑脂状态，必要时采取重新加脂措施。

二、系统维护重点

1. 轮对镟修要点

从大中运量直线电机车辆轮轨关系特点和运用情况来看，直线电机车辆的轮对易于出现多边形磨耗、轮径磨耗速度过快、圆跳动发展过快等情况，钢轨则易于出现波磨问题。直线电机车辆轮轨关系不佳直接将冲击振动传递至电机高度调整装置和悬挂装置，影响乘坐的舒适性，给行车带来安全隐患。所以直线电机车辆的车轮需及时加以预维护和镟修。

地铁列车一般在不落轮镟床上镟修轮对。镟轮的目的是消除车轮表面跳动和缺陷，恢复踏面轮廓，直线电机车辆镟轮流程与旋转电机车辆类似，但需要注意以下问题：

(1) 车轮镟修过程中应对电机做好防护，防止铁屑飞溅进入电机线圈内部，否则铁屑会导致电机绝缘破损，并导致电机短路。车轮镟修完毕后，需要再次检查电机表面，确保无异物残留。

(2) 车轮镟修后会导致电机高度下降，存在刮碰感应板的可能性，所以镟修前就应该预估切削量，如果切削量比较大，则需要将电机预调高。车轮镟修完毕后需要将列车调至符合测量条件的直线电机高度检测线路，对电机高度进行调整。如果有三轨受流器，还要对三轨受流器高度进行调整。

(3) 由于直线电机车辆一般不采用踏面制动，镟修完毕后无需进行闸片磨合，只需要测量制动距离，进行三轨（若有）受电功能测试以及信号系统有关功能测试。

2. 电机高度调整

直线电机高度是指电机下表面到钢轨轨头上表面之间的垂直距离。由于相关橡胶部件蠕变、轮对镟修等原因，在车辆维护过程中需要定期对直线电机高度进行调整。电机高度调整是通过对电机高度调整装置带动电机悬挂装置使电机升高或者下降，目前电机高度调整装置主要分以下两种：BM 3000 型转向架采用无级螺纹啮合模式进行调整，螺纹每旋转一圈电机高度升高或者下降 2 mm；SDB－LIM 型转向架采用有级加减垫片模式进行调整，通过不同厚度等级的垫片调整电机的上升及下降。

同时，在调整电机高度的过程中需要注意以下事项：

(1) 严格控制电机平面度，电机四角测量点的高度差值控制在 1 mm 之内。

(2) 由于电机高度调整装置失效将导致电机沉降，在拆装电机调整装置零部件过程中要加强质量检查和控制，在锁紧调整装置时确保每个紧固件施加的扭矩正确。

(3) 在电机高度调整完毕后需要重新对电机高度调整尺进行校准，防止调整过程中电机尺失常造成电机高度调整最终真实值不在有效范围之内。

3. 轮对更换策略及内置式轴承检修优化

针对旋转电机车辆，在架修过程中需要对轮对轴承进行委外检测，对于轴承滚子、滚道、保持架等部件，如有超标损伤则进行维修或报废处理。在轴承维修方面，直线电机车辆内置式轴箱、支撑箱装置需要先退卸制动盘和车轮，才能退卸轴承进行拆解维修，操作较复杂。车轮在退卸、压装的过程中存在一定的报废比例，同时退卸的旧车轮重新压装还涉及到轮毂孔、车轴的选配问题。因此，基于维修成本和作业安排的要求，需要统筹考虑制动盘、车轮、轴承寿命匹配问题，在安全可控的前提下，尽量匹配三者的更换周期，达到减少拆装次数、提高资产利用率的目的。在轮对更换策略制定过程中，主要遵循以下原则：

（1）尽量匹配列车架大修修程，避免轮对的重复拆装。

（2）根据轮对磨耗率统计结果，在更新轴承时统一更新车轮。

（3）在轴承架大修送检更换时，根据磨耗率统计及资产充分利用原则，可选配安装轮径值大于 675 mm 的旧车轮。

（4）对轴承状态进行监控，在安全可控的情况下，将轴承维修周期与换轮周期匹配。

其中针对第四点要求，为了实现安全可控，可以通过走行部在线监测系统实时监测轴承（包括支撑箱、轴箱）及轮对踏面的状态，通过监测振动、冲击、温度三个物理量并进行分析，对监测部件的相关故障实现早期预警和分级报警，利于检修人员有针对性的进行处理。利用该设备，可以更加合理地调整和制订轮对、轴承相关的检修计划，不再局限于架大修的修程，可以即时了解部件使用情况，在故障萌生的早期制定相应的措施，达到物尽其用的目的。通过此系统，便于检修人员更合理地匹配轴承检修周期与车轮等部件寿命，达到轴承检修模式优化的要求。在上述原则和设备监控措施下，可进一步细化轴承检修公里数区间，匹配车轮轮径数值，兼顾列车安全性、检修维护成本及作业安排三者之间的关系，制定出合理可行的轮对更换策略。

三、直线电机沉降风险及其控制

电机气隙的大小与能耗、安全息息相关，气隙控制在直线电机车辆检修过程中属于重点工作之一。从直线电机车辆运用来看，电机悬挂装置和电机高度调整装置失效是引起电机沉降的主要风险点。如电机沉降会造成电机与感应板相干涉的问题，电机垂向吸引力会造成直线电机和感应板持续接触，如果有感应板间断、不连续区段，有可能造成电机与感应板相撞，影响车辆的运行安全。针对直线电机沉降风险，可以采取以下手段进行防控。

1. 日常检修强化

为加强直线电机沉降风险的质量管理和控制，保障检修质量得到有效落实，提高系统运行可靠性，根据直线电机转向架特点和现场运用经验，制定转向架系统的隐患排查表和车底检查周期，对直线电机的悬挂装置和调整装置等重点部件加大检查力度、加密检查周期，特别对电机高度调整、牵引和悬挂装置的检查内容进行细化，增加相关作业的工序卡，明确规定员工等级要求，同时制定相关检修辅助手段（例如采用内窥镜等设备），确保直线电机重大安全隐患得到有效控制。

2. 正线车辆实时状态监测

直线电机气隙和车辆轮对的运用状态是保证直线电机车辆正常运行的关键参数，更是保证运营安全的关键点，为更好地掌握车辆在正线运营时的气隙变化和轮对是否出现异常情况，可以考虑在正线安装直线电机在线气隙和轮对监测设备。通过对运行过程中的直线电机高度和轮对数据监测记录，在电机气隙变化、轮对尺寸及温度等参数变化出现异常时进行报警提示，在一定程度上缩短直线电机悬挂系统异常故障的应急处理时间，保障正线运营安全。

3. 应急措施

当气隙在线监测系统报警且气隙波形显示电机整体高度明显异常，或正线确认直线电机刮感应板时，需及时启动车辆专业应急响应，应急响应应先通过气隙监测系统的车号标识功能以及全线司机瞭望，确定故障车号。由于目前大中运量直线电机运营线路均采用第三轨受流，若出现安全事件需要在隧道内救援抢险，则涉及到区间断电事宜，而且隧道内、车下空间狭小，将大大影响救援效率。为应对此情况，应对救援设备进行研发，达到救援人员在客室内操作设备以提升电机的目的，例如通过客室内电机调整孔操作救援设备，提吊故障电机。此方式可以大幅度缩短正线的救援时间，避免电机沉降后情况进一步恶化，并能将沉降的电机有效抬起，保证列车安全转移。在救援设备成功研发的基础上，可以根据正线感应板刮损情况分级处理：

(1) 感应板轻微刮损

如故障列车后续司机瞭望，确定感应板刮损情况轻微，未形成大面积连续刮痕。此时应立即通知行车调度，安排列车在就近车站清客，并切除故障电机的 VVVF 微动开关（使故障电机不工作，消除电机吸力），空车就近回库或驶入存车线。待运营结束后使用救援设备抬起电机，调入检修道进行故障处理。

(2) 感应板严重刮损

如正线发生直线电机严重沉降，且与感应板相干涉不能动车时，此时应先就地清客然后再安排隧道内后续抢险处理。抢险时应首先确认列车是否出轨，再通过电机调整盖板确定出现异常沉降的电机位置（如列车出轨应先复轨，再确定异常沉降的电机位置）。确定异常沉降的电机位置后，使用救援设备进行电机提升。确认电机完全起抬，列车设备与感应板、轨道等部件均无干涉后，打下故障电机的 VVVF 微动开关可慢速动车出清线路。

第七章

空气制动与供风系统

大中运量直线电机车辆与普通地铁车辆一样以气制动为基础制动，通过安装在车底的空气压缩机为整列车供风。列车在牵引和电制动时主要依靠直线电机与感应板之间的电磁力，车轮仅作导向作用，其磨耗相对较少，采用盘式制动可以进一步减少轮对磨耗。直线电机车辆电制动不受黏着限制，在雨天等轮轨黏着不良的条件下也可以有效控制制动距离。

第一节　空气制动与供风系统组成

一、制动系统的基本组成

空气制动主要是通过摩擦将列车的动能转变为热能，从而产生制动作用。城轨车辆常用的摩擦制动主要有踏面制动、盘式制动和磁轨制动等。结合转向架的结构特点，大中运量直线电机车辆采用了盘式制动，整个系统主要由控制单元、制动夹钳、制动盘及闸片等部件构成。

1. 制动控制单元

城轨车辆的制动控制通常采用车控式或架控式。架控式制动系统具有集成化程度高、空走时间短、故障冗余能力强等优点，但因每节车均需安装两个控制模块，初期采购成本较高。随着技术的成熟及生产成本的降低，架控式逐渐成为主流配置，大中运量直线电机车辆也主要采用架控式制动系统。

采用架控式制动系统的列车，每节车安装两个制动控制模块，每个模块控制一个转向架上的夹钳。制动模块通常分为智能阀及网关阀，根据项目预算及对故障冗余能力要求的不同，每个单元可以配置一个或多个网关阀，其余配置智能阀。此外，通常在每节车配置一台辅助控制单元，用于稳压及停放制动控制。

（1）智能阀

智能阀是制动系统的集成控制模块，负责接收网关阀的控制信号，驱动气动阀单元，实现本转向架的各项气制动功能。

智能阀主要由电控板卡、供电板卡、气动阀单元、压力传感器及电磁阀等部件构成，如图 7—1 所示。电控板卡负责供电、通信及制动控制，气动阀单元负责执行电子装置发出的各项指令。

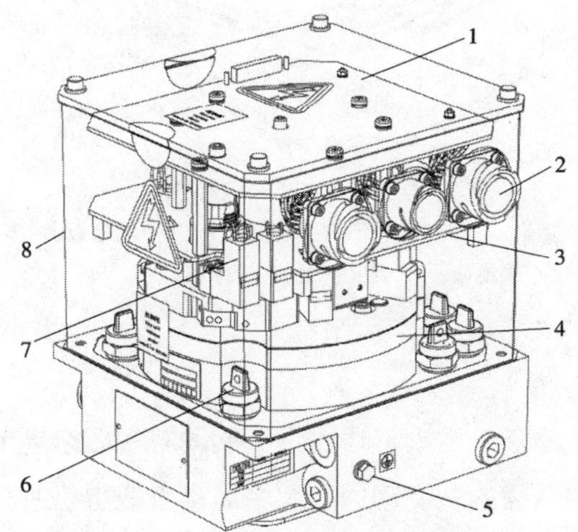

图 7—1　智能阀结构

1—电控板卡　2—电气接口　3—供电板卡　4—气动阀单元

5—接地线　6—压力传感器　7—电磁阀　8—外壳

(2) 网关阀

网关阀在智能阀的结构基础上增加了接口及管理模块，在智能阀所有功能的基础上增加了制动力计算、制动力分配、本单元车的制动控制和故障数据管理等功能。除此之外，网关阀还负责与列车管理系统之间的通信，以及本单元各个阀之间的通信。网关阀主要由通信及管理板卡、电控板卡、供电板卡、气动阀单元、压力传感器及电磁阀等部件构成，如图 7—2 所示。

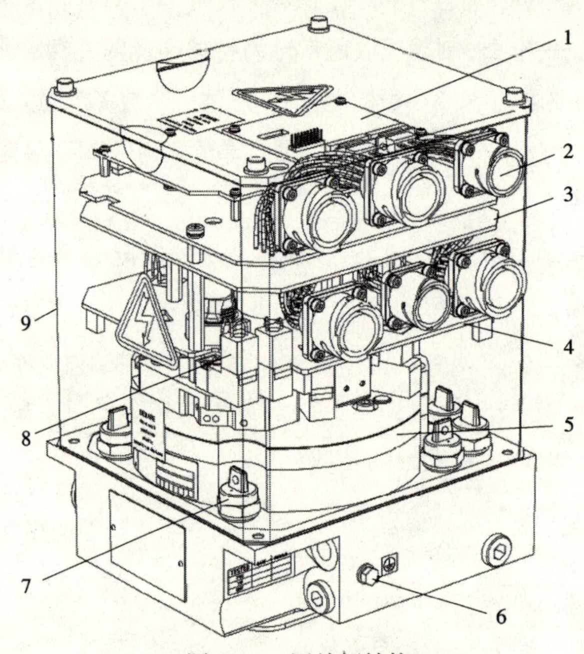

图 7—2　网关阀结构

1—通信及管理板卡　2—电气接口　3—电控板卡　4—供电板卡　5—气动阀单元　6—接地线　7—压力传感器　8—电磁阀　9—外壳

2. 制动夹钳

制动夹钳由压缩空气驱动，通过调节制动缸气压来调节施加在摩擦副上的压力，进而提供所需的气制动力。大中运量直线电机列车采用紧凑型制动夹钳，分为不带停放制动功能与带停放制动功能两种。

(1) 不带停放制动功能的夹钳

不带停放制动功能的夹钳用于执行列车常用制动、快速制动和紧急制动的气制动功能。制动夹钳主要由腔体、气缸、间隙调整器、制动杆、闸片及闸片支架组成，如图 7—3 所示。

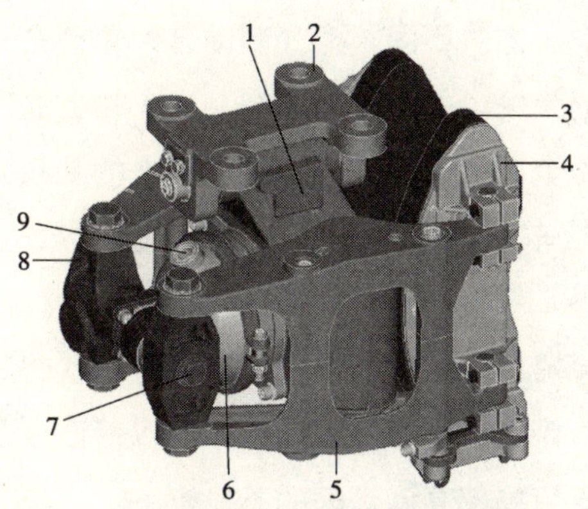

图 7—3　制动夹钳（不带停放制动功能）

1—腔体　2—支架　3—闸片　4—闸片支架　5—制动杆
6—气缸　7—调节螺栓　8—间隙调整器　9—气管接口

(2) 带停放制动功能的夹钳

带停放制动功能的制动夹钳在上述夹钳结构的基础上增加了停放制动缸，如图 7—4 所示。停放制动执行充气缓解、排气施加原则，可以确保车辆在无气状态下不发生溜车。停放制动缸设置手动缓解装置，可通过该装置手动缓解停放制动。

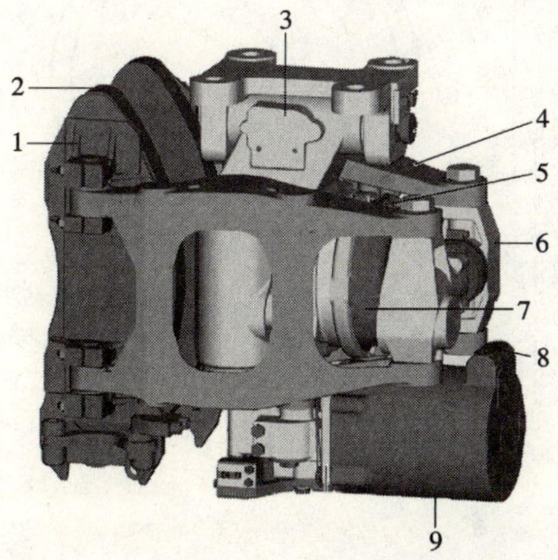

图 7—4　制动夹钳（带停放制动功能）

1—闸片支架　2—闸片　3—支架　4—制动杆　5—常用制动缸气管接口
6—间隙调整器　7—常用制动缸　8—停放制动缸气管接口　9—停放制动缸

3. 制动盘

根据制动盘的安装方式不同，盘式制动分为轮盘式及轴盘式。制动盘安装在车轮辐板侧面的为轮盘式，制动盘安装在车轴上的为轴盘式。轴盘式可以在每根轴上安装两个以上的制动盘，提供更大的制动力，此特点在高速列车上优势明显。城轨车辆运行速度普遍较低，主要根据转向架的结构进行选择。

制动盘与闸片摩擦后温度升高，气流穿过圆柱状的散热筋带走热量。对散热筋的布置以及摩擦副外形的合理设计，可以保证整个摩擦副在制动过程中温度基本均匀，避免局部高温带来的不良影响。

制动盘主要分摩擦环和盘毂两部分，如图 7—5 所示。制动盘的两侧为摩擦环，两个摩擦环中间通过圆柱形的散热筋相连，这种结构能使制动盘的摩擦面受热均匀，加快制动盘内侧冷却风的流动速度，提高制动时的冷却效果。

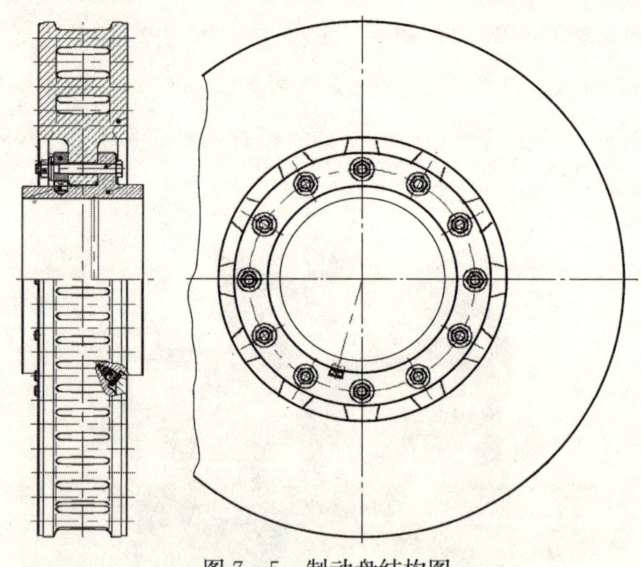

图 7—5　制动盘结构图

4. 制动闸片

制动闸片采用复合材料制成，每个制动夹钳上通常安装四片闸片，两片闸片组成一对安装在一侧，如图 7—6 所示。闸片上的沟槽用于散热及排出闸片磨耗产生的微小尘粒。通常在距离闸片钢背一定厚度处设有磨耗到限标志（或直接以闸片上的沟槽为到限标志），便于判断闸片的使用是否到限。闸片的外形需与制动盘相匹配，还要考虑一系簧蠕变等因素导致闸片与制动盘在纵向的相对位移，避免出现不均匀磨耗。

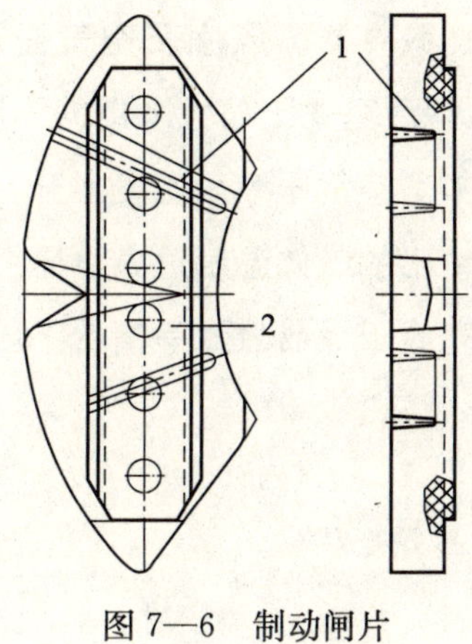

图 7—6　制动闸片

1—沟槽　2—刚背

二、供风系统的基本组成

为确保在单台设备故障情况下的冗余能力，直线电机列车配有两套独立的供风系统，分别安装在两节头车车底，通过软管互通。供风系统主要由空压机、干燥器、微孔油过滤器、单向阀、安全阀、主风缸以及压力开关等部件构成，如图 7—7 所示。

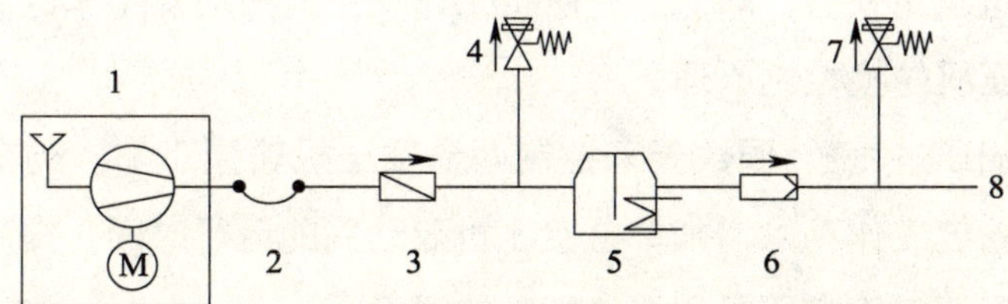

图 7—7　供风系统示意

1—空压机　2—软管　3—单向阀　4—安全阀　5—双塔干燥器
6—微孔油过滤器　7—安全阀　8—储气用气设备

1. 空压机

目前，城轨车辆主要采用活塞式空压机或螺杆式空压机，国内克诺尔制动系统主要搭配使用活塞式空压机。活塞式空压机主要由电机、压缩缸、联轴节、散热器、风扇及空气滤清器等部件组成，如图 7—8 所示。克诺尔 V120 型活塞式压缩机采用的为两级压缩式压缩缸，包括两个低压缸，一个高压缸。空气压缩后温度上升，为此，每一级压缩后都有相应的散热设施，避免输出的气体温度过高。压缩机与干燥器之间设置一个安全阀，避免在管路堵塞或干燥器故障等情况下压力过大，以保护空压机及管路。

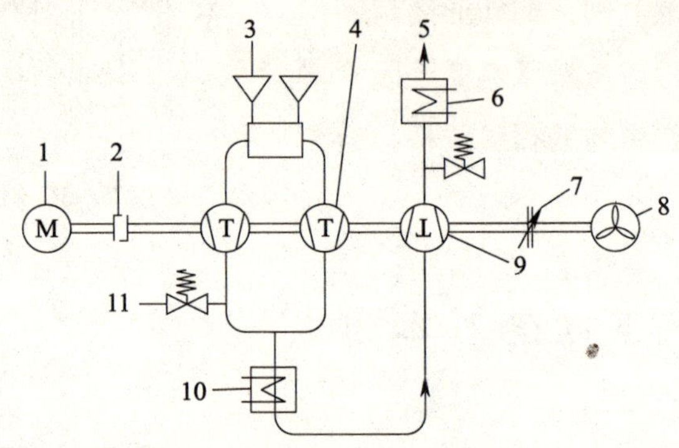

图 7—8　空压机原理图

1—电动机　2—联轴节　3—空气滤清器　4—第一级压缩缸　5—后端用气设备
6—散热器　7—黏性联轴节　8—风扇　9—第二级压缩缸　10—散热器　11—安全阀

空压机吊挂在车底，挂架采用橡胶或弹簧与车体连接，供风模块与风缸连接的气路也采用软管，降低了空压机工作产生的振动对整车的影响。

(1) 空压机轮换控制原理

主网关阀通过奇数/偶数天来控制两台空压机轮换工作。列车的两台空压机按日期轮流工作可以增加单台空压机启动后的运行时间，提高润滑油温度，降低潮湿天气下空压机润滑油乳化的概率。

(2) 空压机启停控制原理

空压机启停由网关阀控制。网关阀内置的传感器可以检测主风压力，当主风压力低于设定值时，网关阀内部空压机控制继电器动作，控制空压机启动；当主风缸压力高于设定值时，空压机停机。

2. 空气干燥器

为了满足设备对压缩空气的湿度要求，保证气动元件的使用寿命和可靠性，供风模块必须包含空气干燥器。空气干燥器主要由干燥筒、单向阀、双活塞阀、消声器等部件构成，如图 7—9 所示。

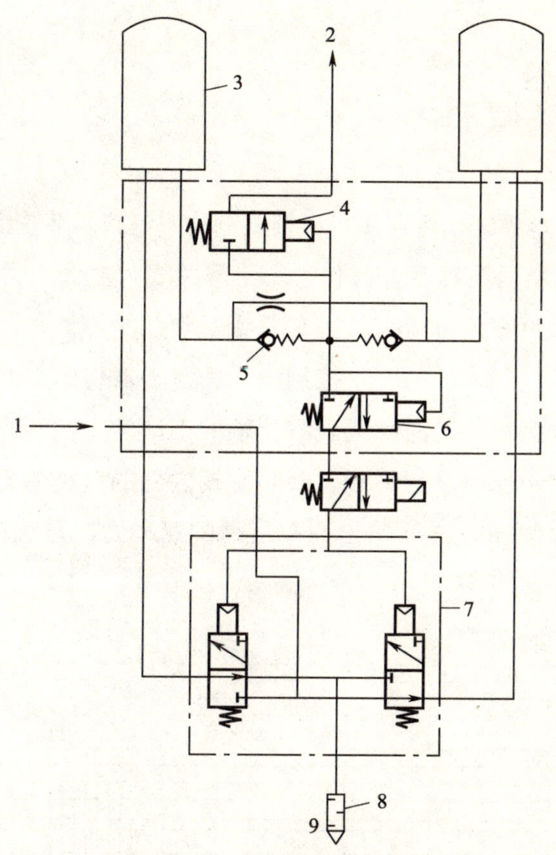

图 7—9 双塔干燥器原理图

1—进风口 2—排风口 3—干燥筒 4—溢流阀 5—单向阀 6—先导阀 7—双活塞阀 8—消声器 9—冷凝水

国内克诺尔制动系统普遍采用双塔式空气干燥器。干燥塔按一定周期在干燥及再生两个阶段切换，同一时间一个干燥塔工作在再生阶段，一个干燥塔工作在干燥阶段。其内部的干燥剂具有压力吸附及无热再生等特点。

第二节　空气制动控制原理

一、制动控制方式

目前主流的地铁车辆主要采用架控式制动系统，两节车组成一个制动单元，单元内的两个网关阀互为备份，一个网关阀为主阀，另外一个网关阀为热备份阀。网关阀负责所有与列车总线及硬线的通信，网关阀与智能阀之间通过内部总线通信，每一个控制单元负责各自转向架的制动及防滑控制。网关阀接收列车通过总线或硬线传输的制动信号，经过计算后由总线送给本车的电控单元以及智能阀，最后由阀内部的气阀单元动作，调节输出给制动夹钳的气压，进而输出列车所需的制动力，系统结构如图 7—10 所示。

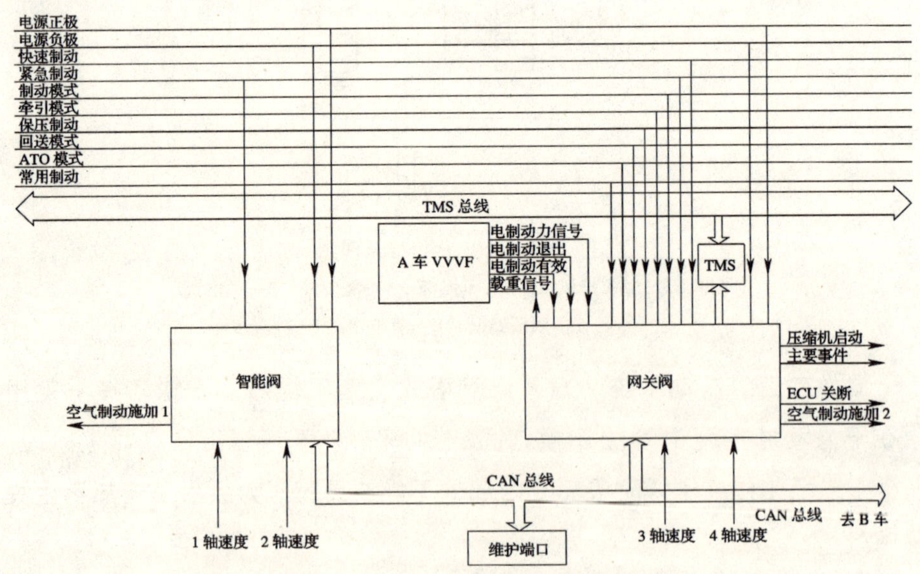

图 7—10　智能阀与网关阀通信示意

二、制动模式

制动模式按列车制动功能可分为常用制动、快速制动、紧急制动及停放制动。

1. 常用制动

常用制动通过 ATO 或司控器的“常用制动”位触发，通过模拟量的变化以及列车的实时载荷来调解总制动力的大小。正常情况下常用制动为电空混合制动，当列车电制动力满足需求时优先使用电制动，电制动力不能满足需求时通过气制动补充。

2. 快速制动

快速制动主要通过司控器的“快速制动”位触发。一旦触发快速制动，列车将根据实时载荷施加恒定减速率的制动，直至制动指令消失。正常情况下快速制动为电空混合制动，当列车电制动力满足需求时优先使用电制动，电制动力不能满足需求时通过气制动补充。

3. 紧急制动

紧急制动通过贯穿整个列车的环线进行控制，线路一旦失电，整列车立即施加紧急制动。该环线包括蘑菇按钮、车速、气压、车门状态、信号系统状态等多个联锁，确保列车状态异常时能及时停车。此外，操作司机台上的紧急制动按钮也可以触发紧急制动。

一旦触发紧急制动，列车将根据实时载荷施加恒定减速率的制动，直至停车。此外，紧急制动还具有不受冲击限制的特点。

4. 停放制动

停放制动器通过弹簧力驱动。当停放制动缸充气时，弹簧被压缩，停放制动缓解；当停放制动缸排气时，弹簧被释放，停放制动施加。除了充气缓解外，停放制动缸设置有手动缓解工具，可以手动缓解单个停放制动缸的制动力。

列车断电后长时间停放时，制动缸压力会因管路泄漏等因素逐渐降低，此时停放制动功能可以确保车辆停稳。此外，停放制动力较大，可以保证AW3 载荷的列车在其运用线路的最大坡道上停稳。

三、防滑控制原理

制动过程中，制动力增加到最大黏着力后，轮轨间的黏着状态开始被破坏，在轮对滚动的同时伴随着轻微但越来越严重的相对滑行。当相对滑动的滑移率过大时，轮轨间的黏着状态将遭到严重破坏，黏着系数急剧降低，轮对转速在外加制动力的作用下迅速下降，直至轮对抱死而不再滚动。

列车滑行可造成轮对踏面的严重擦伤及车轮圆周变形，变形的车轮在车辆的运行中产生较大振动使轮对轴承乃至车上大量部件不同程度受损，振动较大的列车运行时也会对钢轨造成不良影响，因此列车制动系统必须具备防滑功能。

架控式制动系统的防滑功能一般由网关阀及智能阀实现，通过监测列车的减速度和各轴之间的速度差来判断轮对滑行状况，如果检测到滑行的轴，则降低对应制动缸的气压，减少制动力直至轴速再次上升。采用此方法，可以有效地防止轮对擦伤并控制制动距离。

第三节　空气制动与供风系统运用情况与检修

城轨车辆运营区间短，列车减速及停车都比较频繁，对车辆制动系统的安全性及稳定性要求极高。地铁公司结合多年的运用经验，对大中运量直线电机车辆制动与供风系统的控制方式、部件状态监测及机械磨耗等方面进行了优化，如下进行简要介绍。

一、紧急制动模式优化

列车最初的紧急制动模式按照传统模式设计，即紧急制动作为列车安全的最后保障，只采用可靠性最高的气制动。然而，气制动性能依赖轮轨间的黏着作用，在黏着状态不良时列车可能触发防滑保护，当滑行严重时列车制动距离难以保障。大中运量直线电机车辆高架线路较多，轮轨黏着易受天气影响。此外，直线电机车辆线路大坡道区间较多，因此对恶劣天气下的制动性能有更高的要求。

为了充分发挥直线电机车辆电制动不受黏着限制的特点，可以对列车电气控制进行改造，在紧急制动时优先采用电制动。在每一组牵引逆变器与网关阀之间的“电制动有效”指令上驱动紧急制动继电器，当某一组直线电机的电制动有效时，紧急制动继电器线圈得电，系统优先使用电制动。当司机拍击蘑菇按钮时，紧急制动指令线断电，触发纯空气的紧急制动，为车辆提供最后的安全保障。

二、干燥器工作状态监测优化

最初列车监控系统不能监控干燥器的工作状态，列车若发生干燥器失效故障将导致列车风缸及管路大量积水，严重影响设备寿命和列车运行安全。根据双塔空气干燥器的工作状态指示原理对干燥塔的机械指示活塞进行改进，通过单片机对压力开关的动作信号进行监测判断，实现干燥塔的状态监测及故障报警。

三、制动盘及闸片磨耗率降低

城轨车辆调速及停车频繁，且直线电机受磁场开放、气隙较大等条件限制，较传统旋转电机更难实现精确控制，如果电制动与空气制动配合不良易造成常用制动阶段空气制动也频繁施加。针对大中运量直线电机车辆特点，采取了如下措施降低制动盘及闸片的磨耗率。

1. 优化电制动与空气制动的配合

在确保安全的前提下，根据电机特性，在常用制动最初阶段对空气制动设定延时，避免气制动频繁使用。

2. 优化气制动的控制逻辑

按照通常的制动力分配方案，当列车小指令制动时，虽然需要的气制动力较小，但整列车同时施加气制动对整车的摩擦副磨耗较大，且有研究表明小制动力时闸片与制动盘不能充分接触，磨耗率更高。为此，大中运量直线电机车辆更改了小指令时的气制动力分配方案，当整车所需的制动力较小时，仅由个别转向架施加制动。施加制动的转向架由智能阀根据日期进行调整，可以保证整车磨耗均匀。

3. 优化制动盘及闸片的材质

通过优化制动盘及闸片的材质并对二者进行合理搭配，可以降低磨耗率。大中运量直线电机列车采用蠕墨铸铁材质的制动盘替换了最初灰铸铁材质的制动盘，大幅降低了制动盘的磨耗率。通过调整树脂含量等方法对闸片材质进行调整，并与蠕墨铸铁材质的制动盘进行匹配，最终降低了闸片的磨耗率。

四、系统检修

1. 日常检修要点

日常维护中，制动与供风系统主要有以下维护要点：

(1) 检查夹钳；检查间隙调节器自调整功能，用湿抹布清洁制动夹钳间隙调整器波纹套管，并喷橡胶保护剂；检查闸片锁闭装置。

(2) 检查制动盘盘毂迟缓线及紧固件；检查制动盘表面，检查制动盘及闸片的磨耗情况。

(3) 检查空气压缩机和干燥器紧固件；检查风扇叶片与散热格栅；检查风缸状态；打开排水阀，排放主风缸中的水分；更换空压机润滑油及螺堵处垫圈。

2. 架大修要点

架大修时，制动与供风系统主要有以下维护要点：

(1) 分解夹钳，更新其中的密封件、紧固件、橡胶件和磨损件，更新夹钳U形弹簧和闸片支架，要求安装可靠。

(2) 分解空压机，清洁、检查空压机非直接更新的零部件，对压缩机曲轴和电机转子转轴进行探伤检查；更新空压机密封圈、卡簧、紧固件、轴承、橡胶件，按扭力要求紧固，安装到位；更新空压机悬挂支架的减振橡胶堆。

(3) 分解双塔干燥器，清洁、检查干燥器所有零部件，更新其中的密封件、紧固件、阀磁铁、磨损件和干燥剂。

(4) 分解、清洁、检查和组装阀类，更新防尘堵，更新阀芯密封圈、密封垫片。对所有阀类部件整体清洁，并更新所有阀与基板结合的密封圈；更新所有阀的安装紧固件和卡簧；更新软管。

(5) 检查智能阀、网关阀电缆连接和测试接头；检查电缆接头紧固情况。

第八章

受流系统

受流系统可以从车辆外部接入能源动力，供给牵引系统、辅助系统等各类高压部件使用，同时也能将车辆再生能源反馈至供电系统，供其他车辆或设备使用，是城轨车辆的重要组成部分。直线电机车辆受流系统在设计上无特殊要求，但由于运用工况比较复杂，在运用和检修上需要综合考虑各种因素。

第一节　受流系统组成及其特点

一、受流系统组成

受流系统由受流器、熔断器、高压母线三大部分组成，分别负责外部电源接入、熔断保护及电源传输。城轨车辆通常只安装一种受流器，当其安装多种受流器时，则需设置一个受流器转换控制器，进行受流器和受流回路转换选择，同时实现不同受流器、受流回路的互锁保护。受流系统组成如图8—1所示。

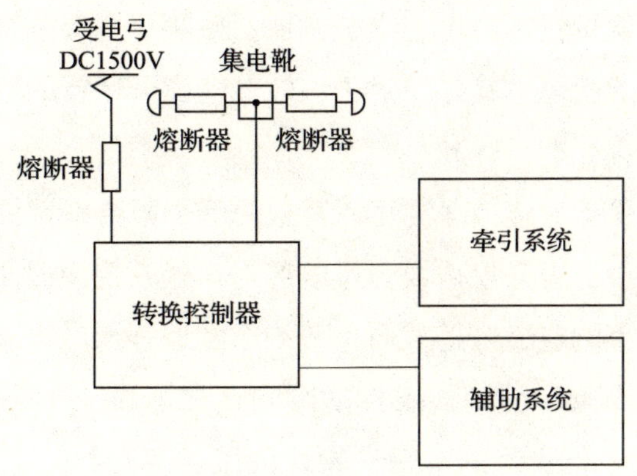

图 8—1　车辆受流系统组成

二、受流系统的特点

目前，城轨车辆的受流器主要分为集电靴和受电弓两大类，分别匹配第三轨和接触网使用，因此城轨车辆的受流方式也分为集电靴受流和受电弓受流两大类。北京地铁机场线采用集电靴受流第三轨供电，而广州地铁 1 号、2 号、8 号线采用受电弓受流接触网供电，个别城轨车辆包含集电靴和受电弓两种受流方式，如广州地铁 4 号、5 号、6 号线。

除受流器不同之外，受流系统的接入电压等级也各不相同，目前城轨车辆常见的接入电压为 DC 600 V、DC 750 V、DC 825 V 和 DC 1 500 V 等几种。DC 600 V 制式多见于二战前英、美等国家修建的一些城市轨道系统，DC 825 V 多见于前苏联诸国；后期建成的各国城市轨道车辆接入电压多为 DC 750 V 和 DC 1 500 V，如广州地铁大多数线路的接入电压为 DC 1 500 V，北京地铁大多数线路的接入电压为 DC 750 V。

直线电机车辆对于受流器的选型并无特殊要求，鉴于国内现有直线电机线路北京地铁机场线、广州地铁 4 号线、5 号线、6 号线正线运营时均采用集电靴受流，以下简述集电靴受流的特点。

(1) 集电靴设置于车底，方便检修人员检修维护，且集电靴的可靠性和稳定性较高，设备维护成本较低。

(2) 第三轨架设较为简单、维护方便，解决了高架线路接触网架设难度较大且不够美观的问题，其外观对于城轨车辆露天运行的旅游城市具有重大意义。

(3) 集电靴受流时隧道净高可以有效降低，配合横截面较小的车体及盾构机，将大大减小隧道开挖截面，可以应对一些开挖横截面受限的特殊区段或线路，另外较小的隧道开挖截面也节约了隧道开挖成本。

(4) 第三轨布置时受地面条件的影响，在地面交叉路口等位置存在分断区段，因此集电靴受流的车辆在特殊区段，存在部分列车短时断电的现象。

(5) 第三轨布置在地面，相较于悬空布置的接触网，其部件绝缘性要求较高、安全风险较大。因此，国内早期采用集电靴受流时一般为 DC 750 V 供电，国际上采用 DC 1 500 V 集电靴受流的也非常少见。

广州地铁在综合考虑了集电靴自身、直线电机线路的特点后，在直线电机车辆上采用了 DC 1 500 V 集电靴受流，此为国内各线路中首次采用 DC 1 500 V 集电靴受流。为了提高车辆段检修区域的安全性，广州地铁创造性地采取了集电靴和受电弓均有的双制式受流方式，其正线运营时采用集电靴受流，车辆段内采用受电弓受流。

三、集电靴

1. 集电靴基本组成

集电靴一般由绝缘底座、手动回退装置、气动升降装置、拉簧压力系统、碳滑板、限位螺栓、回退柄、止动件、臂轴、机架、气管、调整螺栓、调整齿板等部件组成，如图 8—2 所示。

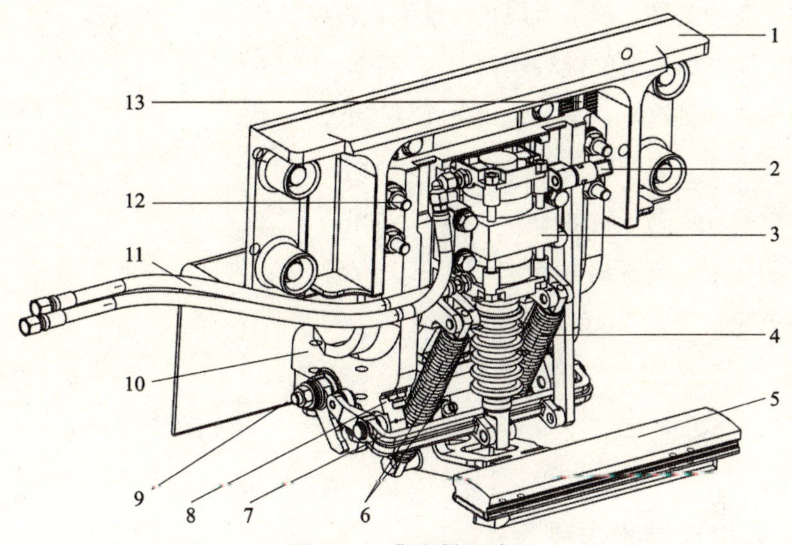

图 8—2 集电靴组成

1—绝缘底座 2—手动回退装置 3—气动升降装置 4—拉簧压力系统
5—碳滑板 6—限位螺栓 7—回退柄 8—止动件 9—臂轴
10—机架 11—气管 12—调整螺栓 13—调整齿板

2. 集电靴基本功能和工作原理

集电靴可将电力从第三轨接入供车辆使用，或将车辆产生的再生能源反馈给第三轨。城轨车辆一般通过电磁阀控制气路状态，进而带动气动升降装置动作，最终实现集电靴的升降。司机操作列车升靴时，电磁阀线圈动作至升靴位，空气通过电磁阀进入气动升降装置中气缸的上部，气缸活塞下压后带动回退柄上移，最终完成集电靴升靴动作。反之，司机操作列车降靴时，电磁阀线圈动作至降靴位，空气通过电磁阀进入气动升降装置中气缸的下部，气缸活塞上移后带动回退柄下移，最终完成集电靴降靴动作。部分城轨车辆的集电靴无升降靴功能，集电靴与第三轨接触后，集电靴拉簧可以保持稳定的接触力。

3. 集电靴技术参数

直线电机车辆对于集电靴的选型无特殊要求，相关线路可根据需要自行选择集电靴的类型，以下为广州地铁某直线电机车辆集电靴的技术参数。

集电靴与第三轨的接触作用力：120 N±24 N；

集电靴臂轴高度：高于轨顶面 187 mm±4 mm；

升靴高度：高于轨顶面 145～155 mm；

降靴高度：高于轨顶面 252～262 mm；

熔断器熔断电压及电流：DC 1 900 V/600 A；

集电靴重量：32 kg。

四、受电弓

1. 受电弓基本组成

受电弓一般由底座、下臂、下导杆、上臂、上导杆、弓头、张紧弹簧、气压升弓装置、导电桥线机构、阻尼器、弓托、最低点位置指示器、高位阻挡等部件组成，如图 8—3 所示。

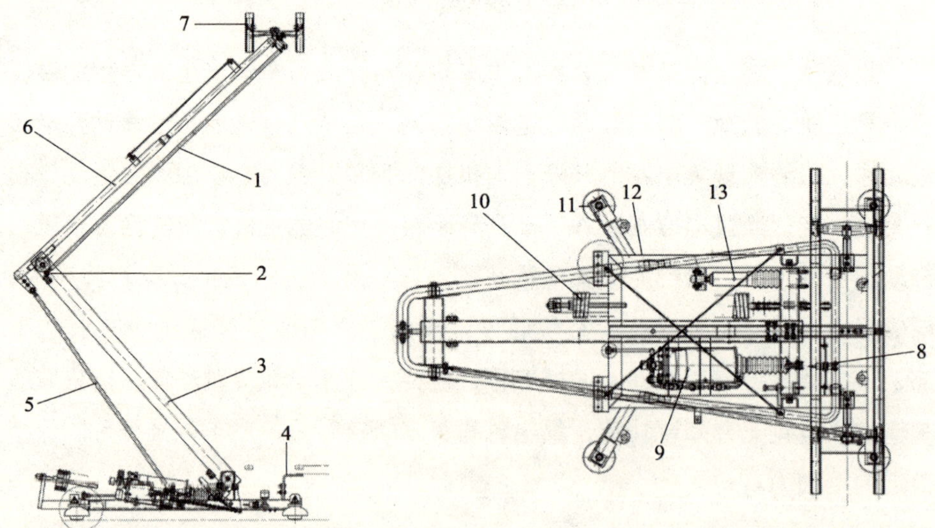

图 8—3　受电弓组成

1—上导杆　2—导电桥线机构　3—下臂　4—弓托　5—下导杆　6—上臂　7—弓头　8—最低点位置指示器　9—气压升弓装置　10—张紧弹簧　11—绝缘子　12—底座　13—阻尼器

2. 受电弓基本功能和工作原理

受电弓是铰接式的机械构件，可将电力从架空电网接入供车辆使用，或将车辆产生的再生能源反馈给电网。司机操作升弓后，升弓电磁阀得电，压缩空气进入气压升弓装置；升弓装置气缸充气后，气缸活塞杆作用于下臂杆的主轴，活塞杆推动下臂杆使受电弓升起，完全升起后受电弓弓头与接触网保持接触状态，此时受电弓处于升弓状态。司机操作降弓后，电磁阀失电切断气缸外部供风；气缸升弓装置在弹簧力作用下开始排气，风缸排气后受电弓开始下降，完全落下后弓头搭在弓托上，此时受电弓处于降弓状态。

3. 受电弓技术参数

直线电机车辆对于受电弓的选型无特殊要求，相关线路可根据需要自行选择受电弓的类型，以下为广州地铁某直线电机车辆受电弓的技术参数。

设计速度：90 km/h；

额定接触压力：120 N；

工作压力：0.4～0.8 MPa；

调节压力：0.4～0.45 MPa；

受电弓升弓时间：8 s±2 s；

受电弓降弓时间：4 s±1 s；

受电弓接触压力：120 N±10 N。

第二节　受流器转换控制及其保护

广州地铁直线电机车辆均采用双制式受流，正线运营时采用集电靴受流、车辆段内采用受电弓受流。因此，其较一般的城轨车辆多出了受流器的转换选择，广州地铁直线电机车辆使用受流器转换开关进行受流器的选择，车辆可在接触网第三轨并行设置的转换区域完成转换。另外，车辆设计时还需加入互锁保护，避免两种受流器同时工作。

一、受流器的转换控制

1. 转换开关的结构

广州地铁直线电机车辆使用的转换开关设有升弓位、升弓保持位、零位、收靴位、升靴保持位、升靴位共6个挡位。其中“升靴位”和“升靴保持位”、“升弓位”和“升弓保持位”为自复位关系，即将转换开关打至“升靴位”“升弓位”后，一旦松手转换开关则分别自动复位至“升靴保持位”“升弓保持位”，如图8—4所示。

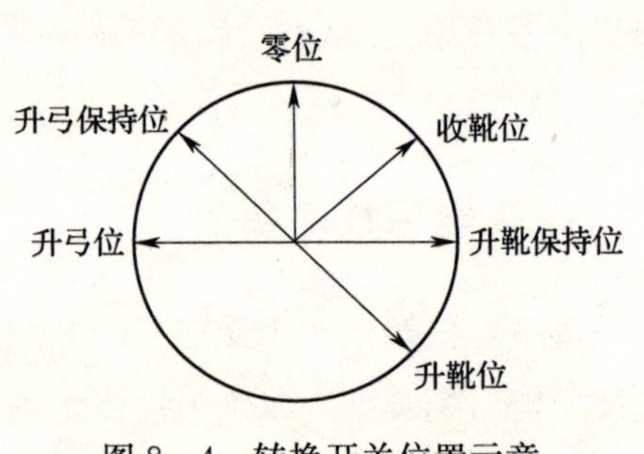

图8—4　转换开关位置示意

2. 转换开关的工作原理

转换开关背面装有多组同轴不同位的行程开关，转换开关转动至不同位置时，行程开关出现不同的导通、分断状态，进而激活下行的继电器、电磁阀等控制部件，实现受电弓、集电靴的升降。除实现升降弓、升降靴功能之外，转换开关还能通过相应的行程开关将升降弓、升降靴信息传送给列车的控制系统，进而在人机界面上显示。

二、双制式受流的互锁保护

1. 受流器的互锁保护

车辆通过转换开关实现弓、靴的升降控制，其转换开关本身即是一种保护手段，确保受电弓、集电靴不同时升起。另外，升弓、升靴的控制回路中串入了相应的继电器互锁触点，在转换开关故障的情况下，通过控制回路的互锁节点防止两种受流器同时升起，实现受流器的互锁保护，如图 8—5 所示。

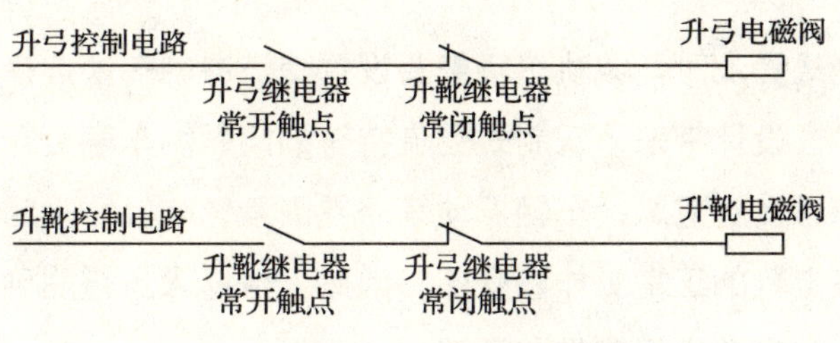

图 8—5　受流器控制回路的互锁节点

2. 受流回路的互锁保护

和受流器互锁保护的设计一样，列车受流回路也作了相应的改进，在控制回路中串入了相应的接触器互锁触点，在受流器控制系统故障、弓靴同时升起的情况下，通过控制回路的互锁节点防止两条受流回路同时导通，实现互锁保护。

第三节　受流系统运用情况及其改进

一、运用情况

经过逾 10 年的运用，广州地铁直线电机车辆受流系统整体运用情况良好，无设备本身问题、设计缺陷造成的重大安全隐患、安全事件。在此期间，广州地铁积累了丰富的双制式受流的运用经验，并结合设备特性和现场情况，针对受流系统个别问题进行了改进，一些暂未实施的措施也形成了系统、稳定的设想。

二、系统运用问题及改进

1. 新增降弓保持力标准

采用双制式受流时，城轨车辆需要设置受流器的转换选择和互锁保护功能，该种保护性设计带来了双制式受流特有的问题。车辆运行过程中，非工作状态的受电弓受隧道风、车辆振动等外界因素影响轻微抬起离开降弓位置后，将影响集电靴的正常工作和受流。因此，检修人员需明确受电弓降弓保持力的标准，并定期进行测量和调整。

2. 异常升弓防护设计

为提高检修区域的安全性，采用双制式受流的城轨车辆一般在正线使用集电靴受流，在车辆段内使用受电弓受流。车辆正线运行时，异常升弓将造成受电弓刮弓、碰撞隧道顶部等重大安全事件。为消除该隐患，车辆设计时必然会考虑受流器的互锁保护，避免两种受流器同时动作或工作，但该种设计一般只考虑了正常情况下的互锁保护，难以面面俱到。为解决该问题，广州地铁对直线电机车辆受电弓的控制回路进行了改造，集电靴正常工作的情况下，受电弓升弓控制回路直接接地，避免各种情况导致的异常升弓，如图 8—6 所示。

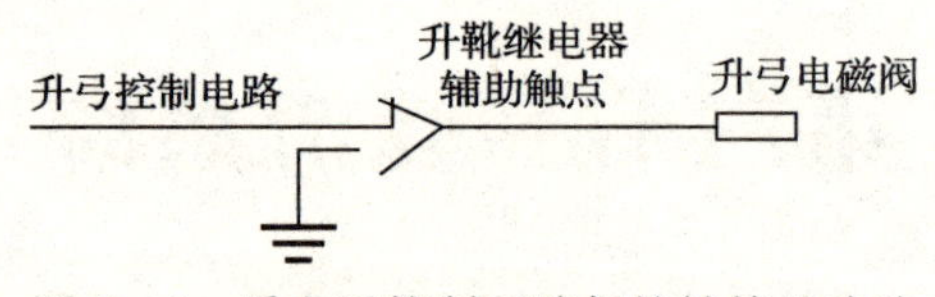

图 8—6　受电弓控制回路保护性接地改造

3. 升靴方式改进

列车通过脉冲电磁阀控制气动升降装置的动作，进而实现集电靴的升降。若升靴电磁阀出现故障或升靴回路存在异常，则会导致单个或整列车的集电靴无法升靴，对正线运营造成较大影响。

为解决该问题，可考虑对列车增加人工气动升靴的设计，在客室内增加气路开关或阀门，使得操作人员可在客室内操作相关部件，无须电路控制，直接通过气路实现集电靴升靴。另外，集电靴的升靴控制回路也需注意，避免电路设计不良造成脉冲电磁阀持续得电，增加其故障概率。

4. 第三轨断电区问题应对

列车进入第三轨断电区时，部分集电靴无法接触受流，造成正常接触受流的集电靴承受更大的负载，对受流器形成一定的冲击，容易引起集电靴熔断器等保护设备老化和损坏。若第三轨断电区域较长，则可能造成部分列车甚至整列车短时无高压，外部高压的短时切断、接入将对列车设备造成较大的电压、电流冲击，增加了设备的故障率；另外，负载设备由于电源中断带来短时关断、重启也会造成较大的负面影响，加速设备老化和损坏。

列车由于设备故障、人为误操作等原因停在三轨断电区时，将导致部分或整列车无外部高压，使得列车无法正常工作和运行，甚至造成列车正线救援，产生较大负面影响。

为解决上述问题，设计时可减小列车两靴之间间距，加强其受流的连续性，例如增加受流器的数量、均匀布置受流器的位置。以 4 节编组列车为例，在第三轨断电区相同的情况下，如图 8—7 所示车辆的受流连续性明显优于如图 8—8 所示车辆。另外，在同等条件下优先采用均匀化布置的方法解决该问题，既节约部件成本，也减少了后期的部件维护工作量。

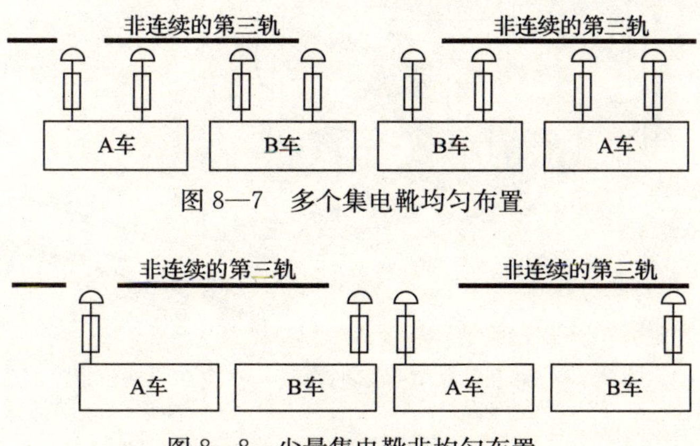

图 8—7 多个集电靴均匀布置

图 8—8 少量集电靴非均匀布置

另外，检修人员可考虑在三轨断电区上方架设接触网，目前广州地铁部分直线电机线路已在正线第三轨断电区域加装接触网，有效避免了列车停在第三轨断电区造成的正线救援。

5. 集电靴靴臂绝缘改进

集电靴靴臂采用导电材质时，容易出现异物侵入限界后与集电靴靴臂接触，进而造成高压短路的现象；特别是在站台区域，雨伞等异物容易掉入站台与车体间隙，与集电靴靴臂接触短路。

检修人员可考虑对集电靴靴臂加装绝缘外套、进行硫化绝缘处理、喷涂绝缘漆等，以此实现集电靴靴臂对外绝缘，减少异物入侵造成高压短路的概率。目前，广州地铁已对部分直线电机线路车辆的集电靴靴臂喷涂绝缘漆，有效解决该问题，如图 8—9 所示。

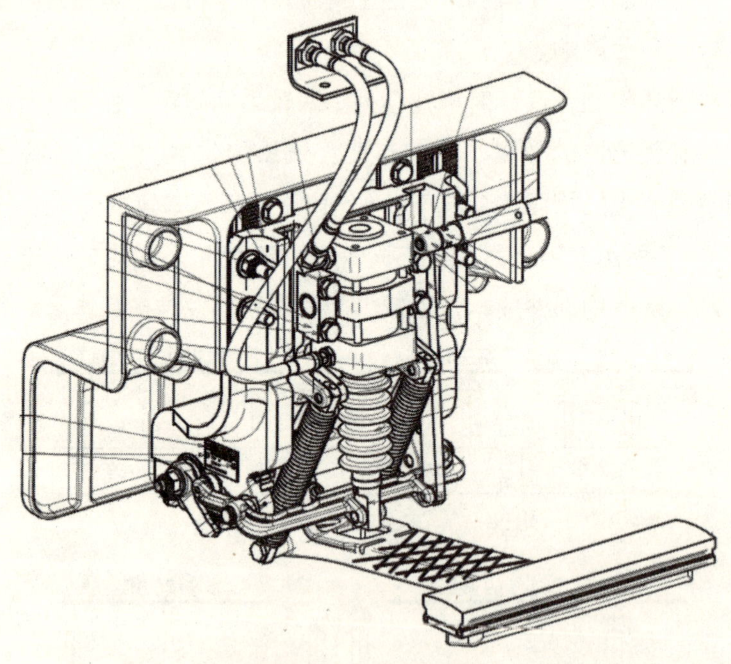

图 8—9　集电靴靴臂喷涂绝缘漆（喷涂在网格位置）

6. 集电靴碳滑板附件防锈设计

目前，地铁线路早已不局限于传统意义上的地下运输线路，很多地铁线路均设置有露天运营区段甚至高架运营区段。因此，集电靴碳滑板运用过程中检修人员还需重点关注碳滑板安装螺栓等附件有无生锈的问题。

因此，集电靴碳滑板安装螺栓、托板等附件应重点考虑防锈设计，例如对安装螺栓和托板增加防锈工艺、采用不锈钢材质的安装螺栓、加强碳条和金属托板的密封工艺等。

第四节　受流系统检修与维护

一、检修维护要点

受流器是受流系统的关键部件和主要部件，其余部件（如高压母线、熔断器）无须太多检修维护，因此，受流系统的检修维护主要是围绕着受流器来开展。

1. 日常维护要点

检修人员主要进行部件清洁润滑、碳滑板厚度测量、升降动作时间测量、升降保持力测量以及主回路绝缘性检查。需要强调的是，每次轮对镟修后检修人员都需要进行集电靴高度的测量和调整。

2. 架大修要点

在车辆年检的基础上，检修人员需进行碳滑板定额更新、橡胶件定额更新、止挡定额更新、熔断器定额更新、管路密封性测试、集电靴靴臂受电弓上臂等主要受力部件探伤工作。

二、典型故障及其应对措施

1. 集电靴碳滑板开裂

列车运行过程中，集电靴碳滑板和第三轨为刚性接触，存在较大的冲击力，若集电靴碳滑板强度不够则极易出现碳滑板开裂的现象，另外集电靴升靴高度和第三轨高度匹配不良时也会加大冲击力度，加剧碳滑板裂损。因此，检修人员需要定期以及结合轮对镟修、碳滑板更新等作业进行集电靴高度的测量和调整。

2. 受流器升降动作不良

控制受流器动作的继电器、电磁阀等电气部件损坏时会导致受流器无法动作，影响列车正常运行，该类故障较为明显，检修人员能够快速发现并排查。此外，受电器动作不良或动作时间不正常时也会影响受流器的正常使用，但该类故障较为隐蔽且不易排查。为此，检修人员需进行减压阀等气阀压力值的调整、消声器等排气部件的清洁、开关阀及止回阀等部件开关量的调整，确保受流器动作顺畅，动作时间在标准范围内。需要强调的是，检修人员在进行开关阀、止回阀、主拉簧、气液缓冲装置等气路部件和受力部件更换后，需进行相关参数的调整。

第九章

辅助电源系统

辅助电源系统将外界及车辆再生制动产生的高压电进行转换，为客室空调机组及通风装置、空气压缩机、交流照明等负载提供三相与单相恒频恒压AC 380 V交流电源，同时为直流照明、控制电路、车载信号及通信设备、车门系统及信息系统等提供DC 110 V电源，以及给蓄电池组持续充电。一般情况下，车辆通过受流器接入高压电源，不过在检修作业时检修人员可根据需要从车间电源接入，供给辅助逆变器使用。直线电机车辆的辅助电源系统在设计上无特殊要求。

第一节 辅助电源系统组成及其特点

一、辅助电源系统组成

辅助电源系统一般由辅助逆变器及车间电源、蓄电池等附属设备组成，如图9—1所示。辅助逆变器是该系统的核心部件，包含逆变器、变压器、蓄电池充电机等主要部件。

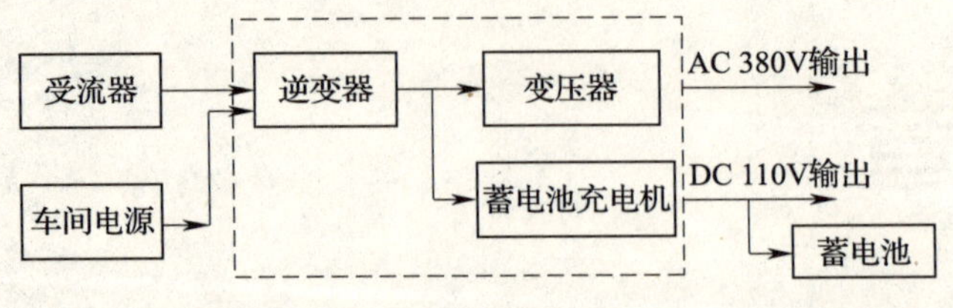

图 9—1 辅助电源系统组成（蓄电池充电机采用二次逆变）

二、辅助电源系统特点

辅助电源系统的特点主要体现在蓄电池充电机的形式和辅助逆变器的供电方式上。蓄电池充电机目前主要有一次逆变和二次逆变两种方式，简而言之，即蓄电池充电机直接将外部高压转换成 DC 110 V 输出，或者将辅助逆变器逆变输出的 AC 380 V 电源二次转换成 DC 110 V 输出。此外，辅助逆变器的供电方式更为重要，直接关系到设备配置数量、安装位置、系统可靠性、系统冗余性等多个方面，下文将详细介绍该内容。

辅助逆变器交流供电系统可分为集中供电和并网供电两种方式，其中前者有单元式集中供电和交叉集中供电方式两种，后者可细分为集中式和分散式两种并网供电方式。广州地铁直线电机车辆辅助系统均采用了单元式集中供电设计方案。

1. 集中供电方式

(1) 单元式集中供电

辅助逆变器采用集中布置的方式，给每个单元车内的负载设备供电。正常情况下每台逆变器通过本单元的 AC 380 V 列车线给本单元交流负载供电。当一台辅助逆变器出现故障，则切断故障逆变器的输出，然后通过扩展供电方式向故障单元提供 AC 380 V 电源，给全车的所有交流负载供电，如图 9—2 所示。但由于受逆变器最大输出容量的限制，在扩展供电模式下，空调系统此时执行半负荷运行模式，照明系统进入紧急照明模式。

一般来说，每两节车作为一个单元设置一台辅助逆变器。不过在逆变器容量满足使用要求的前提下，可以每三节车设置一台辅助逆变器，每台逆变器负责向三节车交流负载提供 AC 380 V 电源，若其中一台逆变器出现故障，同样可以启用扩展供电模式。

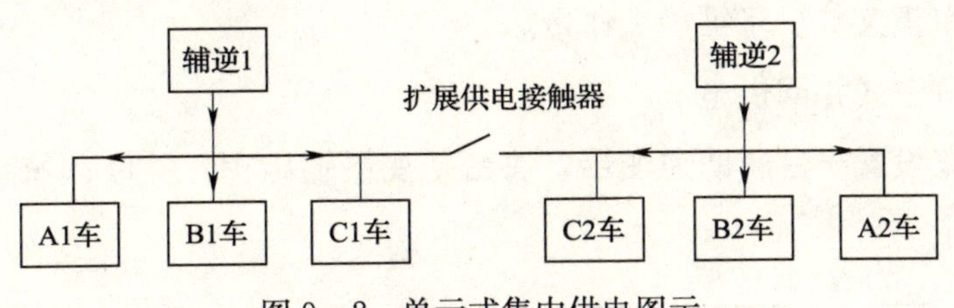

图 9—2　单元式集中供电图示

(2) 交叉式集中供电

辅助逆变器采用交叉式集中供电时，每列车设置两台辅助逆变器，每台逆变器通过贯穿整列车的 AC 380 V 列车线给每列车的交流负载供电，因此必须有两路贯穿全车的 AC 380 V 列车线，如图 9—3 所示。

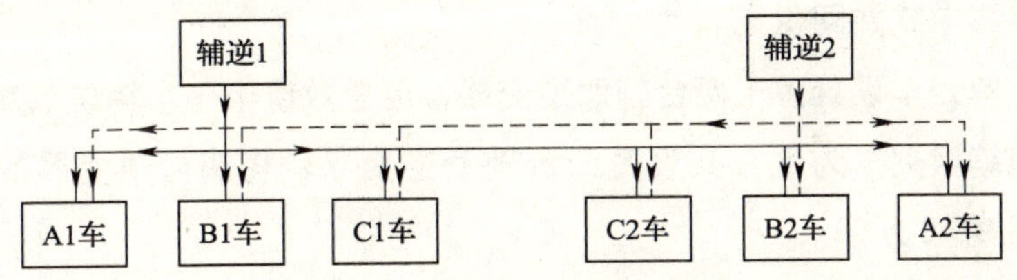

图 9—3　交叉式集中供电图示

当其中一台辅助逆变器出现故障，将会出现每辆车一半负载自动停止工作，只需保证切除故障辅助逆变器的输出功能即可，不必设置任何转换电路及逻辑控制。相对于单元式集中供电，交叉式集中供电的控制方式较为简单，但由于增加了较多布线，提高了布线成本。

2. 并网供电方式

并网供电有集中式和分散式并网两种设计方案，该供电方式对每台逆变器的输出要求极高，要求输出电压值相同、频率相同、相位相同，因此对逆变器的启动及逐一并网要求有严格的控制。不管何种方式，其原理均是将交流电源输送至母线，再通过母线向交流负载供电。早期的并网供电设计中，每辆车设置了一台逆变器，此种方案存在整车总重量增加、维护工作量大等缺点。随着现代技术的发展，逆变器的输出容量更大，可减少辅助逆变器的数量，如六节编组列车可采用每列车设置四台甚至更少逆变器的方式并网，既降低了车重又减少了维护工作量。

(1) 分散式并网供电

每辆车设置一台辅助逆变器，每台逆变器输出相互并联，如图 9—4 所示。

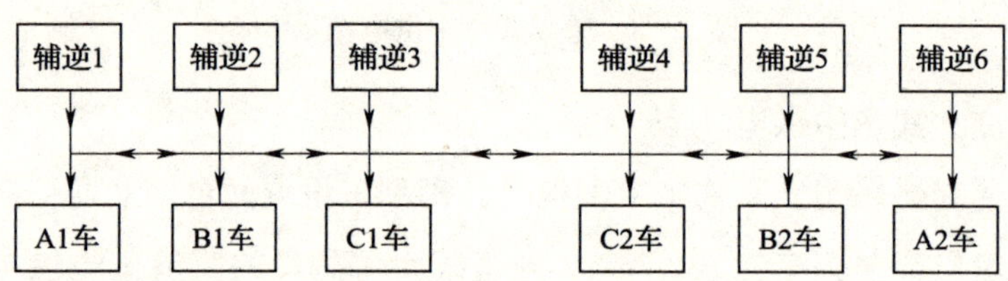

图 9—4　分散式并网供电图示

(2) 集中式并网供电

每个单元车设置多于两台辅助逆变器，但总数量小于车辆总节数。如以四动两拖编组列车为例，共设置四台辅助逆变器，将四台逆变器的输出并联，如图 9—5 所示。

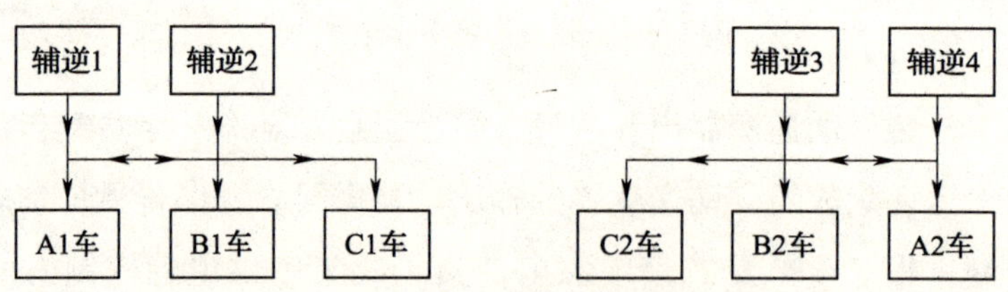

图 9—5　集中式并网供电图示

3. 集中供电与并网供电的特点

(1) 集中供电的特点

1) 系统设备数量少，电路中包含的零部件少，可有效降低维护量及制造成本。

2）设备布置、平均轴重分配合理。辅助逆变器容量大，体积及重量也比较大。直线电机车辆以两节车为一个单元，车下较重的设备为牵引逆变器，新车制造时可以将辅助逆变器安装在无牵引逆变器车厢。若设置了拖车，可将辅助逆变器布置在拖车车下。因此采用集中供电方式，有利于均衡各节车轴重。

3）辅助逆变器箱内包含了低压控制电源（AC/DC 变流器或 DC/DC 变流器）。低压控制电源的输入端可分别采用 AC 380 V 及 DC 1 500 V 或 DC 750 V 两种不同方式提供，但无论采用哪种输入电源，均可与辅助逆变器集中在辅助逆变器箱内，省去了两者之间的布线，容易统一辅助逆变器规格。

单元集中供电在故障情况下供电电能损失较多。当逆变器故障的情况下，可通过扩展供电方式向故障逆变器所在单元负载供电，但会损失部分空调效果和照明功能，降低了乘客乘坐的舒适性。

（2）并网供电主要特点

1）优点

①供电能力互补性较强、冗余度高。当其中一台逆变器故障，只需切除故障逆变器的输出即可，可少切除或不切除车上负载，减少供电能力损失。

②不需要设置扩展供电设备，简化了控制电路及控制逻辑。

③系统抗负载电流冲击能力强，即抗干扰能力强。

2）缺点

虽然并网控制具有众多优点，但也存在不足之处，存在的缺点主要有：

①设备、部件多，导致辅助逆变器装配、车下布线复杂，设备占用车下空间大。同时电力电子器件使用较多，增加了出现故障的概率，维护成本也将随之增加。

②控制复杂。这不仅体现在对逆变器之间同步控制的电压波形、相位角及频率控制要求极高，还增加了故障隔离时的控制难度。

③存在电网崩溃的风险。若辅助逆变器发生相间短路或其中一台逆变器输出波形畸变且无法从母线隔离，这种情况可能使整个辅助系统崩溃，此时需切除该逆变器再重新启动，增加故障处理时间。

第二节　辅助逆变器及其他设备

一、辅助逆变器的运用及发展

随着电力电子技术的发展，辅助逆变器已从早期的旋转式电动－发电机组进步为静止式变流机组，即所谓的静止辅助逆变器。同时，辅助逆变器采用的电力电子器件也经历了晶闸管（SCR)、大功率晶体管（GTR、BJT)、可关断晶闸管（GTO）和绝缘栅双极型晶体管（IGBT 或 IPM）的发展过程。采用新一代、性能更优的电力元器件，标志着科学技术的进步，同时也是科技发展的必然趋势。

我国城轨车辆前期均使用了国外几大公司的成熟产品，如西门子、ABB、三菱等。近五年以来，国产自主研究的辅助系统逐渐进入市场，经过数年经验积累和改良，国产辅助系统产品性能保持了较为稳定的运行状态，满足商业运行的需求，有利于解决国外厂家技术封锁带来的故障响应速度慢、备件采购周期长、维护成本高等一系列问题。

二、辅助逆变器组成与功能

辅助逆变器（SIV）独立于车辆其他系统，只要 SIV 检测到外界有 DC 1 500 V 高压供电便开始工作。从结构及功能的区别来看，SIV 可大致分为逆变器控制模块、输入/输出模块、逆变模块、变压器模块、紧急启动模块、输出滤波电容模块、蓄电池充电模块，如图 9—6 所示。

1. 逆变器控制模块

逆变器控制模块是整个系统的核心，进行数字量模拟量输入及输出控

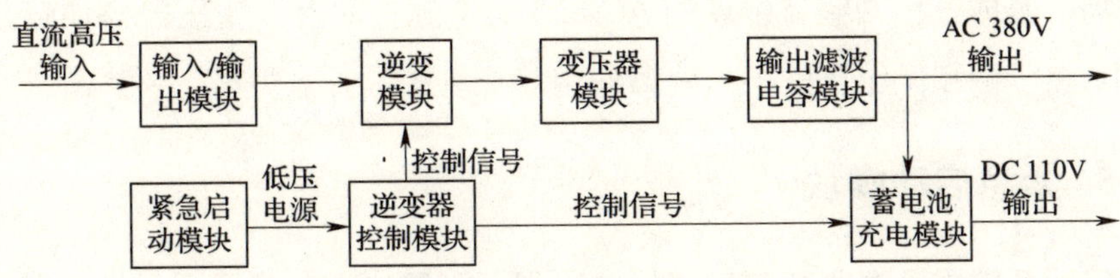

图 9—6　辅助逆变器组成（蓄电池充电机采用二次逆变）

制、故障管理、与列车控制系统实现通信，并控制整个辅助系统实现逆变及整流等。

2. 输入/输出模块

输入/输出模块实现辅助逆变器的能源输入、输出，其输入供电一般通过受电弓或集电靴受流获得，也可以从车间电源取得。辅助电源的直流输入电路中设置了熔断器，出现短路的情况下能快速切断辅助系统与高压供电回路。

3. 逆变模块

逆变模块是整个辅助逆变器的关键部分，其内部开关元器件通常采用了大功率 GTO、IGBT 或 IPM，其功能是将外界输入的高压逆变为三相定频定压的交流电源；广州地铁直线电机车辆的辅助逆变器广泛采用了 IPM 模块作为其主要的功率开关器件。

智能功率模块 IPM 不仅集成了功率开关器件和驱动电路，而且还包含过电压、过电流和过热等故障检测电路，并可将检测信号送到 CPU 或 DSP 做中断处理。其一般使用 IGBT 作为功率开关元件，它由高速低功耗的管芯、优化的门极驱动电路以及快速保护电路构成，即使负载异常或使用不当，也可保证 IPM 模块不受损坏。

4. 变压器模块

变压器模块的作用是将逆变模块输出的三相三线交流电源通过三角－星

型变换，变成三相四线有中点的 AC 380 V 电源；同时，变压器模块还起到了 SIV 高压侧和低压侧的电气隔离作用。

5. 紧急启动模块

辅助系统需设置紧急启动模块，以保证当蓄电池出现严重亏电，即蓄电池电压低于正常要求值时也能启动充电机。紧急启动功能的实现有应急启动电源和应急蓄电池两种方式，其中广州地铁直线电机车辆国产辅助系统设置了应急蓄电池，进口辅助系统设置了应急启动电源，应急启动电源的原理如图 9—7 所示。

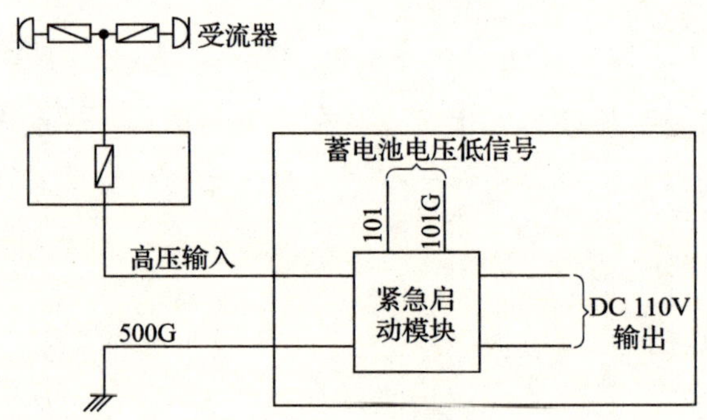

图 9—7 应急启动电源原理

若蓄电池无法激活列车、启动 SIV 系统，采用应急启动电源的列车能直接把高压输入降压成 DC 110 V 控制电源，用于激活列车和启动 SIV 系统；采用应急蓄电池的列车可以给辅助系统短时提供 DC 110 V 控制电源。

应急启动电源具有无须特别维护保养、工作状态可监控、使用寿命长的优势，但需设置直流斩波电路及其控制电路，增加了大功率元器件的使用量，控制也相对复杂。采用应急蓄电池方式时，电路设计和控制方式简单，不需增加功率元器件，且紧急情况下需使用时不受外部受流方式的限制，但其工作状态无法监视，可能会出现故障或容量过低而不能启动辅助电源的情况，因此定期的维护工作量相对较大。

6. 输出滤波电容模块

输出滤波电容模块的作用就是稳定输出端电压，减少输出端电源的谐波含量，提高 AC 380 V 输出电源的质量。

7. 蓄电池充电机模块

蓄电池充电机模块可将外部接入的高压电源或变压器逆变输出的 AC 380 V 电源整流为 DC 110 V 电源，为列车直流负载供电，同时为蓄电池充电。充电机的控制单元一般安装于逆变器箱内，控制设备具有顺序控制、IGBT 切换、输出电压和频率控制、电路运行保护等功能。

三、车间电源

一般情况下地铁车辆采用受电弓或集电靴受流，但在车辆检修过程中，车辆有时需要接入高压电源，而作业内容或环境又不允许列车采用受电弓或集电靴受流，这时就需要使用车间电源对列车供电。车间电源用于车辆检修过程中，因此车间电源只给辅助电源系统提供高压电源。

广州地铁直线电机车辆均配置有车间电源，车间电源由库内和车上两部分组成，库内设备由车间电源柜、车间电源插头和电源线组成，车间电源柜直接与接触网并联，电压与网压保持一致；车上设备由 DC 110 V 控制回路、高压输入回路和 KS 刀开关组成。

库内车间电源提供给车上的高压由 DC 110 V 电路控制，车间电源插头共有三个插针，一个为提供给车上的 DC 1 500 V 插针，另外两个为 DC 110 V 回路插针；当列车上 DC 110 V 回路形成通路，由车间电源插头上的一个插针送回到另一个插针时，才能够触发库内的车间电源柜送出 DC 1 500 V 电源，如图 9—8 所示。

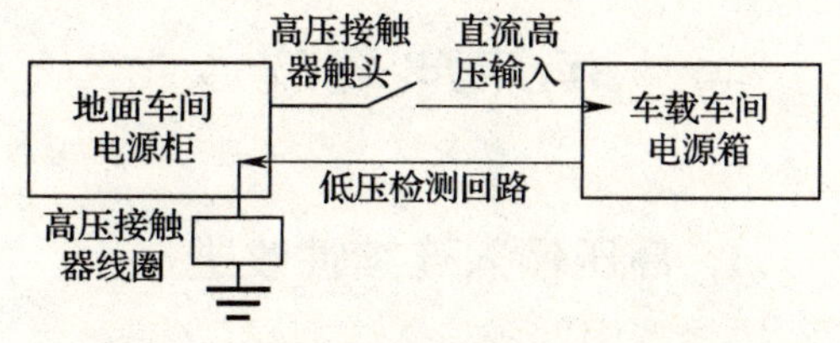

图 9—8　车间电源低压控制及高压输入

四、蓄电池

地铁车辆的蓄电池主要用于列车激活、启动，同时在无外部高压状态下为列车紧急负载设备提供能源，满足列车紧急功能的短时运转。受列车设计及安装条件的影响，不同地铁车辆蓄电池安装的数量和所能提供的紧急负载数量各不相同，因此，对于列车单个单组蓄电池的容量无硬性要求，但一般来说，地铁车辆蓄电池应能维持紧急照明、紧急通风、开关门等紧急功能45 min的正常使用。

地铁车辆目前使用的蓄电池主要分为酸性和碱性两大类，如铅酸蓄电池、镍镉碱性蓄电池等，直线电机车辆对于蓄电池的选型无特别要求。广州地铁直线电机车辆分别在两个B车设置了两组镍镉碱性蓄电池，每组蓄电池由十三个蓄电池单体构成。每个蓄电池单体的公称电压是7.2 V，采用导电体串行连接的构造，每个蓄电池单体由六节导电体组成。

第三节　辅助电源系统运用情况及检修

一、运用情况

辅助电源系统运用较为稳定，只要系统的输出容量选择得当，其运用过程中一般不会出现太多问题。广州地铁直线电机车辆的运用情况也印证了这一情况，车辆辅助电源系统非常稳定，三条直线电机线路未发生一起由于辅助电源系统设备故障导致的正线清客或晚点事件。

二、运用问题及改进

1. 高压输入连续性改进

采用集电靴受流的车辆进入三轨断电区，或者车辆受流系统存在异常时，会影响辅助电源系统高压输入的连续性和稳定性，甚至造成部分列车的辅助电源设备短时无高压输入。该现象会对辅助电源系统自身及其负载设备带来较大的负面影响，大大提高设备的故障率，加速设备老化和损坏。

检修人员可以根据实际需要和车型特点将辅助电源系统的高压母线贯穿整车，增强系统高压输入的连续性和稳定性，消除部分列车短时无高压输入带来的负面影响。目前，广州地铁部分直线电机车辆已将辅助系统高压母线贯穿整车，取得了良好的效果。

2. 蓄电池箱盖设计改进

早期，蓄电池厂家经常将蓄电池箱盖作为蓄电池组拆装进出的导轨使用，其箱盖一般采取下翻打开的方式，且体积和重量较大，如图 9—9 所示。箱盖锁闭失效侵限后极易造成重大负面影响；特别是采用第三轨供电的线路，箱盖侵限后容易造成高压短路，甚至损伤第三轨设备。

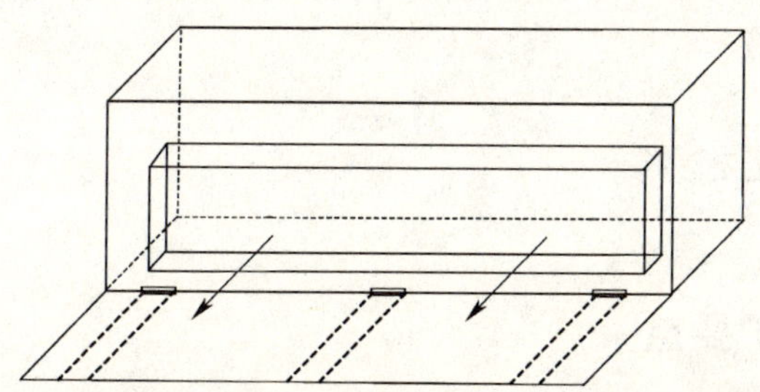

图 9—9　兼做蓄电池组导轨使用的蓄电池箱盖（前翻式箱盖）

为解决该问题，检修人员可以改变蓄电池组拆装进出的方式，额外设置蓄电池组导轨，将蓄电池箱盖改为横向打开方式，减小锁闭设置失效后箱盖受重力影响打开侵限的风险；车底空间允许时，检修人员甚至可以将蓄电池箱盖改为侧面横向打开的方式，即使箱盖异常打开也不会侵限，如图 9—10 所示。

对于已采用前翻式蓄电池箱盖的列车，可以在不进行大规模改造的前提下采用多重锁闭方式，避免单个锁闭设施失效后箱盖打开；还可以加入无须

图 9—10　侧面横开式蓄电池箱盖（需额外设置蓄电池组导轨）

人为操作的自锁闭结构，避免人为操作失误带来的问题。如图 9—11 所示，左侧方块形重力自锁装置处于锁闭状态，右侧处于打开状态。

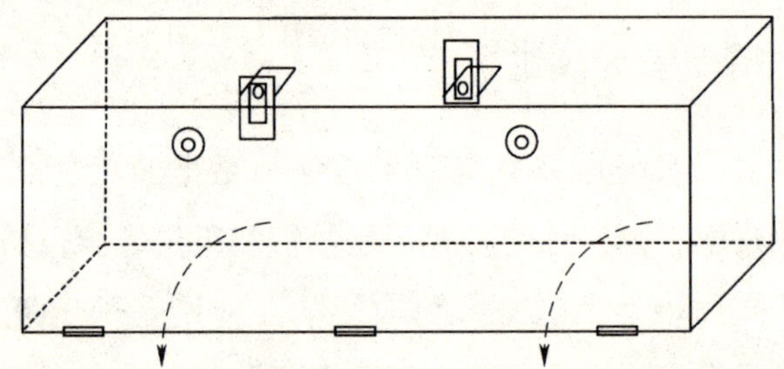

图 9—11　蓄电池箱盖重力自锁装置（前翻式箱盖）

三、系统检修

1. 检修维护要点

辅助电源系统集成度较高，检修人员无须进行太多的检修维护，主要的检修维护内容如下：

（1）日常维护要点

检修人员主要进行部件清洁、功能性试验、蓄电池加液、蓄电池充放电等作业。

（2）架大修要点

在车辆年检的基础上，检修人员需进行部件绝缘测试、接触器主触头辅助触头的检查、部分电容定额更新。

2. 蓄电池充放电

在辅助电源系统的检修维护中，蓄电池充放电相对复杂且较为重要，检修人员有必要熟练掌握。由于不同线路城轨车辆使用的蓄电池、充放电机蓄电池的型号各不相同，本文简单介绍一下操作方法和原则。

（1）蓄电池放电

检修人员按照蓄电池说明设置自动充放电机的放电终止电压值、放电电流，随后自动充放电机按照设定的电流值放电至终止电压值后自动停止。若蓄电池说明没有明确要求，一般按照蓄电池额定电压的 0.85 倍设置放电终止电压值，按照蓄电池容量的 0.1～0.2 倍设置放电电流，即额定电压 96 V、容量 130 Ah 的蓄电池可采用 26 A 的电流放电至 82 V 后自动停止。

（2）蓄电池充电

蓄电池充电过程中会经历恒流充电、恒压充电两个阶段，检修人员需按照蓄电池说明设置自动充放电机的恒压点电压、充电电流，随后自动充放电机按照设定的电流值充电至恒压点电压值后转换为恒压的浮动充电，充电完成后自动停止。若蓄电池说明没有明确要求，一般按照蓄电池额定电压的 1.2～1.25 倍设置恒压点电压，按照蓄电池容量的 0.1～0.15 倍设置充电电流。

3. 维护保养注意事项

辅助电源系统的故障非常少，个别故障也是一些板卡、电气部件的故障，检修人员分析数据后直接更换即可，没有太多的借鉴性和参考意义。不过，检修人员检修维护过程中，偶尔会出现忘记关闭蓄电池造成蓄电池过度放电的现象。

蓄电池亏电严重时，可能造成列车无法激活，因此检修人员有必要购置移动式蓄电池充电机，以便蓄电池亏电时对其紧急充电恢复列车功能。另外，检修人员在列车检修、蓄电池使用的管理上也要规范，一般来说，列车检修完毕降弓、降靴后应随后切断蓄电池电源，也可以安排专人以巡检的方式确认列车有无按要求切断蓄电池。

第十章

牵引与电制动系统

大中运量直线电机车辆采用电磁感应原理实现列车的驱动，通过调整滑差频率等参数控制列车的牵引和电制动，其牵引与电制动系统的控制原理与旋转电机有较大区别。直线电机工作气隙相对旋转电机大，边缘效应明显，牵引能耗偏高。牵引与电制动系统拥有直线电机、感应板等独特的设备，其检修方式更着重检测与调整。

第一节　系统基本组成及工作原理

一、系统基本组成

直线电机牵引与电制动系统主要由高压主回路和牵引控制回路两部分组成。其中高压主回路主要承担受流器高压的输入和列车动力的输出，牵引控制回路主要承担控制指令的输入和逆变控制的输出。

1. 高压主回路

高压主回路主要包括主开关箱、高速断路器、牵引逆变器、直线电机、感应板等部件，其结构框图如图 10—1 所示。高压由受电弓/集电靴等受流部件引入列车后，通过主开关箱、高速断路器（HB）输入至牵引逆变器（VVVF）箱，在牵引逆变器箱内逆变成三相交流电源，供给直线电机。

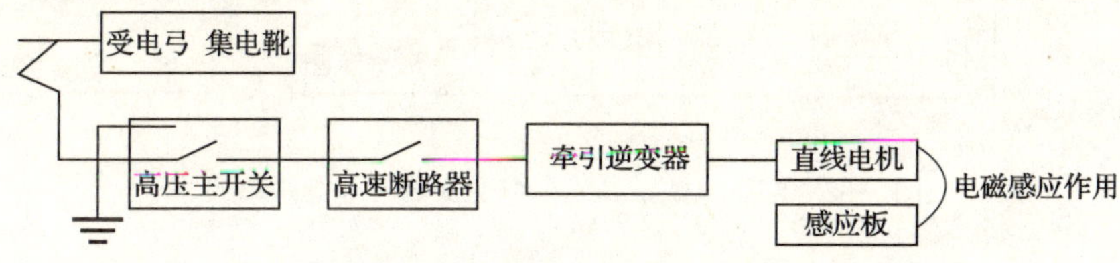

图 10—1　高压主回路结构框图

（1）主开关箱

主开关箱内通常包含分、合两个闸位，正常使用时接入合位，高压可引入牵引逆变器；当对 VVVF 箱内进行检修时，须将隔离开关打至分位，此时受流端通过此闸刀开关对地短路，防止检修时高压异常接入对检修人员造成危害。

（2）高速断路器（HB）

高速断路器是高压主回路直流侧的保护性电器元件，其分合主要由牵引控制单元控制，正常情况下，VVVF 收到高速断路器闭合指令后，将控制其闭合，VVVF 收到高速断路器断开指令后，将控制其分断。当出现某些 VVVF 严重故障或高压主回路直流电流大于脱扣电流值时，高速断路器也能瞬间分断，减少对逆变器内部电器元件的冲击损坏。

（3）牵引逆变器（VVVF）

牵引逆变器主要包含线路接触器、充电接触器、滤波电抗器、滤波电容、逆变模块、过压保护模块等部件，通过逆变模块的变频变压，将直流电压转换为驱动直线电机所需的三相交流电压。

以广州地铁4号线为例，当牵引逆变器接收到牵引指令后，充电接触器闭合，滤波电容开始预充电，预充电结束后线路接触器闭合，充电接触器分断，逆变器门极开始工作。牵引逆变器内部电路结构如图10—2所示，广州地铁4号线牵引逆变器内部电路元件名称及缩写见表10—1。

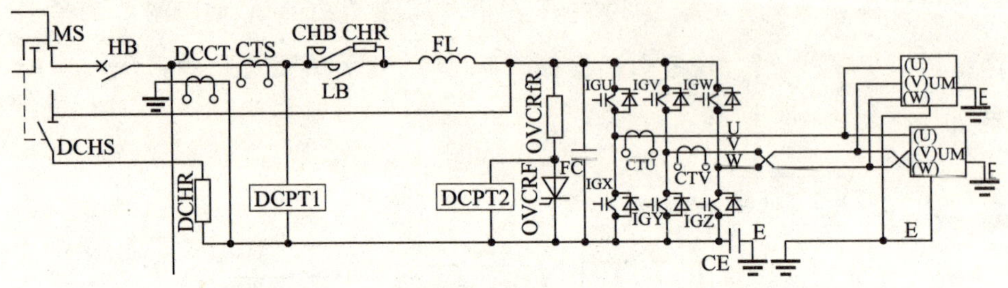

图10—2 广州地铁4号线牵引逆变器内部电路结构

表10—1 广州地铁4号线牵引逆变器内部电路元件名称及缩写

名称	缩写	名称	缩写	名称	缩写	名称	缩写
主开关箱	MS	高速断路器	HB	滤波电容	FC	电容	CE
放电开关	DCHS	充电接触器	CHB	充电电阻	CHR	直线电机	LIM
线电压传感器	DCPT1	逆变模块	IGU～IGZ	过压保护电阻	OVCR FR	放电电阻	DCHR
输入电流传感器	CTS	线路接触器	LB	过压保护晶闸管	OVCR F	滤波电抗器	FL
差动电流传感器	DCCT	滤波电容电压传感器	DCPT2	逆变器输出电流传感器	CTU1/CTV1		

为了实现元件保护，逆变器通常具备过压及过流保护功能。当滤波电容电压传感器检测到的电压或差动电流传感器检测到的电流超出最高允许值时，逆变器门极将停止工作，同时线路接触器断开，过压保护晶闸管导通，滤波电容通过过压保护电阻放电。

(4) 直线电机

直线电机为平直线性形体，通过吊杆等悬挂部件安装在车底转向架上，其主要部件包括线圈、铁芯以及铸铁框架等。牵引逆变器将三相交流电源输入直线电机后，通电线圈在电机与感应板的气隙产生交变的磁场。

(5) 感应板

感应板分段铺设于运行线路的轨道中部，主要由导电板和背铁两部分组成，其中导电板通常使用铜、铝等材质（由于两种材质对列车推力影响不同，不同区段可能采用不同的材质），背铁通常使用低碳粗晶粒钢，如 20 号钢等。由于直线电机与感应板间存在垂向吸力，感应板的安装必须保证牢固可靠，防止发生移位。

2. 牵引控制回路

牵引控制回路主要包括司机控制器、牵引控制单元等部件，其结构框图如图 10—3 所示。司机控制器主要承担列车前进/后退方向、牵引/制动模式以及控制级位的输出，输出信号经硬线或网络方式传输至牵引控制单元后，牵引控制单元经过相应逻辑计算输出牵引制动力矩。

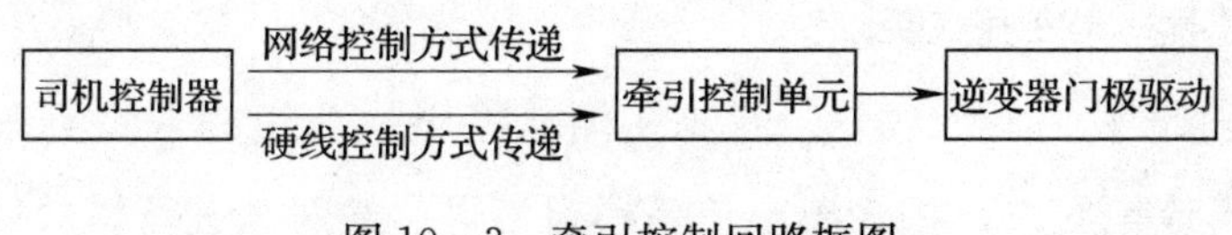

图 10—3　牵引控制回路框图

(1) 司机控制器

司机控制器简称司控器，为列车换向、调速的主令电器，主要由速动行程开关、可调电位器、机械联动转轴等部件组成。司机控制器的面板上布置有控制手柄和方向手柄。控制手柄包括牵引区、0 位、制动区、快速制动位共 4 个挡位；换向手柄包括“向前”“0”“向后” 3 个挡位。控制手柄采用无级调节，通过转动同轴的可调电位器，调节牵引制动级位值的输出大小，从而达到控制牵引力和制动力的目的。

司控器输出信号的传递方式通常包括硬线和网络两种。硬线控制方式下，司控器电位器输出信号由硬线传递给牵引控制单元和制动控制单元；网络控制方式下，司控器电位器输出信号输入列车中央控制单元中，经过中央控制单元的模/数转换及处理后，以网络通信方式传递到牵引控制单元和制动控制单元。

(2) 牵引控制单元

牵引控制单元（DCU）是牵引逆变器的核心部件，负责处理与逆变器控制相关的所有输入输出信号，并实时监控牵引和电制动的运行状态。

牵引控制单元根据功能的不同，可分为系统控制模块、数字量输入输出模块、模拟量输入输出模块、电源模块等，以下对各模块的主要功能进行简要介绍。

1）系统控制模块。系统控制模块根据各传感器采集的级位、速度、电压、电流等信号，按照逻辑设定进行牵引制动控制，并在系统异常时及时输出保护指令。

2）数字量输入输出模块。数字量输入输出模块一方面实时采集列车牵引方向、牵引模式、接触器状态等数字信号，处理后将其输入至系统控制模块进行牵引控制，另一方面执行系统控制模块输出的数字控制信号，控制继电器、断路器、接触器等动作。

3）模拟量输入输出模块。模拟量输入输出模块实时采集列车速度、直流电流、直流电压、三相输出电流等模拟信号，并对其进行模数转换和数据处理，输入至系统控制模块进行牵引控制。

4）电源模块。电源模块将列车控制回路电压逆变成牵引控制单元各插件模块的工作电压，确保各插件模块可靠持续工作。使用双电源模块可增强供电稳定性。

二、系统工作原理

1. 系统基本功能

(1) 牵引控制（加速）

列车向前/向后命令、牵引命令以及牵引级位命令，通过列车硬线或网络方式进入到牵引逆变器，牵引逆变器根据收到的信号以及负载大小进行逻辑计算，以执行牵引加速控制。

（2）电制动控制（减速）

列车制动命令以及制动级位命令，通过列车硬线或网络方式进入到牵引逆变器，牵引逆变器根据收到的信号以及负载大小进行制动力控制。逆变器优先采用电制动，并将再生能量反馈至电网。

2. 系统运行模式

（1）正常牵引模式

（2）洗车模式

洗车模式主要用于车体外墙清洗，通过洗车机时，把车速限制在低速行驶模式，该模式速度通常设定为 3～5 km/h。

（3）退行模式

列车向后牵引时会自动进入退行模式，由于后端线路情况不易观察，为保证安全，退行模式也会限制在低速运行，一般设定为 10 km/h。

（4）紧急牵引模式

设备故障导致列车无法正常牵引时，为避免对正线运营造成重大影响，可切换为降级后的紧急牵引模式，及时将故障列车驶出运行线路。

（5）高加速模式

高加速模式主要用于列车动力系统故障情况下的大坡道运行，通过短时提高牵引力矩，实现部分动力损失时的坡道牵引。

3. 逆变器控制原理

VVVF 逆变器一般采用三相全桥逆变电路，其结构主要包括六个具有自关断能力的 IGBT 元件。通过控制 IGBT 元件的开关频率和开通时间，输出电压频率可调的三相交流电源，VVVF 逆变电路如图 10—4 所示。

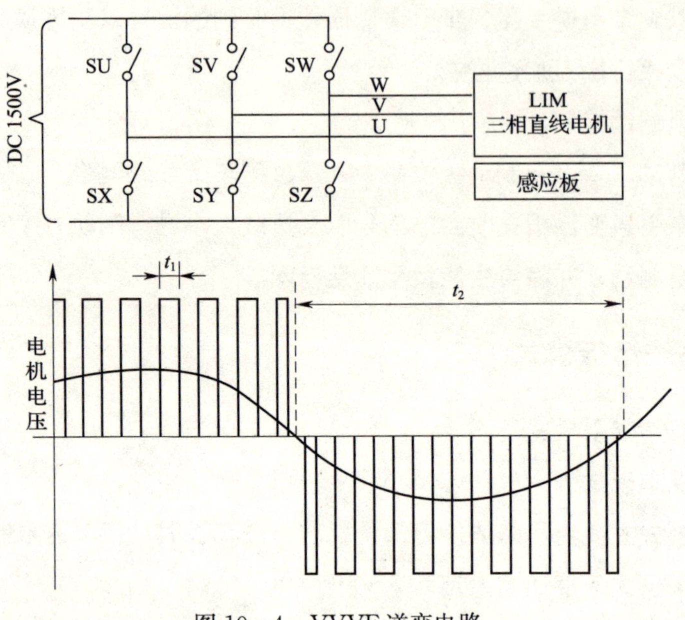

图 10—4　VVVF 逆变电路

4. 列车运行控制原理

列车运行过程中牵引与电制动的控制方式如图 10—5 所示：

(1) 牵引工况

1) 恒力矩控制。列车在牵引初期，逆变器电压 U 增加时，逆变器频率 f 增加，保持 U/f 比值恒定，滑差频率 f_s 为常量，转子电流 I_R 恒定，力矩 T 也保持恒定，列车持续加速。

2) 恒功控制。当电压增加到接近逆变器输出电压的最大值时，电压会保持不变，此时频率增加将使电机转子电流减小（因为当电机磁通量不增加时，转子内阻抗增加）。因此，需增加频率，以使得转子电流保持常量。此时转子电流 I_R 恒定，逆变器输出电压 U 也保持恒定，列车相对于第一阶段，加速度会有所降低，而且当频率增加时，电机力矩与车速平方呈反比。

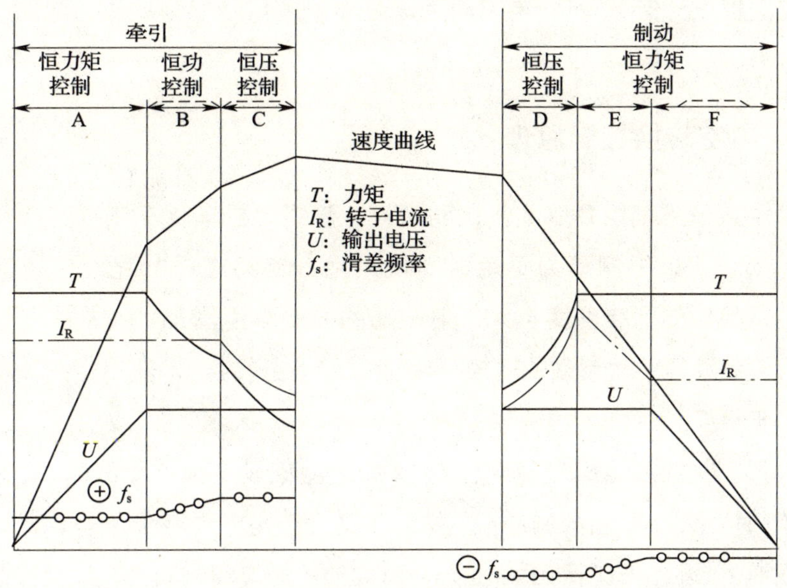

图 10—5　列车运行的控制模式

3）恒压控制。当列车加速至一定值时，逆变器输出电压 U 也保持恒定，滑差频率 f_s 也保持恒定，此阶段转子电流 I_R 逐渐降低，列车加速度逐渐减小。

（2）电制动工况

电制动过程与此前描述的牵引控制模式相反，滑差频率始终控制在负数（维持逆变器频率低于电机旋转频率）。

1）恒压控制。列车初始减速时，逆变器输出电压 U 保持恒定，滑差频率 f_s 也保持恒定，此阶段转子电流 I_R 逐渐增大，列车减速度逐渐上升。

2）恒力矩控制。当列车刚开始制动时，制动力矩增加到特定值后，降低滑差频率，将转子电流降低到一个特定的值（与减小的逆变器频率平方成正比）。此过程制动力矩恒定，列车减速。

当列车速度降低到一定值时，逆变器电压 U、逆变器频率 f 以恒定速率降低，控制滑差频率保持常量，转子电流 I_R 恒定，制动力矩 T 恒定，列车以恒定的减速度减速。当速度降低到 6 km/h 左右时（不同线路电制动退出时的速度设计值不同），电制动逐渐退出，采用空气制动作为电制动的补充。

5. 电空转换控制原理

为了减少列车能耗以及气制动磨耗，直线电机车辆在制动过程优先使用电制动，如果电制动力不足，则使用空气制动进行补充。由于速度越低，速度检测的不准确度越大，电制动的控制难度增加，通常在低速时需要进行电制动与空气制动的转换（以下简称电空转换），使用空气制动保证列车停车精度。

广州地铁直线电机车辆电空转换的速度值设定为 6 km/h。在速度约 6 km/h 时，VVVF 会向制动控制单元发送一个电制动减弱信号，此时电制动力逐渐下降，空气制动逐渐上升，以弥补所需要的制动力，保持交替过程中总制动力不变。

电空转换处于列车制动过程的结束阶段。由于电制动与空气制动分属不同系统，一旦系统配合出现问题，会直接导致列车到站停车距离发生变化，严重时可能引起欠标或冲标故障，此时列车车门无法由正线信号系统自动打开，因此电空转换阶段至关重要，需要进行大量的联合调试。

第二节　直线电机与感应板

一、直线感应电机的基本结构

直线感应电机由旋转电机演化而来，可以看成是一台旋转电机沿轴向剖开，然后展成平面，其演化过程如图 10—6 所示。由定子演化而来的一侧称为直线电机（初级），由转子演化而来的一侧称为感应板（次级）。

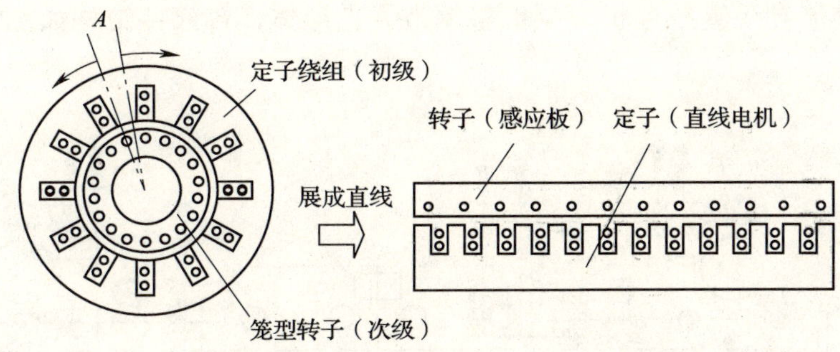

图 10—6　旋转电机向直线电机的演化

直线电机一般安装在车辆转向架上，由线圈、铁芯、铸铁框架等组成；感应板安装于轨道中间，由导电板和背铁等组成。直线电机与感应板通过电磁作用实现列车的牵引和制动。下文将对直线电机及感应板进行详细介绍。

二、直线电机

1. 直线电机概述

直线电机整体结构呈直线型，因此也称线性电机。直线电机作为牵引电机的一部分，其主要作用是在电机与感应板的气隙间产生行波磁场。

2. 直线电机分类

直线电机按冷却方式分为自然风冷直线电机和强迫风冷直线电机。前者不采用任何冷却设备，仅依靠列车运行过程中的走行风对电机进行冷却；后者依靠冷却风机降低电机线圈温度。从电机结构上来讲，自然风冷直线电机线圈截面积大，内阻小，体积大，增加了列车自重；强迫风冷直线电机线圈截面积小，内阻大，可实现体积减小和列车轻量化设计，但其对冷却风机的依赖性强，维护工作量也有一定程度增加。

本节主要介绍自然风冷直线电机，以广州地铁 4 号线为例，车辆采用三相八极交流异步直线电机，电机整体为平直形体，各部件结构如图 10—7 所示。

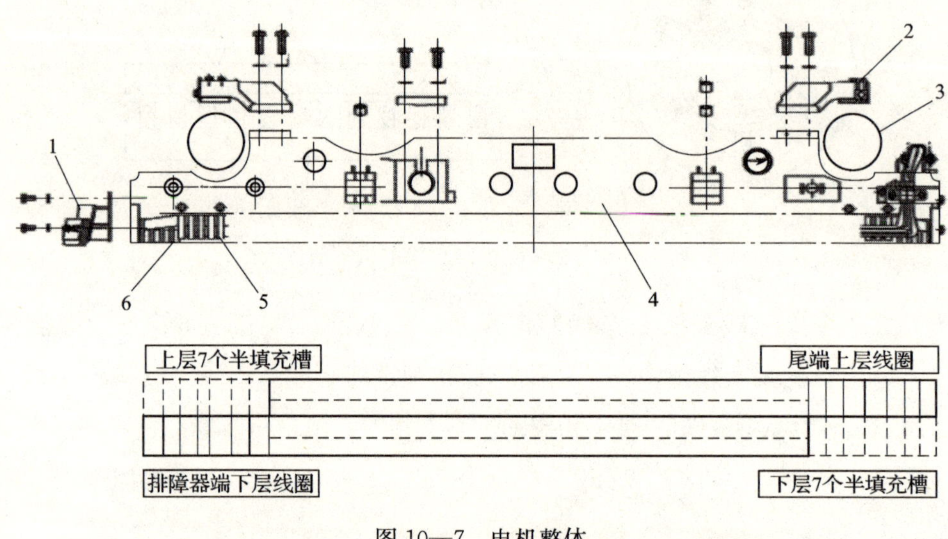

图 10—7 电机整体

1—排障器 2—安全鼻 3—车轴 4—铸铁框架 5—电机线圈 6—铁芯

铁芯主要由硅钢片叠压制成，线圈主要由铜线并匝缠绕制成。由于铜的电导率相对较高，可以降低线圈内阻的能量损耗。线圈主要布置在两条铁芯之间的线槽内（线圈与硅钢片间隔排布），为了防止车辆运行过程中异物侵入线圈，在线槽底部设置燕尾槽，并在燕尾槽内安装槽楔。

直线电机附属部件主要包括排障器和安全鼻。其中排障器安装在直线电机端部，用于排除运行线路上的较大异物，降低正线异物损伤电机线圈和感应板的风险。

安全鼻安装在直线电机铸铁框架上部，用于防止电机高度的过度沉降，减少直线电机与感应板的异常刮伤。每台直线电机包含三个安全鼻，电机高度异常下降后，安全鼻高度下移，并逐渐施压至车轴，通过车轴的支撑，可防止电机高度的进一步降低。

三、感应板

1. 感应板概述

感应板作为牵引电机的一部分，其作用是与直线电机的行波磁场相互作用产生电磁推力。当切割行波磁场时，感应板内产生感应电流，感应电流在磁场中产生电磁力，由于感应板固定安装在线路上，直线电机在此电磁力作用下将沿线路方向做直线运动。感应板示意图如图 10—8 所示。

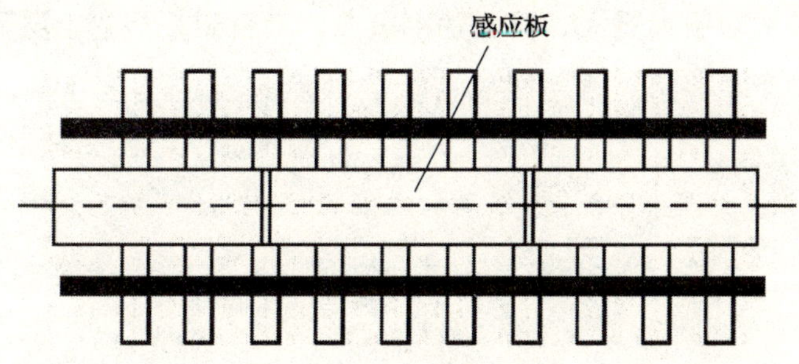

图 10—8　感应板示意图

2. 感应板分类

感应板按照导电板材质划分，主要包括铝铁感应板和铜铁感应板两种；按照背铁结构划分，主要包括整体式感应板和叠片式感应板两种。不同的材质和结构对直线电机的性能会有一定的影响。

（1）导电板材质对直线电机性能的影响

根据试验研究结论，铜导体具有较大的电导率，相同直线电机在高滑差的情况下匹配铜铁感应板产生的推力更大。由于感应电流的大小与导电板的电导率成正比，铜铁感应板较铝铁感应板的感应电流更大，纵向边缘效应的削弱作用增强，在低滑差的情况下其推力优势会大大降低，甚至可能出现次于铝铁感应板的情况。为了改善直线电机的牵引性能，可以在不同的区域采用不同材质的感应板，达到提高车辆性能并且降低线路建造成本的目的。例如，在高滑差区段布置铜铁感应板有助于提高列车加减速的推力性能，在低滑差区段布置铝铁感应板可以降低建设成本，但是其设计过程更为复杂。

(2) 背铁结构对直线电机性能的影响

整体式感应板的导体铝与背铁间采用爆炸焊工艺焊接，因此也称为爆炸焊接感应板。叠片式感应板的背铁采用叠片安装方式。

整体式感应板造价低，能够节省建设成本，但是由于整体式感应板采用爆炸焊接方式，感应板更换时必须整体更换，维护成本高。

外界环境相同的条件下，叠片式感应板比整体式感应板涡流损耗更小，因此直线电机的牵引力更大，输出功率更高，而且感应板的上层覆铝可以单独更换，维护简单经济。叠片式感应板的缺点是制造工艺复杂，建设成本高。

四、直线电机磁场及工作原理

1. 直线电机磁场

直线电机为长直、两端开断结构，由于其长度有限，存在着始端和终端，因此直线电机磁场具有边缘效应。其主要表现为横向边缘效应和纵向边缘效应，具体内容介绍如下。

(1) 横向边缘效应

横向边缘效应在扁平型直线电机中存在明显，其产生是因为初级直线电机和次级感应板宽度有限。横向边缘效应的特殊表现如下：气隙磁通沿 y 轴方向呈不规则分布，其表现为边缘处的磁通密度增加，中间处的磁通密度减少，整体呈马鞍形状分布。在次级感应板的电流密度分量中产生 x 轴方向的分量。次级感应板的电流密度分量与气隙磁通密度的竖直分量相互作用，从而产生沿 y 轴方向的侧向力（左手定则），直线电机磁场的矢量坐标系如图 10—9 所示。

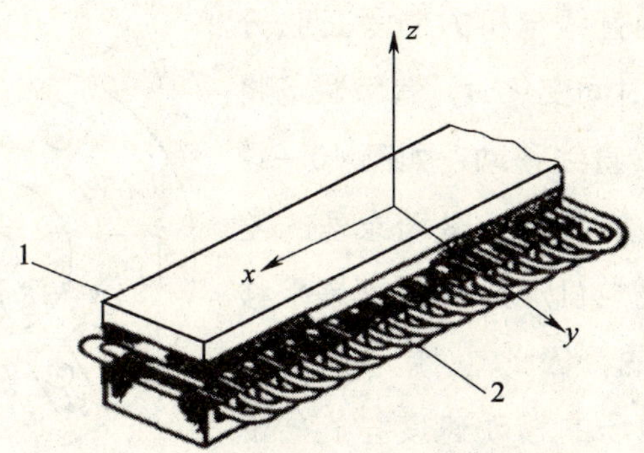

图 10—9　直线电机磁场的矢量坐标系

1—次级感应板　2—初级直线电机

(2) 纵向边缘效应

初级直线电机与次级感应板相对运动时，次级感应板在行波磁场方向上的涡流分布是不对称的，如图 10—10 所示，根据楞次定律（感应电流的磁场总要阻碍引起感应电流的磁通量的变化），次级感应板涡流的影响使得初级直线电机进入端的磁场削弱，离开端的磁场加强。这种初级直线电机与次级感应板相对运动时磁场和涡流的畸变分布称为动态纵向边缘效应。

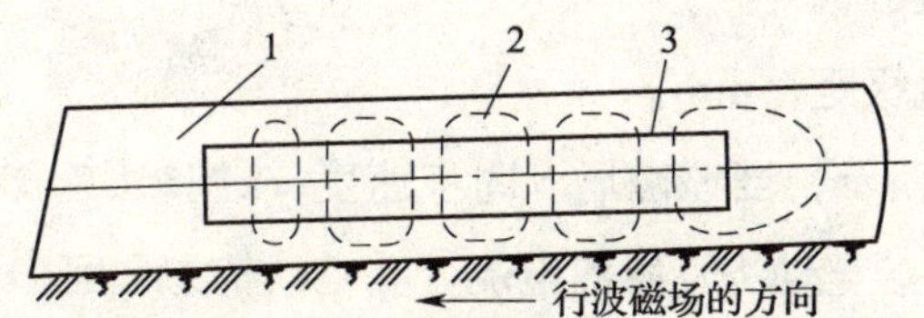

图 10—10　直线电机行波磁场方向上的涡流分布

1—感应板　2—涡流　3—直线电机

由于纵向边缘效应的存在，行波磁场方向上的推力分布变得不均匀，对直线电机推力出现了抑制作用，而且相对运动速度越快，动态纵向边缘效应越显著。

2. 直线电机工作原理

直线电机通入三相对称正弦电流后，就会产生气隙磁场，若不考虑由于铁芯两端断开而引起的纵向边缘效应，气隙磁场的分布与旋转电机相似，即可看成沿展开的直线电机方向呈正弦分布。当三相电流随时间变化时，气隙磁场将按 A、B、C 相序沿直线移动，如图 10—11 所示。直线电机与旋转电机磁场原理的差异主要在于：直线电机产生的磁场是平移的，而不是旋转的，因此也称为行波磁场。显然，行波磁场的移动速度与旋转磁场在定子内圆表面上的线速度是一样的，即称为同步速度 v_s，采用旋转电机的计算方法，有：

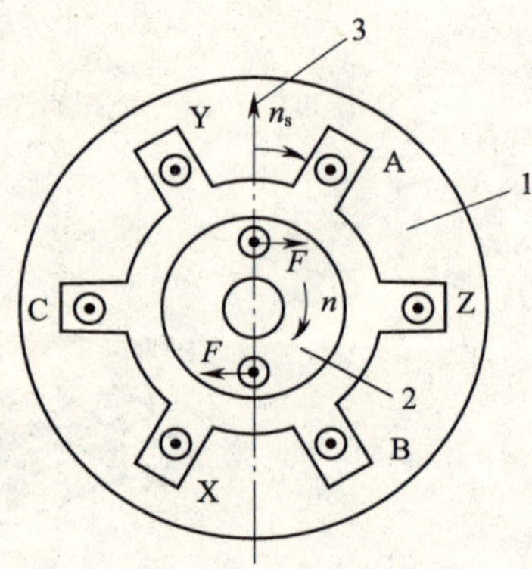

图 10—11 旋转电机的基本工作原理

1—定子 2—转子 3—磁场方向

$$n_s = \frac{60f}{p}$$

$$v_s = \frac{n_s}{60} 2p\tau = 2\tau f$$

式中 n_s——电机同步转速，r/min；

f——电网频率，Hz；

p——电机的极对数；

τ——电机极距，mm。

如图 10—12 所示，当该磁场以同步速度 v_s 旋转时，次级感应板在磁场的切割下，产生感应电动势及感应电流，其电动势方向可通过右手定则确定。次级感应电流与磁场相互作用便产生了电磁推力，电磁推力的方向可按左手定则确定。由于次级感应板固定在轨道上，在这个电磁推力的作用下，初级直线电机沿行波磁场的反方向做直线运动。这就是直线电机的基本工作原理。

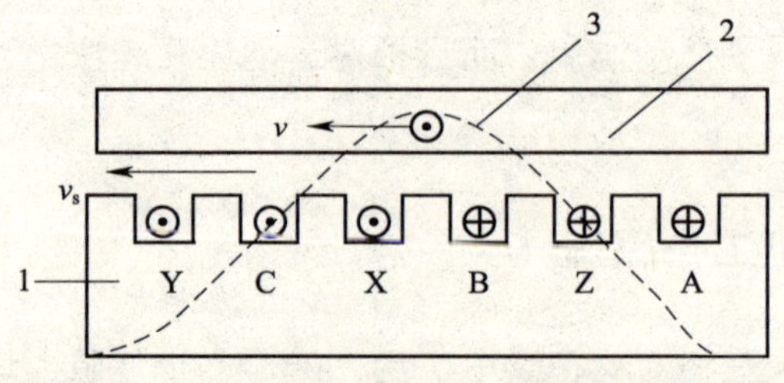

图 10—12 直线电机的基本工作原理

1—直线电机 2—感应板 3—行波磁场

若次级感应板移动的速度用 v 表示，转差率用 s 表示，则有：

$$s=\frac{v_s-v}{v_s}$$

$$v_s-v=sv_s$$

$$v=(1-s)v_s$$

由于直线电机悬挂在列车转向架上，列车速度即等于直线电机的移动速度。当转差率大于 0 时，电机的同步速度大于列车的实际运行速度，列车处于牵引状态，当转差率小于 0 时，电机的同步速度小于列车的实际运行速度，列车处于电制动状态。

第三节 牵引与电制动系统运用情况及其改进

一、运用情况

直线电机车辆牵引与电制动系统采用非黏着驱动，拥有爬坡能力强、通过曲线半径小等优势，但是也存在牵引能耗偏大、电机高度调整频繁、电机烧损等问题。

直线电机车辆牵引与电制动系统在实际运用中的主要问题如下：

(1) 直线电机气隙较旋转电机大，磁场边缘效应突出，车辆功率因数低，牵引能耗较大。

(2) 直线电机气隙控制标准较为严格，日常检修中电机高度调整作业要求高。

(3) 直线电机直接裸露安装在转向架底部，工作状态下磁场强度大，正线可能出现因吸附铁质异物造成的部件损坏。

(4) 直线电机既存在水平推力又存在垂向吸力，加重了轮对与钢轨间的挤压作用，而且运行线路曲线半径小，加快了轮轨关系的恶化速度。

二、运用问题及改进

1. 高速电制动特性优化

直线电机车辆电制动过程中部分能量无法及时被电网吸收，此部分能量将由地面吸收电阻进行吸收，且车辆所在位置越靠近地面吸收电阻，能量吸收效果越好。在远离地面吸收电阻的区段，高速电制动瞬间反馈的能量可能无法及时被正线地面吸收电阻吸收，导致列车滤波电容电压过高，VVVF 保护性封锁，牵引逆变器短时停止输出。

为了解决这一问题，可以通过调整高速制动阶段的 IGBT 输出控制频率和过压斩波通断比等手段，限制滤波电容电压的上升速度，使制动瞬间的电能反馈更加平稳，解决列车施加电制动时滤波电容电压过高导致的 VVVF 保护性封锁问题。

2. 直线电机温升改善策略

大中运量直线电机存在温升较高的问题，尤其是自然风冷直线电机，只能通过走行风冷却，温升情况更为突出。根据运行经验，电机温升对电机绝缘寿命有一定影响，当温升超出允许极限后将对内部绝缘造成不可逆转的破坏。为此，控制直线电机温升已成为直线电机牵引与电制动系统的重要研究方向。

现有温升改善策略主要包括：优化列车运行方式、增加冷却风机、改善冷却风道等。优化列车运行方式，在驾驶过程中增加惰行时间，减少加减速频率，可以缩短电机的实际工作时间，有效降低运行温升；安装冷却风机，使用强制风冷方式，加速热量扩散，可以提高冷却效率，降低运行温升；改良冷却风道设计，增加散热面积或流体风速，有效降低运行温升。

3. 感应板缺失区段的控制策略优化

因正线道岔区的存在，感应板的正线布置并不连续，当列车进入感应板不连续区域时，直线电机将无法正常发挥牵引力及电制动力。由于牵引控制系统不能直接判断感应板的连续状态，当感应板缺失时，系统误认为电机与感应板气隙增大，为了保证牵引力矩恒定，控制系统会提高电机的输入电流，如图 10—13 所示，经过感应板缺失区段时电机电流反馈和直流侧输入电流有明显上升。

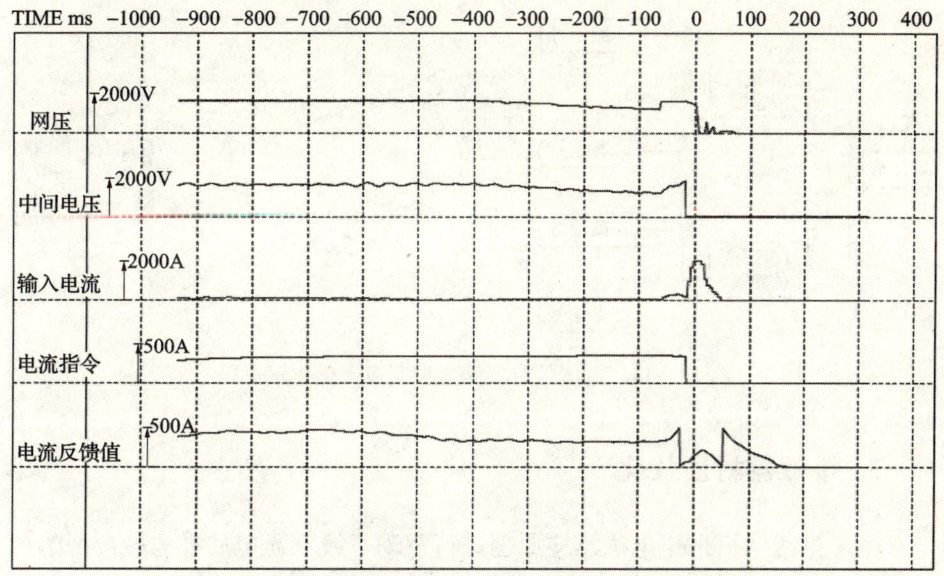

图 10—13　感应板缺失区段列车 VVVF 参数变化

感应板缺失会造成逆变器输出电流的异常变化，甚至导致 IGBT 模块爆裂。为了避免此类问题的出现，可以在牵引控制程序中对气隙变化时的电机电流幅值进行限制，降低其对逆变器的冲击。

4. 速度传感器测速控制逻辑优化

直线电机车辆牵引系统通常采用速度传感器测速，根据列车速度进行矢量控制。若列车速度检测不准，会直接影响牵引力矩的发挥。由于直线电机列车轮轨关系恶劣，车轮不圆度及轨道波磨发展较快，正线振动环境相对旋转电机更为复杂，传感器故障率相对较高。为了避免因传感器故障导致的测速问题，可对控制逻辑进行优化，增强系统的可靠性。

传统牵引系统速度采样逻辑为每节车采集一个速度传感器的两路信号进行控制，只要单个传感器出现故障，相应列车的牵引力即出现异常。为减少正线测速问题导致的牵引系统异常，可以将速度采样逻辑优化为两节车同时使用两个速度传感器的四路信号进行控制，只有当两个传感器全部故障时，两节车的牵引力才会同时出现异常，如图 10—14 所示。

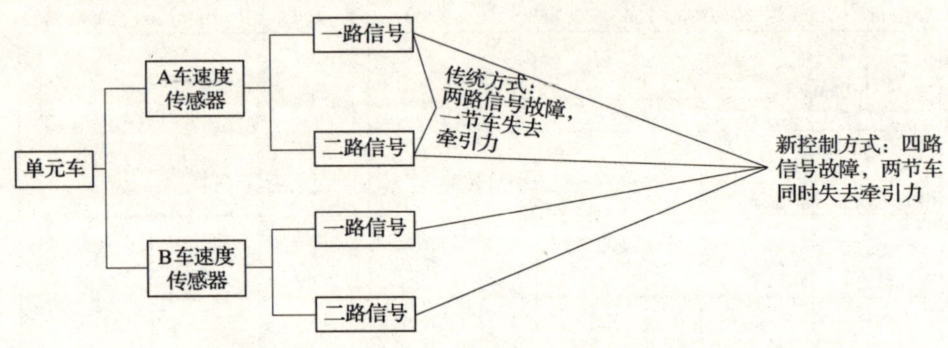

图 10—14　速度传感器测速控制逻辑优化示意图

5. 排障器材质优化

由于直线电机采用电磁感应原理进行驱动，线圈通电后在与感应板的气隙间形成不均匀的行波磁场，当排障器随电机在磁场中运动时，铁质底座切割磁场并产生涡流，长期涡流影响以及电机本体温升导致的环境温度较高，排障器底座温度持续偏高。受温升影响，橡胶排障器板的老化速度加快，运行寿命大大降低。

为了改善排障器底座的涡流情况，将底座材质更换为不锈钢材料，降低磁性及涡流影响，在正线运行过程中，底座温升也会大大降低，排障器板的使用环境可以得到有效改善。

另外将排障器板由橡胶板改为 PVC 材质，耐温性能得以提升，进一步提高了排障器板的使用寿命。

第四节 牵引与电制动系统检修与维护

一、检修维护要求

1. 日常维护要点

直线电机车辆牵引与电制动系统日常维护主要侧重于设备状态确认、部件清洁以及参数调整，其内容主要包括：

(1) 定期检查电机连接器状态，测量电机绝缘阻值。

检查电机连接器插头、插座，检查电机线圈表面有无异物，测量并记录电机连接器内三相插针对地的绝缘电阻。

(2) 定期检查电机安全鼻、排障器等零部件的状态，及时调整安全鼻高度、排障器高度。

检查电机安全鼻高度是否正常，保证其与车轴间的间隙在标准范围内。检查排障器底座及其紧固件状态，检查排障器板有无变形、断裂，排障器高度是否在标准范围内。

(3) 定期测量并调整电机高度，保证电机气隙。

电机气隙即直线电机与感应板的间隙，在日常应用中需根据线路情况及时调整电机高度，保证气隙在标准范围内。

(4) 定期检查线路接触器、充电接触器、高速断路器主触头使用状态。

线路接触器、充电接触器、高速断路器属于牵引与电制动系统中频繁动作的开关元件，在日常应用中应加强对主触头使用状态的检查及清洁，防止出现主触头接触不到位或异常烧损。

2. 架大修要点

(1) 在架修及以上规程中对电机进行彻底清洁，重新浸漆处理。

根据目前的运用经验，列车运营 5 年左右，在列车振动及温升等因素综合作用下，电机内部绝缘能力逐步下降，部分电机需要重新浸漆处理，以保证其绝缘性能。

(2) 大修规程中对接触器、高速断路器主触头进行更换。

根据目前运用经验，列车运营 10 年左右，接触器、断路器主触头在长期闭合撞击以及拉弧损伤等因素的综合作用下，主触头使用寿命到限，电气性能降低，因此需在车辆大修时全部更换。

二、直线电机气隙控制及监测

1. 电机气隙控制及调整

直线电机气隙与列车运行安全性和车辆能耗息息相关。如果气隙过小，就可能刮碰感应板，轻则导致电机和感应板损坏，重则可能发生列车脱轨；如果气隙过大，则电机能耗加大。

由于直线电机高度在运行过程中会随着车轮磨耗逐渐降低，电机气隙也逐渐减小，因此必须根据实际线路情况，制定电机高度的测量及调整周期。电机高度一般采用电机高度测量尺进行人工测量，为了保证测量精度，测量尺的校验、测量区域的轨道平整度和支撑刚度均有严格要求，一般直线电机气隙的标准范围为 9～12 mm；直线电机高度调整周期主要根据轮对磨耗情况进行确定，一般直线电机高度测量周期为 6 个月。直线电机高度测量方式如图 10—15 所示。

2. 直线电机监测方式

(1) 感应板高度监测

感应板高度监测主要用于排查感应板松动、位移、高度异常等问题，其原理为通过涡流传感器实时监测电机与感应板的距离，生成感应板的高度曲线，根据高度报警设定值及时进行故障提示。

图 10—15 电机高度测量

感应板高度监测的通用设备为间隙传感器和车载显示器，其中间隙传感器一般安装在直线电机端部，车载显示器一般安装在司机室。当间隙传感器下表面至感应板间的距离小于一定值时，车载显示界面将进行报警提示，如图 10—16 所示。

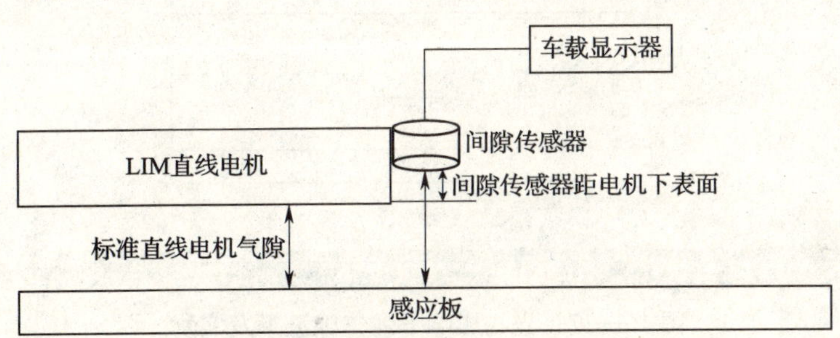

图 10—16 间隙传感器安装与检测示意

(2) 直线电机高度监测

气隙在线监测系统为实时监测直线电机高度的现代化系统，不仅能够准确检测电机高度数据，生成电机高度波形曲线，还可以实现电机高度过低过高报警，提高了故障发现能力，缩短了故障处理时间，大大降低了正线运行风险。气隙在线监测系统硬件设备通常布置在正线，客户端通常布置在检修调度处。以下对气隙在线监测系统的两个典型案例进行剖析。

1) 电机高度异常偏低。如果直线电机悬挂装置异常，整体电机高度将出现侧倾，如果电机线圈底部槽楔松出或黏着异物，部分电机高度将出现异常偏低。

示例：单个直线电机的高度波形如图 10—17 所示，上下两条曲线分别为气隙在线监测系统的左、右距离传感器输出波形。波形左侧为直线电机头端（排障器安装端），右侧为直线电机尾端（非排障器安装端），在电机尾端部分区域的高度数据有明显下降，且周围电机高度没有跟随下降趋势，此异常的可能因素为部分槽楔松出或电机底部黏着异物。由于槽楔与铁芯间隔排布，此波形中高度下降位置不仅包含槽楔，还包含铁芯，但铁芯为螺栓固定，基本不会出现下沉问题，因此直接判断为异物黏着，比如塑料袋。

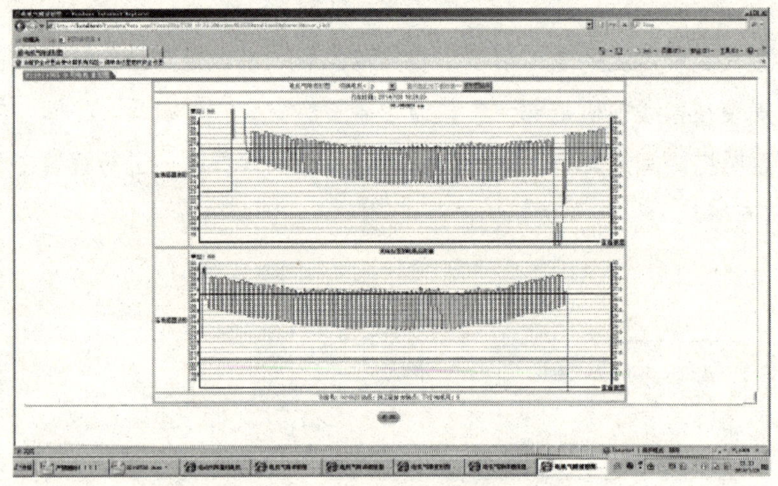

图 10—17　异物影响下的气隙波形及实物

2）电机高度波形波动。由于列车在低速时高度监测更为准确，因此气隙在线监测系统一般设置在站台附近。若低速时电机高度波形波动较大，说明此时悬挂梁橡胶异常或车轮不圆度较高，应依据情况及时进行检查或镟修。

示例：单个直线电机的电机高度波形如图 10—18 所示，由于电机两端分别对应转向架的两个轮对位置，此图显示电机底面集中偏向于单个轮对处有明显上下波动，电机底部无明显整体侧倾。此种情况属于典型的轮对圆跳动现象，当列车经过气隙监测装置时由于车轮失圆影响，电机气隙也被周期性抬升和降低，高度数据波形也呈现明显的周期性波动。

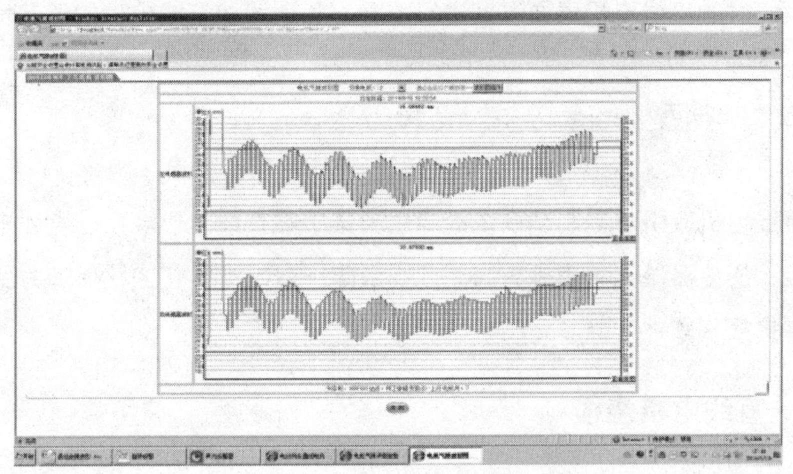

图 10—18　圆跳动偏大的气隙波形

(3) 直线电机温升监测

直线电机温升与其工作工况密切相关，持续工作时间过长或散热不良都可能导致电机温升过大。直线电机的实际温升超过允许温升后，电机线圈的绝缘寿命将随着温升的增加而降低，因此评估直线电机的实际温升是否在设计范围内是非常必要的，尤其是新车到货以及牵引软件升级后，直线电机温升需要再次进行评估。

最简单的电机温度检测方式为温度贴纸检测。把温度贴纸粘贴在电机底部硅钢条上，列车回库后可以根据贴纸示数直观地读取最高温度。该方式的优点为简单有效，缺点为温度示数误差大，不能实时查看温度检测值。

常用的正线运行温升数据采集方式为热电偶测温，在运行电机表面布置测量热电偶及其检测线缆。通过数据采集器将测试线缆采集的温度数值以曲线的形式显示在测量软件中。此种方式只能测量电机表面温升，实际使用时还需要将数据换算为内部温升。由于直线电机中部铁芯内部温升最高，为了优化测试方法，可以在电机制造过程中在铁芯内部预埋温度传感器，后续测量温升时只需要外接数据采集器和显示器，测量结果无须换算，准确度更高，测量方式更方便。

为了监测正线电机的温升情况，可以在线路旁安装正线温升监测设备，对所有经过的直线电机表面温度进行监测，长期跟踪直线电机的温升发展。

三、典型故障及其优化

直线电机牵引与电制动系统故障主要集中在直线电机烧损、直线电机槽楔下沉、逆变器单元故障等方面。此类故障一般发生在正线，处理方式主要是部件更换和软件升级。

1. 直线电机烧损

直线电机烧损对正线运营的影响为动力损失，电机烧损的主要原因为电机内部绝缘能力不足和正线异物入侵。在温升过高的条件下，电机绝缘寿命会大大降低；电机槽口在长期振动环境下，容易出现内部绝缘破坏；直线电机裸露安装在转向架底部，更易受到正线异物的撞击损坏。

直线电机烧损后只能通过更换电机处理。为了预防直线电机烧损故障，目前常用的处理方式为故障更换和定期浸漆。浸漆主要结合车辆架大修进行。使用真空压力设备浸漆，可以改善线圈内部的绝缘环境，此种方式短期内效果较好。故障更换主要结合实际检修开展，由于槽楔下沉电机在正线运行时的烧损率较高，通过对槽楔严重下沉电机的替换，减少故障隐患电机的数量，也可以达到降低故障的目的。

目前通常采用优化槽口绝缘以及更换新型电磁线的方式加强直线电机内部线圈的绝缘能力。电机制造时在线圈外层增加聚酰亚胺薄膜包裹，在线圈槽口处增加 NOMEX 纸防护，电机制造完成后在槽口涂覆硅胶等，可以有效提高槽口绝缘。前期直线电机电磁线主要采用双玻璃丝烧结线，即外层使用双层玻璃丝缠绕包裹的铜线，经过技术优化，现可使用耐电晕薄膜线替代，即外层使用聚酰亚胺薄膜等材料烧结成型的铜线。由于耐电晕薄膜线在高频脉冲下能保持较长的耐老化时间，且其耐脉冲电压、防水性能好，因此采用耐电晕薄膜线就能够很好地提升直线电机的绝缘性能。

2. 直线电机槽楔下沉

直线电机槽楔下沉对正线列车运行基本无影响，但存在安全隐患。槽楔下沉的主要原因为槽楔老化失效。由于电机运行时发热量较高，线圈冷热变化较快，槽楔在热胀冷缩效应的影响下，逐渐与安装槽楔的燕尾槽壁摩擦损耗，且由于燕尾槽的刚度大，槽楔板宽度逐渐磨损变窄，磨损量达到一定程度后会出现松动甚至脱落的情况。

针对槽楔下沉，现有处理手段为更换槽楔或更换电机，槽楔下沉直线电机的更换标准为槽楔底面距电机硅钢片底面的高度小于 1 mm。

3. 逆变器单元故障

逆变器单元故障对正线运营的影响为动力损失。由于第三轨受流方式限制，正线存在较多接触轨短轨和供电断口，列车在短轨和断口区段运行时会出现网压短时丢失的情况，此类区段称为断电区。列车以制动模式经过断电区时，电制动能量无法正常反馈至线网，滤波电容电压瞬间升高，导致 IGBT 元件承受较大的电压冲击，严重时甚至出现爆裂损坏。

通过软件升级可以降低逆变器单元的故障率。由于多数情况下，列车进入断电区后，受流器无法从电网获取电能，滤波电容电压会下降，若此时能够提高列车网压过低时的保护值，使逆变器在经过断电区时及时封锁，可大大降低电气元件的冲击损伤。

第十一章 列车控制

大中运量直线电机车辆与普通地铁车辆一样，通过列车控制技术实现列车运行过程中的各类连续控制，以及各类数据的实时传输。主要分为列车低压硬线控制和列车网络控制与诊断。列车低压硬线控制主要是由硬线和各类电气组成电路，以传递高低电平的方式实现控制与联锁。列车网络控制与诊断，通过网络传输方式实现大量信息交互，实现对各子系统的实时状态监视、控制与诊断。同时，列车低压硬线控制及网络控制均为信号系统实现列车自动驾驶和保护提供必要接口。

第一节　列车低压硬线控制

列车低压硬线控制是城轨车辆最基础最直接的控制形式，也是综合检测各类特定条件从而实现响应和联锁的基本实现方式。

一、低压硬线控制组成及整体结构

1. 低压硬线控制组成

大中运量直线电机车辆低压硬线控制电路由各类电气元件组成，主要有继电器、开关、按钮、接触器等。

（1）继电器

继电器在低压硬线控制中起着重要作用。列车上使用较多的是电磁继电器，当在电磁线圈两端施加额定电压时，由于电磁铁铁芯与衔铁间产生磁力，继电器动作，常开触点闭合，常闭触点断开，从而实现对应控制。此外，也使用时间继电器（实现延时吸合或延时断开）和欠压继电器（当继电器的一端电压低于其设定值时就会失电）等。

（2）开关、按钮

开关一般可分为普通旋转开关和钥匙开关。钥匙开关需要特定的钥匙才能打开或关闭，如司机台的钥匙开关需要用到主控钥匙。

按钮一般可分为普通按钮和拍打按钮。拍打按钮又叫“紧急制动按钮”或“蘑菇按钮”，拍打后会自锁，使触头保持在断开状态，逆时针方向旋转后复位。

（3）接触器

接触器是一种用来频繁地接通和分断主电路、辅助电路以及较大容量控制电路的自动切换电器，通断电流较大。一般在空调系统、空气压缩机、信号主机、客室照明设备等供电回路使用。

2. 低压硬线控制网络整体结构

通过将各类电气元件按实际所需的功能和条件进行合理组合，构成了不同的低压硬线控制回路。在实际使用中通过各类元件的触发和动作实现电路的得电与失电，从而达到控制的目的。各种控制回路搭配组合，形成了完善的列车低压硬线控制系统，其整体结构示意如图 11—1 所示。通过低压硬线连接，司控器的前向、后向、牵引、制动等不同指令，以及指令值大小、紧急制动列车线指令，可以传输至每一节车的制动系统和相应车的牵引系统，以实现列车最基本的牵引及制动功能控制。停放制动施加、缓解指令可以传输至每一节车的制动系统，以实现停放制动功能控制。降级模式、高加速模式、洗车模式指令可以传输至相应车的牵引系统，以实现特殊场合下的牵引控制功能。车门零速信号以及左、右开/关门指令，可直接传输至每一节车的左、右侧的每一个车门，以实现所有车门的同步开关门功能控制。

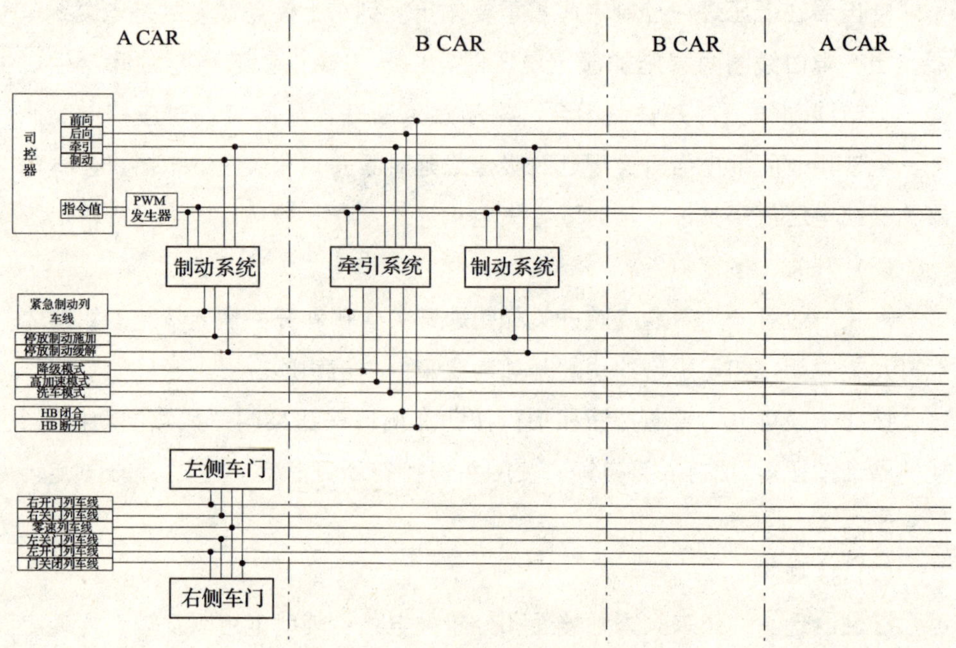

图 11—1　列车低压硬线控制结构示意

二、低压硬线控制功能

通过上述指令线的信号传递，再辅以各类电气，进而形成了不同的低压硬线控制回路。大中运量直线电机车辆主要的控制电路及其基本实现逻辑如下。

1. 紧急制动安全联锁控制

只有列车处于安全状态时，该回路才会缓解紧急制动，列车才能够牵引。如图 11—2 所示，该回路检测基本条件：

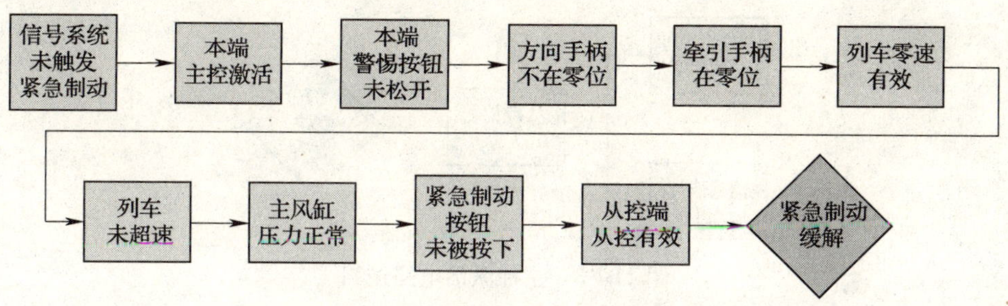

图 11—2 紧急制动控制电路逻辑

（1）信号系统未触发紧急制动。

（2）本端主控激活。

（3）本端警惕按钮未松开。列车自动驾驶（Automatic Train Operation，ATO）模式则无须此条件。

（4）司机将方向手柄推至前向位或后向位。信号自动折返时无须此条件。

（5）牵引手柄在零位。

（6）列车停稳，零速有效。

（7）列车未检测出存在超速的情况。

（8）主风缸压力正常。

（9）紧急制动按钮未被按下。

满足以上条件后，紧急制动即可缓解。

该电路也设置了自保持功能，一旦紧急制动实现缓解后，可以不必持续满足“牵引手柄在零位”和“列车停稳，零速有效”的条件，以便后续可以实现牵引指令控制。

2. 主控激活控制

通过主控钥匙的操作，实现列车主控端的选择与激活。主控的激活是列车实现后续一系列功能的基础。

本端主控激活的基本条件，如图 11—3 所示，主要需要以下两个条件：

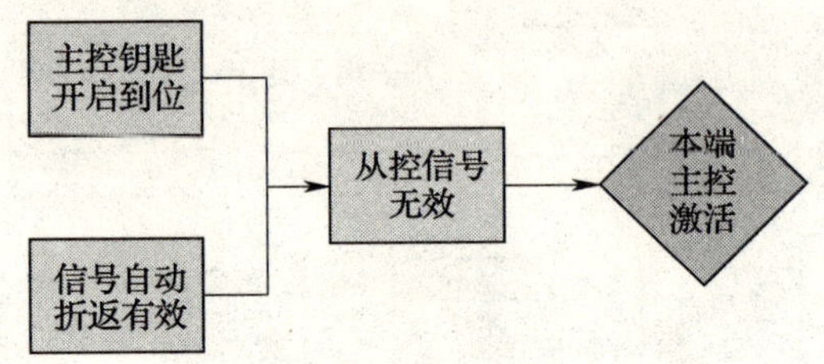

图 11—3 主控激活电路逻辑

(1) 需要插入主控钥匙，并且开启旋转到位；或是信号自动折返时（不需激活钥匙)，信号系统给出了折返的有效信号。

(2) 本端的从控信号无效。

满足以上条件后，本端司机室的主控激活。激活后，另一端司机室的从控信号就会有效，从而使得两端司机室的主控从控实现互锁，避免两端同时出现主控现象。

3. 操作模式控制

驾驶模式开关、司控器的组合，可实现列车各种驾驶模式的选择，包括自动驾驶、人工驾驶、带信号系统保护的人工驾驶、列车前向行驶、列车后退行驶等。

4. 牵引控制

通过向每个牵引系统输出列车前向/后向、牵引指令、牵引力/制动力需求值以及本节车载重量等信息，使牵引系统实现牵引力/电制动力的计算及输出。

以牵引指令发出为例，如图 11—4 所示，其基本条件是：

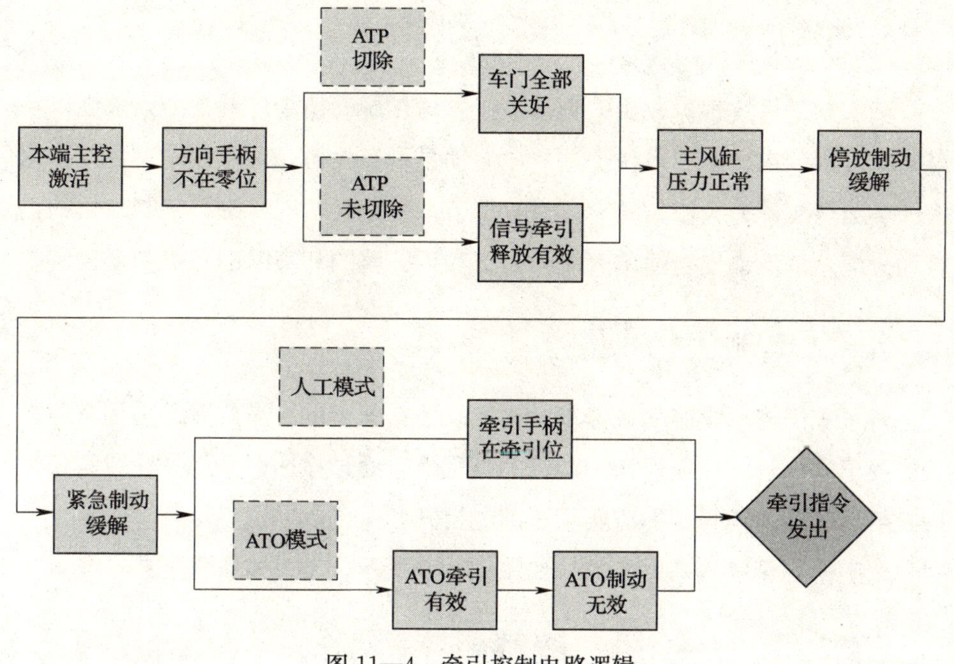

图 11—4 牵引控制电路逻辑

（1）本端主控激活。

（2）司机将方向手柄推至前向位或后向位。

（3）若列车自动保护（Automatic Train Protection，ATP）模式被切除，则车门需全部关好；若 ATP 模式未切除，则需信号系统给出牵引释放的有效信号（信号系统也需参考车门等情况来给出）。

（4）主风缸压力正常。

（5）停放制动缓解。

（6）紧急制动缓解。

（7）人工驾驶模式下，牵引手柄须在牵引位；ATO 模式下，则由信号系统给出 ATO 牵引的有效信号，且不得给出 ATO 制动的信号。

满足以上条件后，牵引指令即可给出，并将其传输至牵引、制动、网络控制、网络诊断等系统设备。

5. 制动控制

列车制动系统根据收到的列车运行方向、制动指令、制动力请求值以及每节车收到的来自牵引系统反馈的电制动是否有效信号、电制动是否退出信号、实际电制动力大小，结合车速、每节车的载荷情况，进行气制动力的计算和分配，从而输出合适的气制动力，实现完整的和实时的各类制动控制。

6. 车门控制

对于车门控制电路来说，车门零速是非常重要的。车门零速是列车停稳后才发出的信号。在获得车门零速的基础上，通过按压开关门按钮或者信号系统给出开关门信号，即可实现车门的打开和关闭。

车门得到零速的基本条件，如图 11—5 所示，其基本条件是：

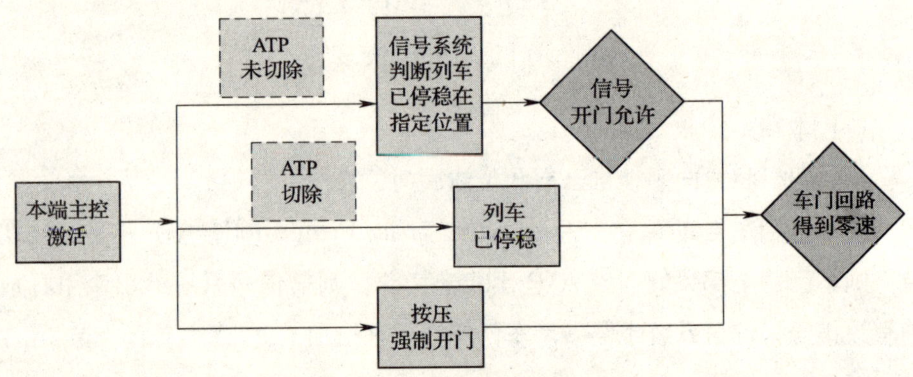

图 11—5　车门零速控制电路逻辑

(1) 本端主控激活。

(2) 若 ATP 未切除，则信号系统判断列车已停稳后，给出开门允许；若 ATP 切除，则列车在停稳时触发零速信号。在必要时也可按压强制开门按钮，给出零速信号。

满足以上条件后，车门回路即获得零速。这是车门实现开门控制的基础。

在上述基础上，车门打开的基本条件是信号系统给出开门信号，或是按压开门按钮，即可发出开门指令至所有车门，如图 11—6 所示。

若失去主控，或在开门状态时车门失去零速，或按压关门按钮后，车门将实现关闭。

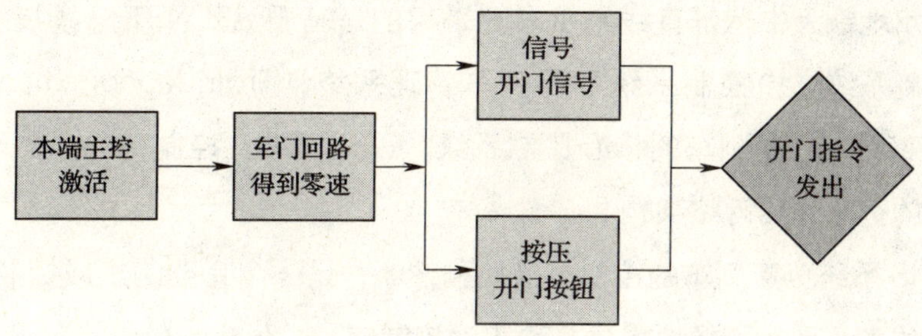

图 11—6 车门开门控制电路逻辑

第二节 列车网络控制与诊断

早期的地铁列车采用低压硬线电路控制方式，通过一系列开关元件（主要是继电器）的接通和断开来传递控制与检测信号，从而实现对列车各系统的控制，这种控制方法技术成熟，在各个地铁项目上的应用也比较广泛。随着工业化的发展，特别是计算机技术的发展，后续引入了网络控制技术，由中央控制单元进行整车各子系统的协调、控制，通过总线将中央控制单元与各子系统连接，包括牵引、制动、空调、车门等系统，进行控制信号、故障诊断信息等的传递。中央控制单元采用了微电子技术，用电路板取代了低压硬线控制电路中大量的中间继电器、时间继电器、计数器等器件，并用软件实现了上述功能，从而避免了继电器机械触点在使用过程中出现的机械磨损、电弧烧伤、卡滞等问题，提高了运行可靠性，延长了设备寿命，还大大减小了设备的体积，降低了设备能耗，减少了安装、布线的工作量。中央控制单元与分布于各节列车的子系统之间采用总线连接，采用编码的方式进行信息的传递，可以短时间传递大量的信息和数据，便于列车状态的记录。总线控制技术一般都具有完善的自诊断功能，便于快速查明系统以及各子系统的故障，同时各子系统也都呈现了集成化的趋势，总体实现了快速故障处理的能力。目前，地铁列车常使用的总线控制技术有如下几种：TCN 总线、WorldFip 总线、LonWorks 总线、ARCNET 总线。

广州地铁大中运量直线电机车辆采用的是基于 ARCNET 总线技术的分布式控制系统。该控制系统称为列车管理系统（Train Management System，TMS），它是列车的核心控制系统，采用以中央控制单元、本地单元为核心的列车通信网络架构。

TMS 系统负责列车的控制、监控和诊断，是一个完整的集成控制系统，为列车的各子系统和模块提供多种实时控制信号。列车的操作、车载系统的故障诊断、故障数据记录、事件分析和报告等功能都集成在一个分布式的智能系统中。

一、主要组成部件

中央控制单元（Central Control Unit，CCU）：一般位于司机室或 A 车，含有两个中央处理单元（Central Processing Unit，CPU）CPU1 和 CPU2，构成 ARCNET 网络系统中的两个节点。CPU1 执行整车的控制功能，CPU2 主要与本节车的各子系统进行数据交换。

本地单元（Local Unit，LU）：一般位于 B 车的电气箱体内，含有一个处理单元 CPU1。作为 ARCNET 网络中的一个节点，与网络中其余节点通信，并且负责与本节车各子系统进行数据交换。

事件记录仪（Event Recorder，ER）：负责持续跟踪记录与行车及司机操作密切相关的重要操作状态、设备状态、控制指令等的模拟量或数字量。

显示单元（Display Unit，DU）：位于司机室的司机台上，提供触摸输入的人机接口，并附带蜂鸣器提醒。

以上部件和各子系统控制器一起组成了完整的 TMS 系统。

二、列车网络控制

1. 网络控制原理

直线电机列车 ARCNET 总线控制系统的网络拓扑结构如图 11—7 所示。中央控制单元位于两端司机室，便于司机的操作和监控。各子系统，例如牵引系统、制动系统、空调系统、车门系统等，分布于各编组车辆上。中央控制单元与各子系统之间的控制指令、诊断信息、故障信息等主要依靠 ARCNET 总线进行传递。

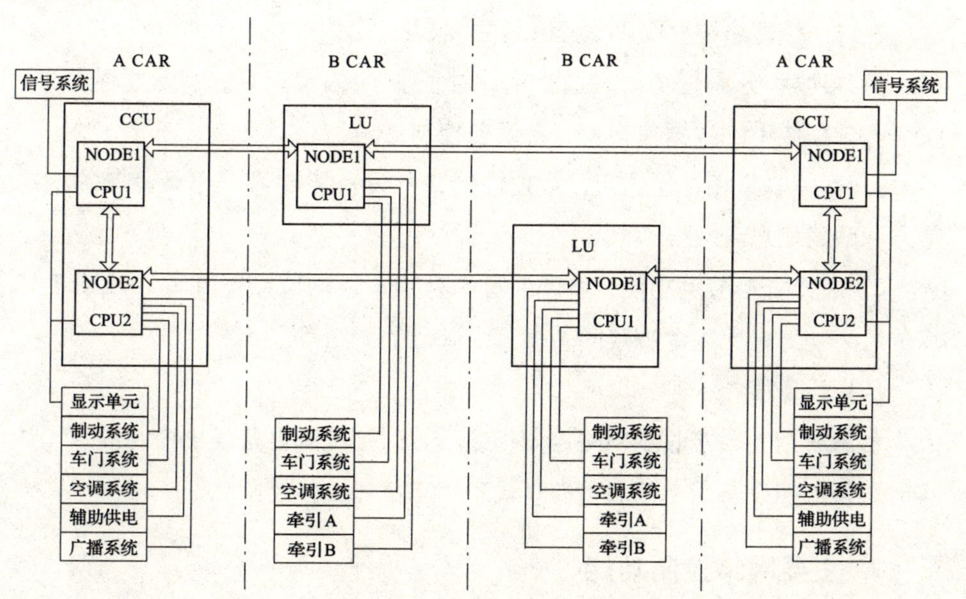

图 11—7 TMS 通信网络拓扑图

其由三级网络组成，实现列车的控制功能：

(1) 列车级

列车级网络由 CCU 和 LU 组成，采用环形连接，CCU 和 LU 中的每一个中央处理器 CPU 都是网络上的节点。基于 ARCNET 总线协议，采用令牌传递（Token Passing，TP）实现介质访问，令牌在各节点间按顺序传递。当一个节点获得令牌时，才有权发送信息，也可以向它的邻站传递令牌。

在列车级网络中，位于驾驶端 CCU 中的 CPU1 作为列车主控制器，实现整车的管理。包括向各子系统发布控制命令，收集信息实现列车状态的监控和故障诊断功能等。其余各节点实现与车辆级网络之间的数据交换。

(2) 车辆级

每节车组成一个车辆级网络，由 CCU 中的 CPU2 或者 LU 和相应车内的各系统控制器组成（包括牵引系统、制动系统、空调系统等）。CCU 或者 LU 为车辆级网络的主控制器，与各系统控制器之间采用星型连接方式，使用 RS－485 传输标准。

在这一级网络中，CCU 或者 LU 主要起三个作用：

1）接收和分割任务。在收到列车主控制器的信息后，将数据帧拆包，按任务分割成小的数据包转发给各设备控制器。

2）数据收集和存储作用，周期性轮询各设备控制器，记录设备的状态信息和故障信息。

3）ARCNET 节点功能，终端装置作为列车级的节点，具有 ARCNET 节点的所有功能，比如令牌接收转发、令牌网的重组等。

(3) 设备级

各系统控制器接收到网络控制指令后，对被控制设备发出控制信息，并实时采集被控设备状态信息，并将设备状态信息上传到网络。

2. 主要网络控制功能

通过上述网络，TMS 主要实现下述功能控制：

(1) 空调系统控制

司机可以在 TMS 显示屏设置空调系统工作模式、空调系统目标温度等。TMS 将这些命令发送给每节车的空调控制器。空调控制器执行相应的操作，并把结果反馈给 TMS 在显示屏上显示出来。

空调压缩机是由三相异步电机带动，如果电机同时启动，将会造成辅助逆变器瞬时过载。为避免此问题，TMS 每隔 10 s 发送 1 次空调启动信号，依次启动列车各节车辆上安装的空调。

（2）乘客信息系统控制

TMS 将线路运行信息（下一站代码、终点站代码、上下行、开门侧方向等）传输给乘客信息系统（Passenger Information System，PIS）。PIS 根据接收到的指令，在客室进行到站广播，在客室电子地图上输出到站信息。在自动报站模式下，TMS 收到来自信号系统的相关信号，并转发给 PIS；人工操作模式下，TMS 根据司机在 TMS 显示屏中设定的线路信息，将相关信号传输给 PIS。

此外，当司机在 TMS 显示屏中点选了相应序号的紧急广播项目后，TMS 将紧急广播编号信息传输给 PIS，PIS 播放相应的紧急广播音频。

（3）部分安全联锁

停放制动启动联锁：如果在任何一节车上施加了停放制动，TMS 将切除向牵引系统输出的牵引指令，避免抱闸动车的情况出现。当系统出现诊断故障时，可在司机显示屏操作，实现此功能的旁路。

牵引制动联锁：如果检测到任何一节的制动不缓解（其中由于制动风缸排气需要一定的时间，停放制动和保压制动的缓解允许有 4.5 s 的检测延时），TMS 切除向牵引系统输出的牵引指令。可在司机显示屏操作，实现此功能的旁路。

三、列车网络诊断

除了控制功能外，TMS 系统的另一个重要功能是监控与诊断。

TMS 系统通过与子系统数据交换，实现对列车各子系统的状态显示、故障检测、故障记录等。大部分的监控信号通过车辆总线进行传输，但考虑到车辆总线传输故障的情况，重要的信号（例如控制单元严重故障）仍然要通过端口进行监控。

1. 列车状态监控与实时显示

TMS具有通信故障记录、在线检测系统、运行里程记录等功能，并可进行牵引、制动能耗测试和计算。同时安装有事件记录仪，对列车的各项重要状态和参数进行连续记录。TMS系统的显示屏上可显示列车所有子系统的运行状态，包括气制动施加/缓解、停放制动施加/缓解、车门状态、牵引逆变器工作状态、辅助逆变器工作状态、空调工作状态、蓄电池状态（包括电压、电流、温度)、列车总线状态等。此外，还可以显示列车性能、各子系统设备性能、软件版本信息、自检结果等其他重要信息。

该功能对于列车的正线运营和日常检修有着非常重要的意义。一方面，司机可以快速地得知列车运行状态，及时判断行驶情况；另一方面，检修人员通过对各子系统固定参数的检查，可以快速发现子系统异常情况及故障，及时做出对应处理。

2. 故障诊断

各子系统的故障由子系统自行检测并发送到TMS，TMS根据预先设定的诊断原则来对故障进行监测、诊断，并根据故障对子系统、列车性能和安全的影响，将故障分成不同的等级来报告给司机。

第三节　列车与信号系统接口

列车自动驾驶可以大幅减少司机的工作量，改善司机的工作条件；可以在保证列车安全的前提下，提高或改善列车平均运行速度、停车准确性和旅客舒适度等多项指标。信号系统负责实现自动驾驶，因此，大中运量直线电机车辆必须设计合理、有效的与信号系统的接口，来实现信号系统所需的各类控制及信息反馈。

一、信号系统主要车载设备

信号系统典型结构如图 11—8 所示。在采集车辆及轨旁等信息后，支持列车的自动驾驶，实时监控车辆状态，在车辆状态异常时（如超速、车门打开）自动采取保护措施。

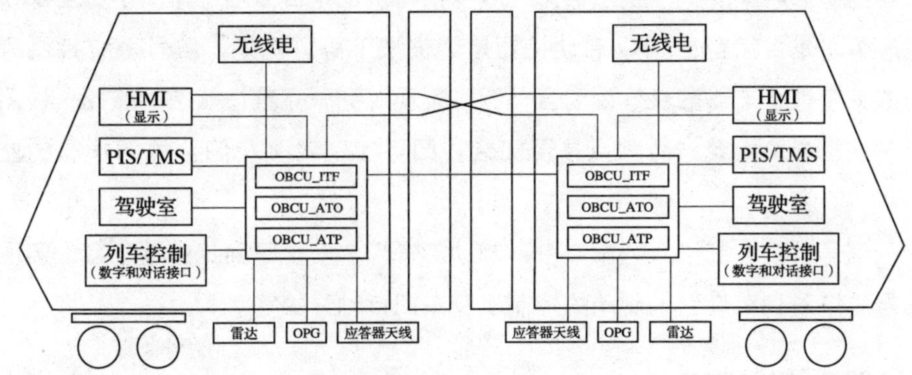

图 11—8 信号系统典型结构

车载信号设备主要由以下部件组成：

(1) 车载控制器（On-board Control Unit，OBCU)，分为 ATO、ATP 和接口（Interface，ITF）三部分。ATP 负责列车控制系统内涉及安全的控制和监控功能；ITF 执行其余的非安全功能，管理 OBCU 与应用部件之间的数据传输以及与轨旁设备的数据传输；ATO 部件执行列车的自动驾驶功能。

(2) 人机交互界面（Human-Machine-Interface，HMI)，显示列车状态和车载设备信息。

(3) 测速设备：雷达和里程表脉冲发生器（Odometer Pulse Generator，OPG)。为保证列车安全，信号系统提供了两种列车测速设备，用于列车速度的比对。雷达根据多普勒原理工作，安装在 A 车车体底部。OPG 安装在轴端，测量列车速度和列车方向。

(4) 应答器天线用于与轨旁设备无线交换数据。

二、接口功能控制

1. 低压硬线控制

信号系统通过接入列车低压控制电路，实现列车状态信息的收集和对列车的控制。收集的列车状态信息一般包括司机室是否激活、车门是否全部锁闭、列车是否完整、ATO 启动按钮是否被按下等。例如，信号系统检测列车的完整性继电器触点是否闭合，即可实现对列车完整性状态的监控；检测列车的门全关闭继电器触点是否闭合，即可实现对列车门全关闭状态的监控。

信号系统控制接入列车牵引、制动、车门、安全等回路的继电器，实现信号系统对列车牵引、制动的控制以及车门自动开关等。

2. 网络数据传输

此外，对于信息量较大的状态信息，信号系统与车辆 TMS 之间通常通过网络接口进行数据交换。

(1) 信号系统向车辆 TMS 传输的数据，一般包括：

1) 线路、车次号。

2) 下一站台代码、终点站台代码。

3) 离下一站台距离。

4) 列车到站开门侧方向。

5) 信号设备状态。

(2) 车辆 TMS 向信号系统传输的数据，一般包括：

1) 列车质量。

2) 制动系统状态。

3) 列车空转滑行状态。

第四节　列车控制运用情况及其改进

一、运用情况

从最开始的人工驾驶，逐步发展为目前高行车密度的自动驾驶，列车控制系统为列车运行的平稳可控发挥了重要的作用。

通过不断累积经验以及大中运量直线电机车辆检修作业的深入持续开展，低压硬线控制电路日趋完善，各类旁路、联锁功能齐备；网络控制及诊断功能稳定，未造成重大安全隐患、安全事件；与信号的接口也逐步成熟，信号自动驾驶及自动保护功能良好实现。

当然，随着系统运用时间的不断增长，一些不足也逐步显露。低压硬线电路早期的故障率较低，但是随着继电器等元器件的老化、接线的重复拔插，故障隐患点增多，故障率开始升高。部分信号没有受网络监控，致使一些故障的查找出现困难。列车布置的 110 V 信号线较多，慢慢出现老化，有出现损坏的可能，大修更换线缆的任务也比较繁重。

二、运用问题及改进

结合列车的故障情况和日常维修情况，一些部件或功能实现了技术改进。

1. 网络控制及诊断的改进

(1) 网络结构的升级

前期采用的列车网络结构如图 11—9 所示。作为整车控制的中央控制器 CPU1，和作为单节车主控的 CPU2 和 LU，都不具备完整的冗余功能，一旦出现故障，影响较大。因此，牵引、制动等对运营影响较大的控制功能仍然采用低压硬线控制方式。这样也造成了布线较多的问题，随着线缆的老化，为后续维修造成困难。接线多、控制器件多，也增加了故障率。

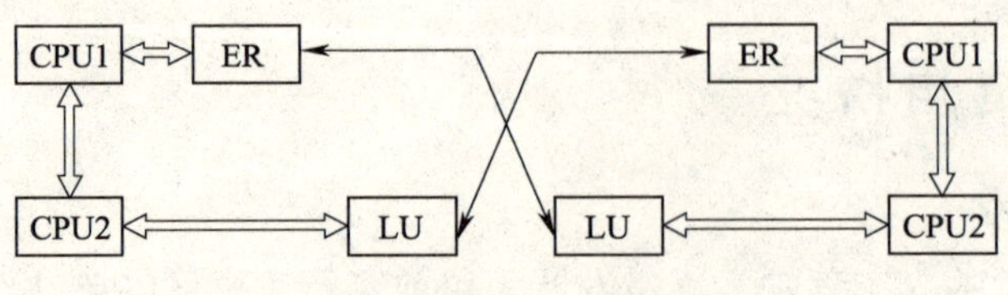

图 11—9 前期 TMS 网络结构

因此，对网络结构进行了改进，采用如图 11—10 所示的梯形网络结构。CPU1 作为单节车或者整列车的主控制器，一旦出现故障，CPU2 则能够完全实现其功能。在数据传输方面，整个网络可以按照如图 11—10 所示的箭头方向传输，一旦某个节点有断路，完全可以绕开传输，并不影响该节车的功能。

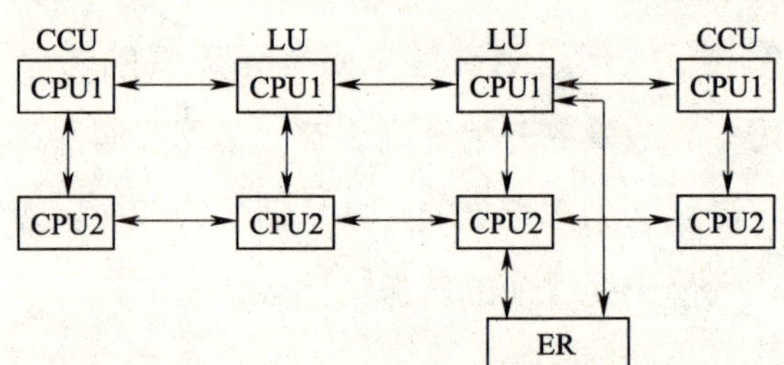

图 11—10 改进后的 TMS 网络结构

（2）网络控制功能的升级

网络可靠性的提高，使得牵引、制动等重要指令或数据通过网络传输成为可能。原牵引制动的脉冲宽度调制（Pulse Width Modulation，PWM）值的传输控制方式如图 11—11 所示，改进后的牵引制动 PWM 值传输控制方式如图 11—12 所示。升级后的列车网络控制系统，基本能够实现全部控制功能，使得布线大量减少，也减少了故障率以及故障分析的难度。

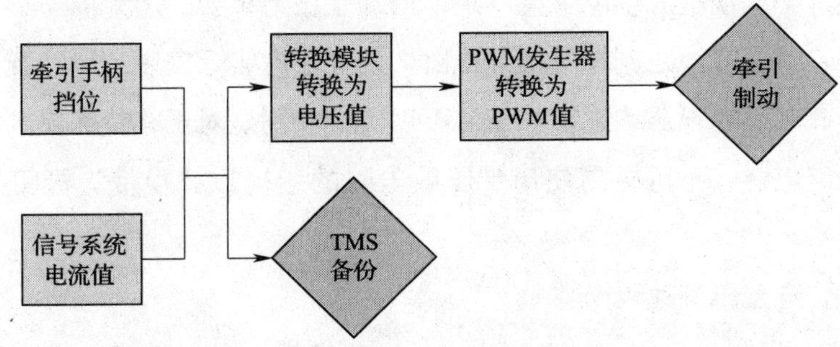

图 11—11　原牵引制动 PWM 值传输控制方式

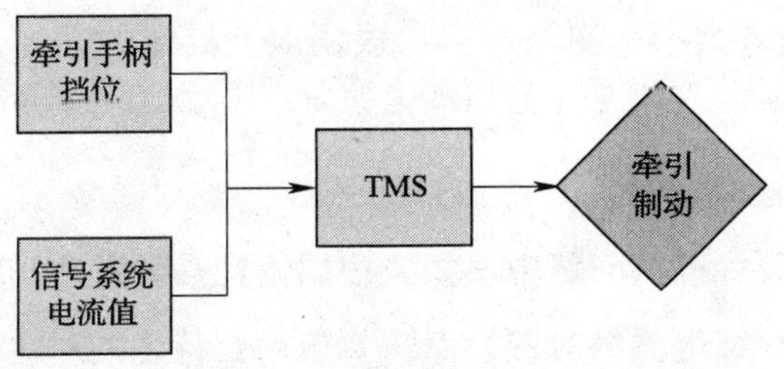

图 11—12　改进后的牵引制动 PWM 值传输控制方式

可见改进后减少了接线和控制器件，功能更直接，故障隐患更少。

(3) 网络诊断的改进

得益于前述的网络控制结构改进，网络诊断的冗余性也得到了保证，每节车单个 LU 故障不会丧失该节车的重要故障记录及控制记录。

此外，事件记录仪的性能，包括记录的数据数量、时间范围等，都得到了大幅提升，为故障原因的查找分析进一步提升了便利。

2. 继电器的选型与优化

继电器在低压控制回路的作用十分关键。由于继电器的品种和型号复杂繁多，随着运用经验的加深，对其选型及同步性要求等均提出了新的要求。

(1) 选型原则

继电器选型最重要的是适应其工作的负载及环境。通过实际测量，列车多数回路电流较低，而照明等大负载回路则较大；对于工作环境，是早期进行继电器选型或换型时可能考虑不足，但却是极为重要的因素。

同时，对既有线路列车更换继电器，还要考虑实际安装的尺寸及其经济性。对所有车型继电器均进行统一并不现实，特别是对于有特殊要求的与信号接口的继电器，不可轻易使用带压敏电阻的继电器替换带二极管的继电器。

因此，选型原则建议为：

1）先考虑工作环境：对于较恶劣的工作环境，必须采用全密封型继电器。

2）再考虑负载大小、回路电流：根据电流具体的大小，选择适用于大电流接触冲击或小电流持续得电的继电器类型。

（2）同步性要求

在同一低压硬线控制回路中，如果根据设计需要，需同时控制两个继电器得电，且这两个继电器的对应触点需要应用至特定的对比检测控制回路中时，需要避免采用不同品牌或型号差异很大的继电器。

这是由于不同品牌或型号差异很大的继电器在得电响应时间、控制对应触点动作的响应时间上，都存在较为明显的差异，若差异叠加，可能会超过特定的对比检测控制回路的检测要求，从而引起同步性故障。

因此，若同时得电的继电器的对应触点需要应用至特定的对比检测控制回路中时，建议应采用同品牌的、响应时间相同的继电器，以满足同步性要求。

第五节　列车控制检修与维护

一、检修维护要求

控制系统运用稳定且集成度较高，检修人员无须进行太多的检修维护，主要是一些检查、清洁、功能性试验作业等。

1. 日常维修要点

低压硬线控制回路需定期进行吸尘、清洁工作，检查外观和功能性，测试评估继电器，检查二极管是否反向击穿。

网络控制设备需定期开展外观清洁和检查。

根据各类数据分析和优化需求，需通过便携维护终端设备完成网络控制系统的数据上传、下载，查看系统各项参数，下载各子系统的数据进行设备参数检查、设备信息统计、设备故障分析。

此外，根据实际所需，可对空调运行温度、轮径值、日期时间等运营参数进行合理设置。可以通过显示屏来完成此功能。

2. 架大修要点

在上述基础上，关键部件需开展单独的性能测试及功能检验，一些部件还需根据评估结果或维护手册要求进行定额更换。

二、典型故障及其分析

在直线电机列车的多年运用中，网络控制、网络监控诊断的可靠性相对较高。低压控制回路整体也较为稳定，但相对网络系统而言故障次数较多，主要体现在继电器等电气元件的故障上，且视部件所在回路的重要性不同，对正线运营造成的影响也不同，严重的将导致清客或救援。

典型故障及其分析如下：

1. 继电器故障

在多年运用期间，继电器故障并不少见，其中主要的故障表现有：

(1) 线圈烧损

故障后实测继电器线圈的阻值异常偏大。与信号电路存在接口的继电器故障占比最大，对于列车 ATO 驾驶带来较大影响；牵引指令和紧急制动回路的也偶有发生，前者容易造成无法动车，后者容易造成紧急制动无法缓解，均对正线运营造成较大影响，甚至清客、救援。究其故障原因，其中生产工艺水平是极其关键的因素。此前较多继电器线圈故障的原因在于线圈引线的工艺不够细致、与限位槽之间的间隙不足、焊点位置也不够统一，在长期运用后容易出现引线烧损，造成线圈断路，无法正常得电。

（2）触点卡滞或动作不良

故障后虽然线圈能够正常得电，但继电器触点并未正常动作；或是虽然线圈能够正常失电，但继电器触点并未正常恢复。该类情况通常影响某一单一控制回路的动作和响应，也较容易造成无法动车、无法开门等对正线运营造成影响较大的故障。结合各类检测分析结果来看，触点的接触面由于灰尘或其他异物对触点接触造成的影响较多，也有部分是继电器内部驱动机构异常造成的。

目前的解决方法，一方面是提高部件选型的质量可靠性，督促厂家优化工艺，并避免采购已知存在问题的批次；另一方面完善各类旁路设置，使得重要的、关键的继电器万一在发生故障时，通过合理地、遵循规则地操作对应的旁路开关，可以达到旁路效果，使得所在回路能够重新得电，不至于使得列车因紧急制动不能缓解或牵引指令无法发出而导致清客救援。

2. TMS 逻辑错误

TMS 逻辑错误的故障类型较多。例如，部分 TMS 屏曾出现多起死机故障，故障时 TMS 屏的画面卡滞、无反应，进入死机状态，影响司机正常驾驶，故障的原因是内部 Flash 在短时间内由于频繁操作而偶发产生写入错误；也曾出现 TMS 发送给制动系统的电制动有效信号在 TMS 内部进行了错误的判定处理（修改了输出的数据），使得制动系统接收到的电制动有效的车厢数量与牵引系统发出的不一致，从而计算得出与实际所需不一致大小的电制动力，牵引系统接收后对未收到电制动力大小要求的车厢执行默认电制动力，最终使得各节车厢电制动力不平衡，间接导致列车对标不准；还曾出现 TMS 在计算列车减速度时将分母置“0”，导致逻辑错误，最终死机的情况。

针对此类逻辑问题，通过优化软件计算逻辑或优化对 Flash 的操作频率，可以使故障得到解决。

3. 司机显示屏触控故障

部分司机显示屏曾出现多起屏幕部分区域无法触控的故障（非故障区域可以触控)，影响司机正常驾驶。故障的原因是触摸屏中使用的保护膜在生产前吸入过量湿气而提高了触摸层的电阻值，使得对于触控的反应不灵敏。

后续已针对该故障，对显示屏的触摸层统一由非结晶型换型改造为结晶型，减少湿气吸入，使得该故障得到了解决。

第十二章 乘客信息系统

乘客信息系统可以为乘客提供直观、高效和人性化的服务，使乘客及时、准确地了解运营服务、应急指引等信息。早期的信息系统只有简单的文字导向和宣传告示，引导乘客乘车。随着计算机网络技术的飞速发展，目前信息系统采用最新的显示技术、先进的通信技术及智能的管理技术，使之成为相对独立的多功能乘客服务系统。直线电机车辆的乘客信息系统在设计上无特殊要求。

乘客信息系统采用模块化结构，实现了智能化控制、网络化管理、数字化处理。通过广播、动态电子地图、媒体播放系统及视频监控系统协调工作，信息系统为乘客提供了必要的乘车服务信息、紧急操作信息，并有效地降低了司机的工作量。信息系统包含广播系统、动态电子地图、媒体播放系统及视频监控系统四大部分，本章主要介绍广播系统及动态电子地图。

第一节 广播系统

一、系统概述

1. 系统特点

广播系统作为列车乘客信息系统的重要组成部分，具有多音源（司机室话筒、预存储数字语音、OCC 无线电广播，视频系统音频信号），多语种（汉语普通话、汉语地方话、英语等），多信息（报站信息、越站信息、紧急通告、营运服务信息等）的乘客语音通告系统，能实现自动广播，并根据客室内噪声强度，自动调整广播音量。

2. 系统功能

本系统为列车有线广播系统，可提供以下 5 种由司机室控制的通信和音频信息，且优先级别可根据实际情况需要，进行修改设定：

（1）司机对客室广播。

（2）无线电广播。

（3）司机室之间的对讲。

（4）乘客紧急报警/通话。

（5）列车自动广播。

3. 系统原理

按实现功能区分，广播系统可分为操作设备、麦克风、系统主机、客室主机、乘客紧急报警器、扬声器及动态电子地图等。

从广播系统框图中可以看出，如图 12—1 所示，广播系统的连接分为三个层级：控制总线是信号传输的通道，包括广播开始、中断等命令以及站点信息由系统主机外部接口传送到客室主机，设备自诊断、故障信息传递等功能也依靠此通道完成；音频总线是将由系统主机内的音频文件播放的声音源（或 OCC 无线广播及司机室麦克风的音源）传送到客室主机放大，再由扬声器播出的通道；电源线负责提供各个设备间的工作电源。

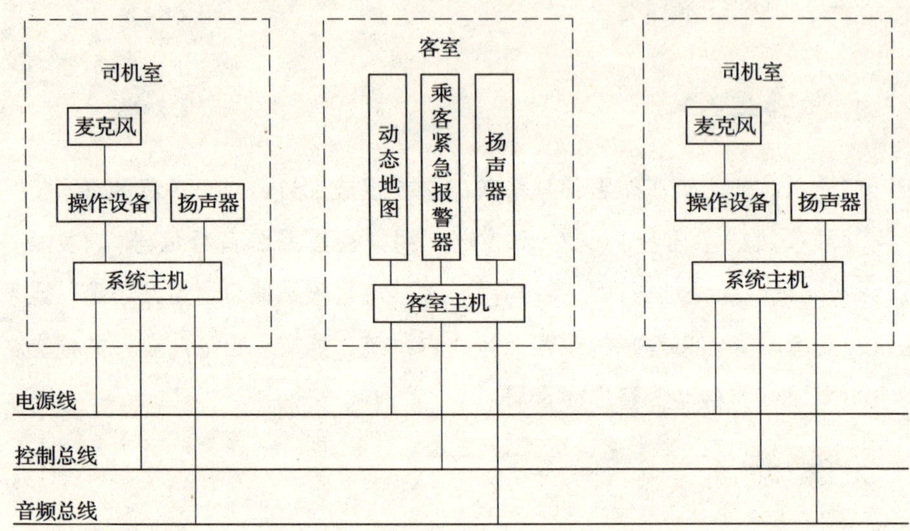

图 12—1　广播系统框图

二、系统结构

1. 系统设备介绍

以四节车辆编组为例，广播系统包含以下设备。

系统主机：电源模块，司机室中央控制器，功率放大器，广播控制盒，数字信息处理器。

客室主机：电源模块，功率放大器，客室中央控制器。

客室内设备：乘客紧急报警器，扬声器。

2. 模块功能介绍

(1) 电源模块

电源模块主要是将 DC 110 V 的供电变换为其他各模块所需的 DC 24 V 或 DC 12 V 供电电源。其特点是模块化，易拆装，便于维护。电源模块为高可靠性工业用电源，且两块电源模块互为备用，当其中的一块出现问题时，另一块能够保持设备继续正常工作。通过电源模块中的 DC/DC 变换器可实现广播系统与列车其他设备的电气隔离。电源模块提供 DC 24 V、DC 12 V 输出，在设备的配置上，采用双电源的设计概念，保证系统稳定运行。

(2) 司机室中央控制器

司机室中央控制器安装在两端司机室内，可实现备份冗余功能，主要负责整个系统功能的管理和调配，可集中控制列车数字式语音广播、动态电子地图显示和 LCD 多媒体控制器的相关信息显示等功能，具备系统故障诊断及记录功能。

司机室中央控制器还作为整个系统的总线通信管理，负责各设备间通信的正常运行，实现整列车不同设备间的信息交互。具有列车重连接口，在两列车重连时可实现两列车的广播和司机对讲功能。

(3) 客室中央控制器

客室中央控制器主要负责对所在车厢内的设备进行管理与通信，同时负责与司机室中央控制器的通信功能，控制车厢内的列车广播、动态电子地图显示，并控制乘客紧急报警器与广播控制盒之间通话，能够实现将故障上传至司机室中央控制器的功能。

客室中央控制器内部的对讲控制模块与列车音频总线连接，一方面接收来自于对讲总线的音频信号，转接至乘客紧急报警器，另一方面能接收乘客紧急报警器的音频信号，转接至对讲音频总线。

(4) 功率放大器

功放模块由功率放大器和噪声检测模块组成。其主要功能包括对广播音频信号的功率放大，平衡定压输出，车厢噪声检测及相应的音量调整。通常功率放大器可连接两路扬声器，当其中一路出现问题时，不应影响另一路工作，提高系统的冗余度。

功率放大器具有过流、过压、过温等多种保护电路，能够自动调整功放的工作状态，保持广播信号不受中断，适合于长时间连续运行。工作时功率放大器能够根据噪声检测模块采集传输过来的噪声信号，自动将播报音量调节到合适的值，通常在比环境噪声大 6 dB 到 10 dB 之间调整。

(5) 广播控制盒

广播控制盒是广播系统中人机信息交换的核心设备，包含显示屏及硬按键。通过广播控制盒面板可实现司机对讲、司机对客室广播、乘客紧急报警/通话、控制数字语音广播、设置线路信息等功能。

(6) 数字信息处理器

数字信息处理器用于存储、播放列车广播文件信息。可存储的信息包括系统参数信息、语音信息等。根据来自中央控制器的报站控制代码，数字信息处理器自动播放相应的语音信息。

(7) 客室紧急报警器

客室紧急报警器集话筒、扬声器、紧急报警按钮为一体。话筒通常设置为嵌入式电容电压型，紧急情况下，乘客可按下紧急报警按钮，实现与司机之间的通话。

三、控制软件使用和测试

广播系统控制软件初始界面上可选择中央控制器设置界面、客室紧急报警器设置界面、广播设置界面、广播控制盒设置界面等，在不同的界面可实现相关设备的参数设置和功能及状态测试，如主/从设定、广播音量设定、设备地址码设定、电子地图运行测试、TMS 控制自动报站、紧急广播测试等。

第二节　动态电子地图

一、系统概述

动态电子地图是新型的乘客导向管理系统，一般安装在列车客室内部。目前国内外轨道交通列车中，电子地图的安装已是十分普遍，可直观显示下一站、终点站、开门方向、换乘线路等信息。

现阶段国内外动态电子地图的种类较多，大致包含 LED 流水灯、LED 点阵显示屏、LCD 显示屏三种，以广州地铁目前运营线路为例，分别采用了前两种显示方式，具体如图 12—2、图 12—3 所示。

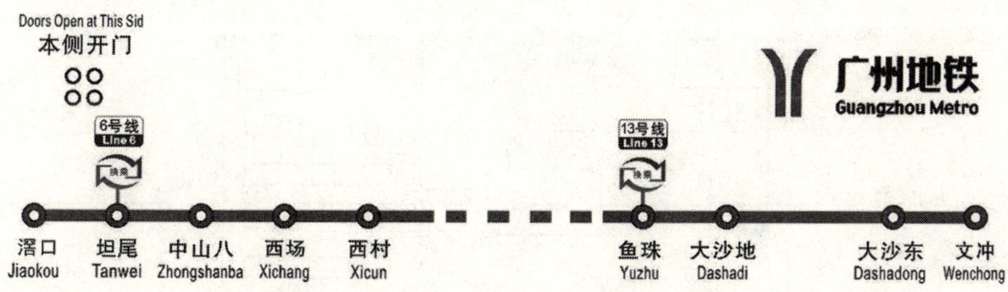

图 12—2　LED 流水灯显示形式电子地图

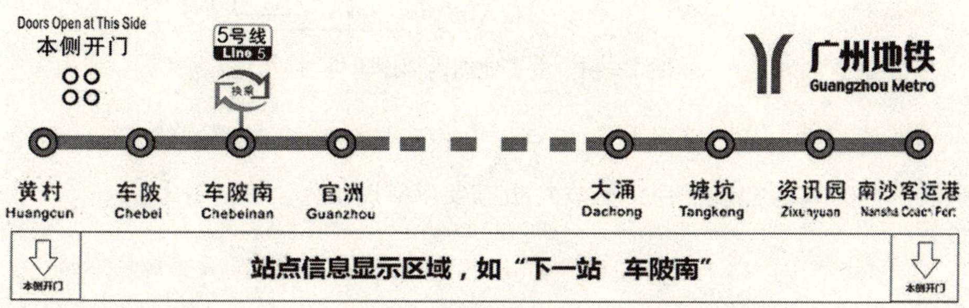

图 12—3　LED 点阵显示屏电子地图

一般而言，动态电子地图安装在车内每一扇客室门的正上方，每节车客室都配有相同数量的动态地图显示器，且安装位置相同。其显示器的电气部件集成在一个钢制箱体中，显示区配有一幅印刷的线路布置图，各种不同颜色的LED用于车站站名显示、列车行驶方向和开门侧。每个显示器配有一个独立的直流电源转换模块。

二、显示控制原理

以LED流水灯电子地图为例，其内部逻辑如图12—4所示，分别由连接器、电源模块、主控板及灯板组成。从功能上区分，连接器可分为通信和电源连接器两部分，其中通信部分实现与所在车厢内的中央控制器通信。电源模块是负责将DC 110 V转换为电子地图工作所需的DC 24 V。

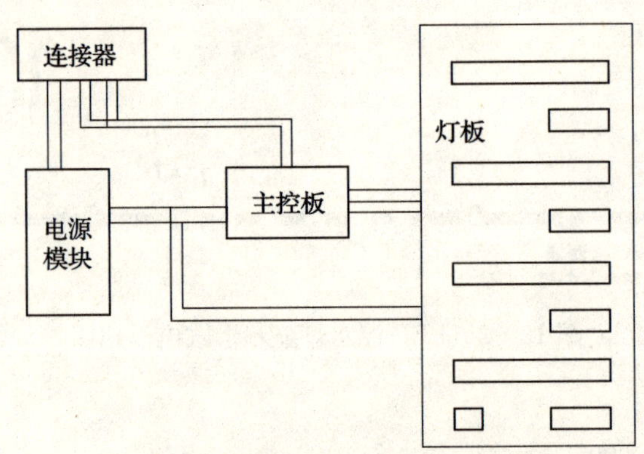

图12—4　电子地图内部逻辑框图

主控板是电子地图的核心部件，接收来自中央控制器的终点站、下一站、开门方向等控制信息，触发灯板按要求实时显示。

第三节　乘客信息系统运用情况与检修

一、运用情况

信息系统主要作用是播放列车到站动态、出行指南，使乘客及时了解列车到站信息，方便乘客换乘其他线路或了解出站信息。同时在发生紧急情况下，进行紧急广播，指挥乘客有序疏散。

信息系统在大中运量直线电机车辆中运用情况总体良好，系统可靠性较高。随着系统功能要求的提高，有针对性地对系统存在的问题进行了优化，且日常维护过程中重点要求加强对系统控制模块及其功能的检查。

二、运用问题及改进

在满足乘客出行需求的情况下，又要合理配置运能，地铁运营公司通常会采取大小交路的运营模式，既提高了设备的利用率，又节约了运营成本。交路模式包括单一交路、衔接交路、大小交路等。其中，单一交路是指列车在线路的两个终点站运行；衔接交路是指列车在线路的一个区间内运行，在线路中间车站分别折返；大小交路是指在线路上的某些区段内长短线列车共线运行，适用于各区段客流分布不均衡程度较大的情况。

为满足大小交路运营的需求，广播系统应能根据不同列车终点站播放不同的语音广播。司机室中央控制器控制不同的 I/O 端口，实现广播播报、停止及内容的选择，每个端口可控制两个音频段号，其中音频段号代表每一条音频广播，如 6 个端口可控制的最大段号为 2^6 个，即 64 个。以 18 个车站的线路为例，紧急广播按 20 条计算，单一交路情况下，所需的段号为 $2*18+20=56$ 个，大小交路情况下，以上下行运行线路各 5 条交路计算，所需音频段号的数量为 18 * 5 * 2 + 20 = 200 个。

若实现大小交路，司机室中央控制器及数字信息处理器的性能要求更高。司机室中央控制器具备充足的 I/O 端口，可采用性能较高的处理器，如 STR710F 系列 ARM 处理器。数字信息处理器要求支持的实际所需音频段号且保证一定的预留量，同时硬件的存储能力也要满足需求，如采用 8 G 或容量更大的存储卡。

司机室中央控制器与信息处理器之间的通信避免使用命令触发方式，一旦信息损坏或丢失，将会导致本次操作无效。建议采用过程数据方式将报站触发信号发送给数字信息处理器，定时发送相关数据信息，增强系统操作的可靠性。

三、系统检修

1. 维护要点

信息系统日常维护与架大修维护一致，主要有以下维护要点：

(1) 检查设备机箱外观及其相关接线，所有连接插头应牢固可靠。

(2) 清洁设备机箱，确保机箱无严重积尘现象，且要求在机箱周边做吸尘处理。

(3) 检查电子地图、扬声器外观及接线良好，试验电子地图能按指令要求准确显示，并检查扬声器功能。

(4) 检查乘客紧急报警器与司机室之间的通话功能。

(5) 操作司机室内设备可实现列车对讲、紧急广播、报站广播、司机室对客室广播等功能。

(6) 检查所有线缆与周边设备不存在相抗磨损现象，且线缆外皮完好无破损、老化。

(7) 检查并测量广播音量，如超出要求标准范围则需要进行适当调整。

2. 广播音量调整维护

广播系统的宗旨是让乘客及时地了解到站、应急及临时性信息，因此广播音量的大小显得尤为重要。日常维护过程中，维修人员需定期测量广播音量值，一旦测量值不在规定范围内时，则需进行适当调整。

（1）广播音量测试方法

通常可采用分贝仪测量广播音量，为了确保测试的准确性，测量者需完成以下准备工作：提前关闭所有列车车门及空调、校正分贝仪。

测试地点要求位于客室中间且距地板面高度为 1.5 m 处，选取合适的挡位后便可开始测试，测量者记录 10 s 内出现频率最高的值作为测量值。

（2）音量调整

如果测量值不在规定范围（可根据实际情况适当调整）之内，则需要调整音量，调整方法可分为以下两种：

1）通过软件调整，利用专用的调试软件，向中央控制器输入指令后调整音量大小。

2）通过硬件调整，调节相应车厢中广播功率放大器的音量电位器。

完成音量调整后，需再次按相同方法测量音量值，前后两次测量时，广播系统播报的内容及测试位置需要求一致。

3. 电子地图维护

每一节车厢中的动态电子地图在设计上都有一个唯一的物理地址。若需更换时，电子地图的物理地址与原设备保持一致，若不一致，可以通过维护终端软件设置修改，否则可能出现重复或左右位置参数错误，导致显示器显示错误。

电子地图上电工作后，可利用专用连接器与维护终端电脑连接。维修人员启动维护软件后，在软件主界面上，可进行电子地图的参数设置和参考故障处理建议，也可重新设置线路信息。

第十三章 列车运行能耗与节能技术运用

城市轨道交通系统运营能耗一般包括列车运行能耗和车站运营能耗，其中列车运行能耗是运营能耗的重要组成部分。由于直线电机效率较低，大中运量直线电机车辆运行能耗要高于普通旋转电机车辆。研究影响能耗的各项因素，特别是影响直线电机车辆运行能耗的因素，积极采用节能技术，对于促进轨道交通可持续发展，推广直线电机车辆的运用具有重要的现实意义。

第一节　列车运行能耗分析

一、列车运行能耗组成

根据我国轨道交通能耗的统计数据，列车运行能耗是构成轨道交通系统运营能耗的主要部分，约占总能耗的 50%。根据相关文献[1]对列车运行过程中的能量流及传输效率的研究结论如下：列车牵引方式及效率对总能耗的影响较大，其能耗损失约占列车运行过程中总能耗的 62.4%；车载辅助设备，如空调、通风、照明等能耗占总能耗的 19.4%；列车用于克服空气阻力、线路阻力和制动导致的动能损失占总能耗的 12.6%。

二、能耗影响因素分析

城市轨道交通是人、车、线路条件以及环境相互作用相互影响的复杂系统，所以影响系统能耗的因素也极其复杂，多年来国内外许多学者从不同方面进行了大量研究。根据相关文献[2]的研究结论：基础设施中对运行能耗造成影响的因素主要为列车属性和线路条件两部分。其中前者包括牵引动力特性、列车流线设计、车载辅助设备以及列车车辆类型；后者包括坡道设计、曲线半径以及站间距。

1. 牵引动力特性

按照牵引方式的不同，轨道交通列车可以分为旋转电机车辆、直线电机车辆和单轨车辆等，不同的牵引方式能耗效率差别较大。直线电机的功率因数和效率一般为 0.65，经过多年的研究改进，效率可以达到 0.7 左右，例如广州 6 号线直线电机效率为 0.73。旋转电机车辆传动系统的效率一般为 0.80～0.85（包括齿轮传动效率），两者效率相差 10%～20%。

2. 单位基本阻力方程

城市轨道交通列车运行的单位基本阻力方程近似为速度的一元二次函数方程形式 $f=A+B+C$，这种特性导致列车的运行阻力随着速度的增长而快速增长。对于不同型号的列车，流线设计的不同导致 A、B、C 三个参数的差异，引起基本阻力的差异，从而影响列车运行过程中克服阻力做功的消耗。单位基本阻力方程在速度较高的时候对列车能耗影响明显，因此列车选型应尽量采用流线型外形，避免在较高速度运行时造成较大的能耗损失。

3. 车载辅助设备

车载辅助设备对运行能耗的影响主要指在列车运行过程中，为保证旅客的舒适性、安全性而安装的车载辅助设备能耗，不同型号列车因设计标准的差异，车载辅助设备的数量和功能也存在一定差异。城市轨道交通列车除了包括空调、通风、照明等辅助设备外，通常还会配备动态电子地图、广播系统、客室 LCD、闭路电视等。

4. 列车车辆类型

城市轨道交通系统的车辆类型对运行能耗起着关键性的作用。车辆类型不同，不仅是指车辆大小尺寸及容量的区别，更重要的是车辆的自重、构造速度等技术指标有较大的区别，直接影响列车编组、输送能力等多个方面，从而影响整个系统的运行能耗。另外车辆自重越大，要求车辆的启动、制动力越大，电机耗电量越大。

列车选型对运行能耗的影响与列车运行速度密切相关，运行速度和其他条件相同的情况下，不同列车的能耗差异可达 19%，另外由于直线电机效率较低，直线电机车辆能耗一般高于 A 型车和 B 型车。

5. 坡道设计

坡道对运行能耗的影响主要表现在重力势能的改变上，列车在上坡道运行时，牵引力克服重力做功，能耗增加；在下坡道运行时，重力分量和牵引力在同一方向上做功，能耗减少。《地铁设计规范》（GB 50157—2013）规定：城市轨道交通线路正线的最大坡度宜采用 30‰，困难地段可采用 35‰。线路理想的纵断面是将车站设置在纵断面的凸形部位上，使列车进站时上坡，动能转换成势能，列车出站时下坡，再将势能转换为动能，这样有利于减少能耗。

根据研究试验，设置 10‰的节能坡，比在平直道上运行节省约 6.7%的能耗。特别是对于使用直线电机列车的线路，在进行线路纵断面设计时，可以充分利用直线电机爬坡能力强的特点设置节能坡。但在进站以及出站位置以外的坡道不仅不利于节能，列车经过时为了控制运行速度，往往需要额外进行牵引和制动，反而容易增加能耗。

6. 曲线半径

曲线半径是线路条件的重要组成，它与线路的性质、车辆性能、行车速度、地形地物条件等有关。曲线半径对能耗的影响主要是列车运行阻力增加，导致能耗增加。另外，曲线较多导致列车限速较多，直接导致列车更加频繁的牵引制动，从而增加车公里能耗。小曲线半径会导致列车运行能耗额外增加，但当曲线半径在 800 m 以上时，对列车运行能耗的影响几乎可忽略。

7. 站间距

为了获得相同的运行速度，在站间距比较短时，列车需要频繁进行大牵引和大制动，而站间距比较长时，可以延长较高速度时的惰行工况时间。惰行工况下单位距离能耗小于牵引工况。另外无论是旋转电机还是直线电机列车，再生制动返回的电能都不足以弥补牵引加速消耗的电能，站间距过短会导致列车频繁牵引和制动，导致能耗的增加。根据相关试验，在相同停站次数的情况下，列车单位距离运行能耗随着站间距的增加而递减，当站间距从 1.2 km 提高至 4.5 km 时，平均站间距每增加 0.5 km，能耗下降约 11.2%；但当站间距从 4.5 km 提高至 18 km 时，平均站间距每增加 0.5 km，能耗只下降约 1.5%。

8. 区间平均速度

区间平均速度是指列车在各区间段运行（不包括中间站停站时间）平均每小时的公里数，由于列车运行速度的增加会导致空气阻力急剧增加，能耗也会显著增加，因此城市轨道交通列车的速度应取适当值。速度过低难以满足高峰时段客流的运输需求和乘客对出行时间的要求；速度过高容易导致较高的运行能耗，造成交通资源和能源的浪费。根据相关试验，在 30～80 km/h 范围内，区间平均速度每提高 10 km/h，运行能耗增加约 15%。

三、部分地铁车辆能耗情况

2014 年广州各线列车运行能耗的分析见表 13—1，2 号线和 8 号线同为 A 型车，且采用同一厂家生产的同型号列车，平均站间距 2 号线比 8 号线长 0.31 km，车公里能耗 2 号线低于 8 号线约 9%；1 号线为采用旋转电机的 A 型车，4 号线为直线电机列车，同等情况下直线电机能耗高于旋转电机，但由于 4 号线站间距比 1 号线长 1.58 km，4 号线能耗反而低于 1 号线约 5%。

表 13—1　　2014 年广州地铁各线列车运行能耗

车型	线路	站点数量	总长（km）	平均站间距（km）	曲线数量	坡道数量	车公里能耗
A	1 号线	16	18.5	1.16	12	4	2.60
	2 号线	24	31.4	1.31	8	4	2.24
	8 号线	13	14.2	1.09	14	2	2.44
B	3 号线	16	32.9	2.06	10	5	2.18
	3 北线	13	33.2	2.55	4	0	1.92
直线电机车辆	4 号线	17	46.6	2.74	7	24	2.48
	5 号线	24	32.0	1.33	23	21	3.05
	6 号线	22	24.5	1.11	45	19	3.22

注：表中曲线为正线半径小于 400 m 的小曲线；坡道为正线大于 30‰的坡道。

采用直线电机的 4、5、6 号线列车能耗都较高，以广州 6 号线直线电机车辆为例，站间距仅为 1.11 km，正线半径小于 400 m 的曲线多达 45 个，大于 30‰的坡道多达 19 个，所以车公里能耗在线网中也是最高的。

直线电机车辆驱动方式为无黏着驱动，车辆爬坡、曲线通过能力强，一般也应用于线路条件复杂的地域，以广州地铁 4、5 号线为例，4 号线从大学城至南沙有一段近 30 km 的线路属市中心与卫星城相连的交通线，区域内河网密布，适宜采用高架线，这一独特的地形条件适合直线电机发挥所长，由于直线电机爬坡能力强，大大缩短了过河的引出线长度，减少了拆迁量。广州 5 号线横贯广州中心区，中心区高层建筑较多，车站位置及线路走向设计都十分困难，地下线路只能从高层建筑的桩基下绕行，导致线路左右盘旋上下起伏，选用直线电机车辆可以减少线路设计工作量，减少拆迁量，极大地降低造价。由于线路条件、车型难以更改，直线电机车辆必须从其他方面考虑节能措施。

第二节 列车节能技术

在线路条件和车型无法更改的情况下，对于直线电机车辆，可以采取提高直线电机效率、减轻车体质量等措施，另外对于轨道交通列车，还可以通过优化 ATO 控制、安装变频空调、使用 LED 节能灯、规范人员操作等措施降低能耗。

一、提高直线电机效率

直线电机不需要配套安装齿轮箱，避免了旋转电机将旋转运动转换为直线运动过程中产生的损耗。但为了避免运动过程中直线电机和感应板刮蹭，直线电机的气隙比旋转电机大，一般为 9 mm，而旋转电机气隙一般小于 0.5 mm。此外旋转电机的旋转磁场始终在闭合的环形气隙中运动，而对直线电机的行波磁场而言，存在一个入口端和一个出口端，不可避免地存在较大漏磁。

同时直线电机的次级（感应板）均用整块导体板制成，如图 13—1 所示，因此在次级导体板中所感应的电流是涡流，它不仅有横向的分量，还存在着纵向的分量。以上原因会引起直线电机气隙中移动磁场的畸变，造成电机的动力减小和损耗增加，所以直线电机功率因数和效率较低。

感应板作为直线电机的一部分，其结构对直线电机性能的发挥有很大影响。通过合理设计感应板的宽度、结构，能有效减少漏磁和涡流，提高直线电机效率。例如广州 6 号线使用的叠片式感应板，在增加感应板宽度以减少漏磁的同时，还将铁心设计为 18 块叠片，有效减小了涡流损耗，提高了电机牵引力矩，改善了直线电机牵引系统功率因数。静态通电试验证明，在导电板材料以及气隙条件相同的情况下，叠片式感应板的推力比整体式感应板的推力大，如图 13—2 所示。在额定电流 240 A 的情况下，推力约增大 5 kN。因此叠片式感应板的推力效果更优，在保证列车牵引力矩的情况下，能够降低电机电流的消耗，达到节能的目的。与整体式感应板相比，能耗能降低约 6%。

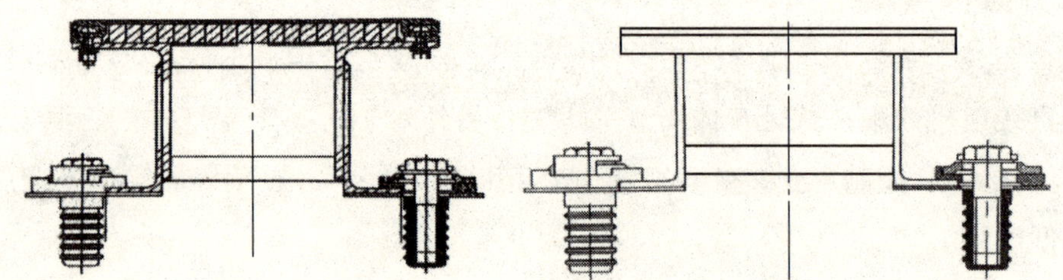

图 13—1　叠片式感应板（左）与整体式感应板（右）

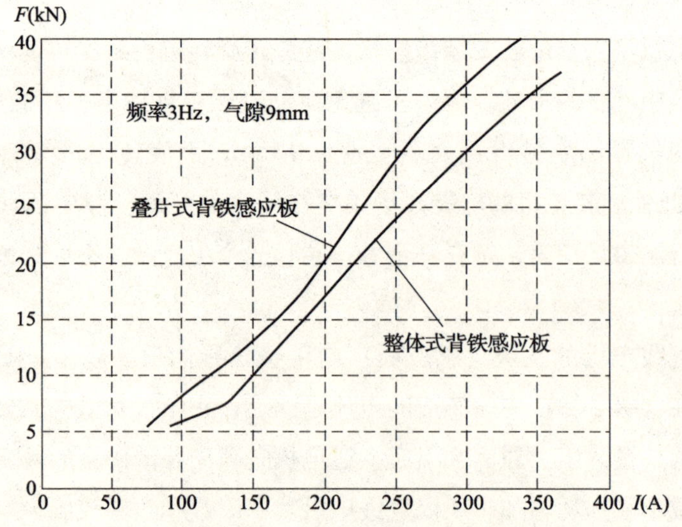

图 13—2　采用叠片式感应板的电机电流与推力的关系

二、减轻车体重量

直线电机工作时，不仅产生水平方向的牵引力，还会产生垂向吸引力。以广州地铁使用的某型号直线电机为例，单个电机最大牵引力约为 23 kN，最大垂向吸引力约为 37 kN。直线电机的垂向吸引力相当于增加了车体质量，增大了列车能耗。为减轻车体质量对能耗的影响，广州 4、5、6 号线直线电机车辆将制动电阻安装在变电所，此外广州 6 号线直线电机车辆还采取了多项减重措施：

（1）对内装墙板、照明灯具、风道布置等进行了优化设计，减重约 210 kg。

（2）立柱扶手、客室座椅骨架采用铝合金材料，减重约 180 kg。

（3）车下线槽和次地板安装优化设计安装，减重约 150 kg。

（4）其他优化减重约 60 kg。

减重措施完成后，每节车厢平均减重约 600 kg，A 车重量 29 514 kg，B 车重量 29 280 kg，车辆平均质量约 29.4 t。整列车减重 2.4 t，节能约 3.5%。

三、优化 ATO 控制

正常情况下，轨道交通列车在正线是以 ATO 模式自动运行的，ATC（列车自动控制系统）可以根据时刻表的要求，通过一定的控制策略，实时调整列车区间运行速度。由于区间运行速度的选择直接影响列车能耗，如果 ATC 能充分考虑列车当前速度、列车距目的站距离，同时还能综合考虑曲线和坡道的影响，使用最佳的控制策略，在确保列车准点到站的情况下，增加惰行时间，尽可能减少牵引和制动时间，将极大节约列车运行能耗。

实际运行时，一般在低峰期采用有 ATP 保护的人工驾驶，经验丰富的司机能够在保证列车准点到站的情况下，以最适宜的区间速度运行，减少牵引次数和牵引持续时间，增加惰行时间，从而减少列车能耗。

四、使用变频空调

变频空调是在定频空调的基础上应用变频控制系统，采用变频原理，利用变频器二次逆变得到的可变化交流电源来调节空调压缩机转速，从而改变管路中制冷剂循环量，控制空调机组输出能力。它的基本结构和制冷原理与普通的定频空调完全相同。变频空调的压缩机是自动进行变频变速的，它可以根据客室温度自动提供所需的冷量；当客室温度达到期望值后，空调压缩机则以能够准确保持这一温度的恒定速度运转，实现不停机运转，从而保证环境温度的稳定。采用变频空调后，一台机组一年可以节约 7 000 kW·h，一列 4 节编组的列车（16 台机组）可节约 112 000 kW·h。

五、安装 LED 节能灯

LED 全称为 Light Emitting Diode，是发光二极管的缩写。采用固体半导体芯片作为发光材料，是一种最新的发光源，其优点主要有：

1. 节能性好

地铁列车普遍采用的是 T8 荧光灯管，发光效率只有 80 lm/W，而且是 360°发光。为了提高光利用率，通常会在灯管上方设置反光板，反射的同时也会带来额外的损失。目前 LED 发光效率可以达到 110 lm/W，相对于荧光灯管高。而且 LED 发光具有方向性，其发光角度通常为 120°，所发的光均能有效利用，没有额外的损失。安装 LED 节能灯后，一列 4 节编组的列车一年可节约用电 21 000 kW·h。

2. 使用寿命长

荧光灯的理论使用寿命为 8 000～12 000 h，考虑到实际使用中频繁开关等因素，使得荧光灯容易烧损，实际使用寿命为 5 000 h 左右。而 LED 使用寿命在 50 000～80 000 h，相当于荧光灯的 10 倍以上。

3. 利于环保

荧光灯管中使用了剧毒的汞，在生产、使用（灯管破损）、回收过程中都有可能对环境造成污染。LED 的主要材料是硅、铜以及封装用的树脂，无汞污染，不会污染环境，也不会危害人体健康。

六、规范人员操作

通过规范作业人员的操作，例如在检修完成后及时关闭空调和照明、列车退出服务后关闭客室照明、在司机室内进行检修作业时只开头端空调等，在减少设备工作时间的同时，也能起到节能的效果。

第十四章 车辆段及其工艺设计

第一节　车辆段的设计要求

国外直线电机车辆检修场地一般较小。大中运量直线电机车辆的检修模式与 A、B 型车类似，车辆段面积比较大，但与 A、B 型车相比，其车辆段内的感应板铺设、道岔及线路设计、直线电机检修、设备限界等又有特殊的要求。

一、车辆段总体设计要求

直线电机车辆转弯半径小，爬坡能力强，所以，与 A、B 型车的车辆段相比，大中运量直线电机车辆的车辆段咽喉区和道岔区占地面积大大减少，车辆段可以设计得更加紧凑。

为了满足车辆动车要求，车辆段所有具备行车条件的线路均需要铺设感应板。

直线电机车辆段根据其规模大小主要有三种：车辆架大修基地、车辆定修段、停车场。车型相同的几条线路可共用一个架大修基地。如果一条线路过长或车辆过多，可在两端设两个车辆段，其中一个按定修段设计，另一个按停车场设计。

1. 停车场

直线电机车辆的停车场主要满足车辆日常停放和列车出入库要求，主要设存车线、洗车线和出入段线。一些停车场可根据所具备条件和需要增设部分检修功能。

存车线设接触网、感应板，端部设简易车挡。为了满足车底日常检查要求，部分存车线可设检修地沟。

洗车线设在平直线路上，满足列车外墙清洁要求。为了提升洗车效率，宜采用贯通式洗车线，完成洗车作业的列车不需折返，直接进存车线。不宜将洗车机设在出入段线上，以免影响出入车效率。

出入段线及道岔区可采用我国针对直线电机车辆设计的 50 kg/m 钢轨 5 号单开道岔，道岔导曲线半径为 60 m。车辆段内最小曲线半径也是 60 m，出入段线的最大坡度可达 80‰。采用有关技术可大大减少车辆段占地面积，也可大大缩短列车从正线进出车辆段的行驶距离。为了满足列车出入车辆段时行驶模式切换要求，出入段线与正线区域连接处设信号转换区。为了避免车辆段停电作业影响正线行车，出入段线还设隔离开关，将车辆段供电区与正线供电区隔离。如果列车采用受电弓和三轨受流的双制式方式受流，出入段线还需设弓靴转换区。

2. 车辆定修段

车辆定修段在停车场的功能基础上，增加开展年检和年检以下作业，以及部分临修作业的功能。在停车场基础上，一般需增设线路如下：检修线、镟轮线、临修线、静调线、试车线，以及工程车停放线、车辆装卸平台、材料装卸线等。

检修线一般设检修地沟和检修平台，以满足车底设备、车门和车顶设备检修要求，一般按可停车列位总数的20%左右设置。除开检修线，停车线也应设置一定数量的检修地沟，主要用于每日的直线电机外观检查、电机悬挂装置安全性检查，以及部分临时的电机高度调整作业。检修线需局部铺设感应板以满足动车要求。为了防止人员触电，宜采用微机五防闭锁系统对接触网的送断电、验电、挂地线作业以及车顶检修平台门的开闭作业进行自动联控防护。部分检修线宜设车间电源，以满足车辆静调作业要求。

镟轮线设不落轮镟床，不设接触网和感应板。一般采用工程车将待镟轮的列车推到镟轮线前端，再用公铁两用车将列车拉到镟床上方，逐步移动列车并完成镟轮。镟轮线应与其他轨行区有效绝缘，防止轨道电流导致设备放电烧蚀。直线电机车辆的镟轮线还应设检查坑，如图 14—1 所示，以便车辆镟修后检查或电机高度调整，防止镟轮后电机高度下降超限。

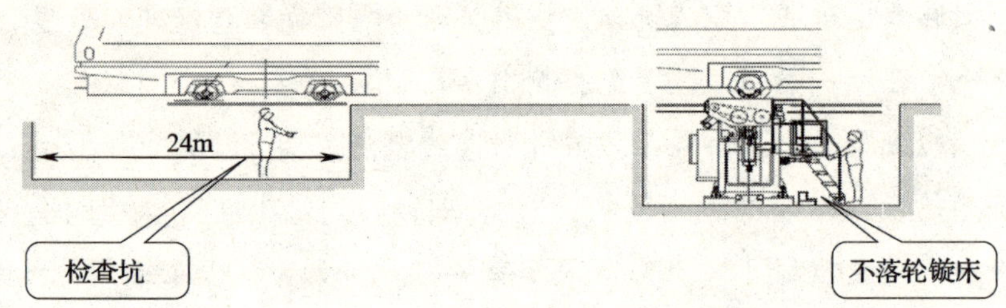

图 14—1　直线电机车辆镟轮线

临修线不设接触网，设架车机、天车以及配套的检修设备，如直线电机拆装设备、空压机、移动式车顶作业平台等。临修线需设部分部件存放场地，以满足直线电机及车底设备、车顶设备的拆装作业及周转件存放要求。

静调线除开设检修地沟和检修平台，还根据需要设车间电源、限界门、零轨、直线电机检测线等，以满足车辆临修或架大修后静态功能调试和整车尺寸测量要求。

3. 车辆架大修基地

车辆架大修基地在定修段基础上增设架大修库，并根据需要增设危险品仓库、车辆部件维修场地等，物资总库也需要适当扩大容量，使车辆段具备必要的零部件加工、部件维修、总装调试等功能。

广州地铁大中运量直线电机车辆的架大修基地是广州地铁鱼珠车辆段，具备五号线 62 列车的停放及其定修功能，以及广州地铁四号、五号、六号线直线电机车辆的架大修功能。车辆段总占地面积 25.68 公顷，其车辆检修区域的总体布局如图 14—2 所示。

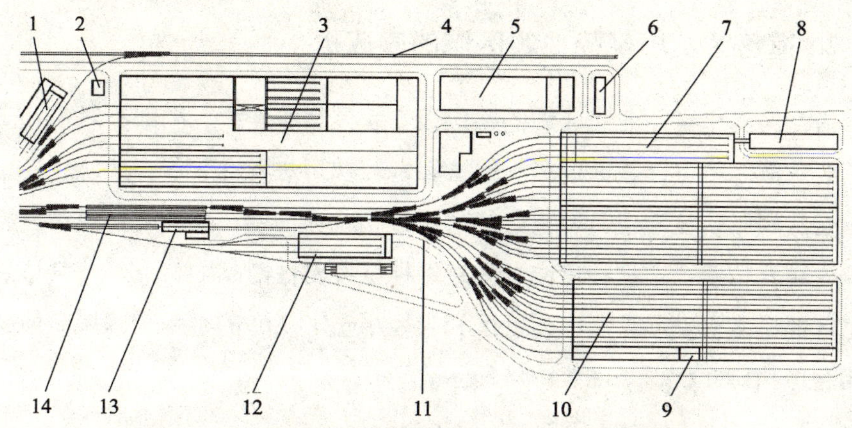

图 14—2　广州地铁鱼珠车辆段车辆检修区域总体布局

1—工程车检修库　2—压缩空气供给站　3—架大修库　4—试车线　5—物资总库　6—危险品库
7—检修库　8—运转综合楼　9—镟轮线　10—运用库　11—道岔区（合成树脂轨枕）
12—工程车整备库　13—洗车机　14—弓靴转换区（出入段线）

二、车辆段感应板铺设要求

为了防止异物刮伤电机和感应板，感应板安装区域要保证清洁，防止异物侵入。车辆牵引和制动过程中，直线电机对铁质异物具有很大吸力，感应板附近的铁质零件需具有良好的安装强度和防松设计。感应板承载能力有限，感应板上避免走人和安放设备，所以，车辆段的平交道应避免车辆进入，或在满足行车和检修的前提下不铺设感应板。

根据现场环境和检修要求不同，普通走行线、道岔区、检修线等不同线路的感应板铺设情况有所不同。

1. 普通走行线的感应板

列车普通走行线路及存车线的感应板安装在混凝土轨枕上，并尽可能采用长 5 m 的感应板连续铺设，避免不必要的错位和松动。轨枕中部需预埋感应板安装孔，用于安装感应板。感应板安装固定前需对感应板位置和高度进行调整，保证感应板尽可能对中，且高度范围为 15^{+1}_{-2} mm。

2. 道岔区及小半径曲线区域的感应板

道岔区及小半径曲线区域的感应板安装具有非连续、局部不对中和安装精度要求高等特点，普通混凝土轨枕和木轨枕无法满足要求。

合成树脂轨枕不但具有良好的耐腐蚀和减振性能，还具有可灵活调整长度和安装孔位置、定型精度高、安装螺栓抗拔出性能高的特点，非常适合于道岔区的感应板安装，所以道岔区和半径小于 110 m 的小半径区域一般要求使用合成树脂轨枕，如图 14—3 所示。

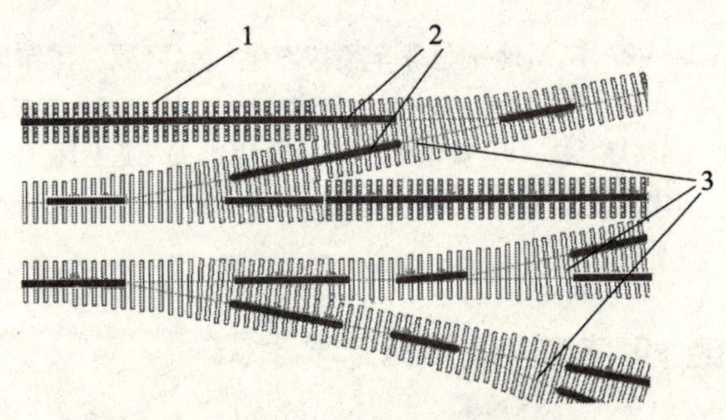

图 14—3　道岔区的感应板铺设要求

1—混凝土轨枕　2—感应板　3—合成树脂轨枕

3. 检修线的感应板

为了满足行车和检修要求，检修线的感应板铺设具有以下特点：

(1) 检修线设检修地沟，感应板安装在地沟中间的立柱上，如图 14—4 所示，感应板两侧的空间仍可满足地沟内的人员通过或进行一定的车底检查。

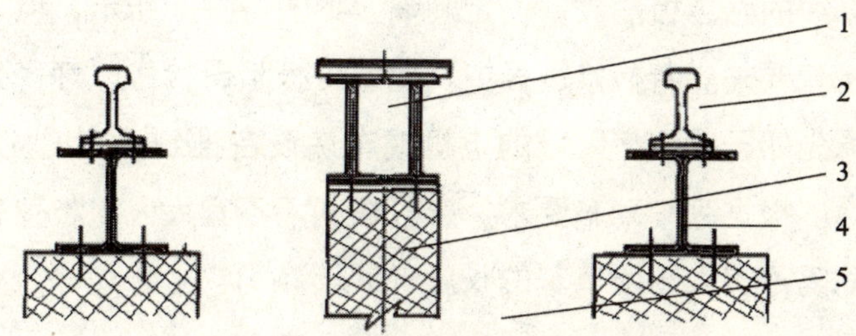

图 14—4　检修地沟的感应板安装方式

1—感应板　2—钢轨　3—立柱　4—工字梁（电机高度检测轨选用）　5—检修地沟

(2) 检修线的感应板连续长度一般要求大于两节车的长度，以满足列车正常动车要求。据设计，每个牵引逆变器控制一节车的两台直线电机，当其中一台直线电机不在感应板上时会导致其电流明显加大，电机的使用寿命容易受影响，这时，牵引逆变器会自动将该节车两台直线电机的牵引电流均减少到指令值的八分之一，此时，列车可能由于动力不足而无法动车，如图 14—5 所示。

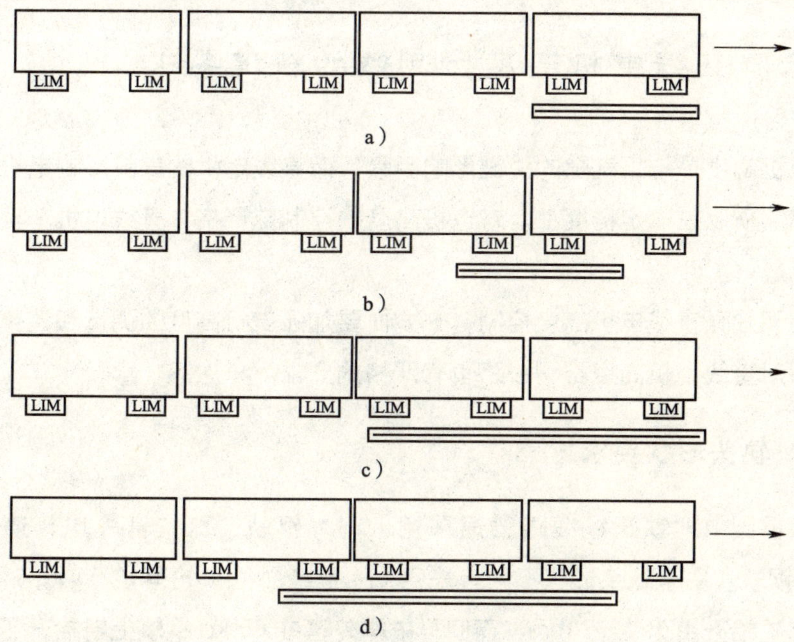

图 14—5　不同感应板长度对列车启动的影响

a）一节车两个电机区域都有感应板，可以启动　b）一节车只有一个电机区域有感应板，不能启动

c）、d）可以启动

(3) 检修线的感应板需具备一定间隔，如图 14—6 所示，用于满足车底部件和电机检查要求。若检修过程中发现感应板阻碍检修，可将列车移动一段距离，将原先处于感应板区域的电机或车底设备推到没有感应板的区域，继续进行检修。根据列车动车要求，感应板间隔不宜太大，若列车为四节编组，感应板间隔不得大于两节车的长度（35.52 m）。

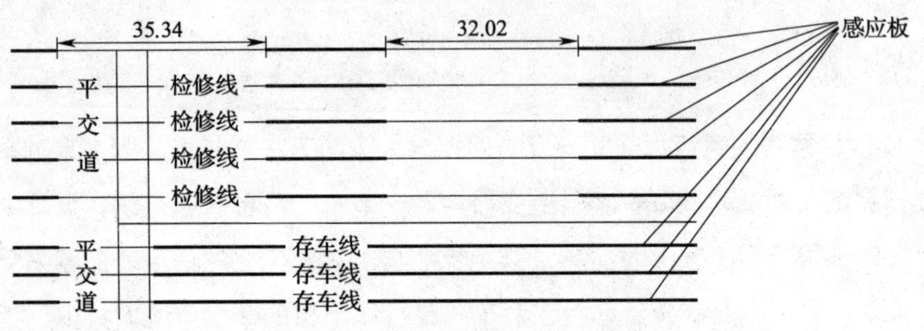

图 14—6　检修线感应板间隔情况

三、直线电机高度检测线的轨道要求

电机高度是电机气隙的关键影响因素，而直线电机的气隙影响电机效率和功率。所以在一定程度上，对电机高度的控制越严格，直线电机车辆的运用情况越好。

为了加强直线电机高度控制，一方面要加强电机高度的测量和调整，另一方面对直线电机高度检测线路也有严格的要求。

1. 轨头形状要求

目前国内地铁正线线路普遍采用 60 kg 钢轨，而车辆段均普遍采用 50 kg 钢轨。由于轨头形状不同，采用 LM 型踏面的车轮落在 50 kg 钢轨上时，车轮抬升量为 0.77 mm，而同样的车轮落在 60 kg 钢轨上时抬升量只有 0.06 mm，如图 14—7 所示，在 50 kg 钢轨上测量的电机高度要比 60 kg 钢轨上测量的电机高度大 0.71 mm。

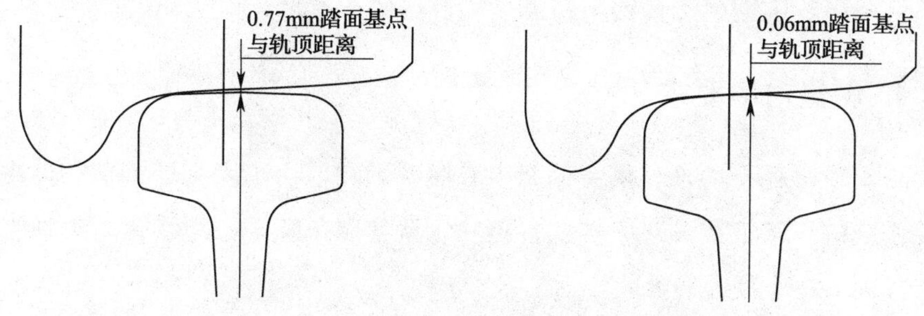

图 14—7　轨头形状对电机高度的影响

鉴于静态情况下直线电机气隙变化范围只有 1 mm，0. 71 mm 的测量偏差是不可忽略的，且车轮踏面磨耗加大时，该偏差值还可能更大。为了保证车辆段和正线的电机高度一致性，直线电机车辆的车辆段宜采用 60 kg 钢轨。但考虑到车辆段内电机振动和吸力都不大，一定的测量误差不影响行车安全，为了节约费用，可只在直线电机高度检测线采用 60 kg 钢轨，其他区域采用 50 kg 钢轨。

2. 钢轨支撑刚度要求

地铁正线线路的钢轨扣件间距一般不大于 650 mm。但为了便于检修作业，车辆段检修线的钢轨支撑柱间距一般较大，钢轨扣件间距普遍超过 1 200 mm，停放车辆后钢轨弯曲变形远大于正线，容易导致电机高度测量误差。为此，直线电机高度检测线的钢轨宜加大支撑柱密度，或在原立柱基础上加工字梁支撑钢轨，如图 14—4 所示，保证扣件间距小于 650 mm。

此外，直线电机高度检测线的钢轨底部不宜设减振垫，以免扣件预紧力不一致时导致车轮加载后钢轨沉降不一致，影响电机测量精度。

3. 轨面平整度要求

轨面的清洁和平整同样影响电机高度测量，要求理想情况下一个转向架范围内，线路纵向垂向偏差均不得超过 0. 2 mm。由于使用年限增加后线路会下沉，需要定期检测直线电机高度检测线的平整度。

4. 测量对中要求

若车轮磨耗不均，车辆会偏离中心线，影响电机高度测量，宜在直线电机检修线的车轮位置设对中挡块，挡块位置参照车辆中心距和转向架轴距设置，如图 14—8 所示。

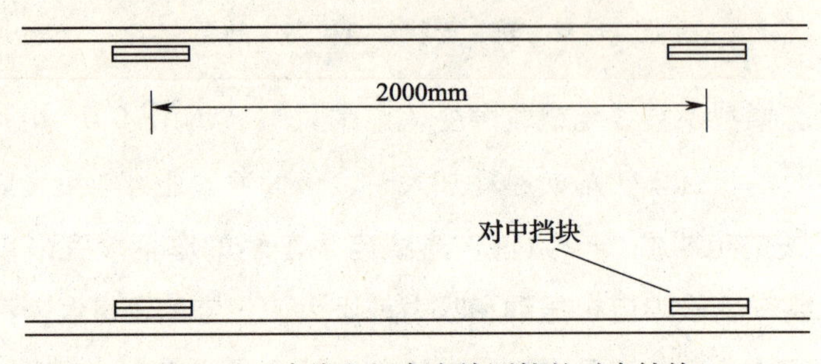

图 14—8　直线电机高度检测轨的对中挡块

四、车辆段设备限界要求

大中运量直线电机车辆宽度与 A、B 型车相近，但高度比 A、B 型车低 200 mm 左右，其设备限界顶部、检修平台及部分库房大门高度都比较低。其他车辆进入直线电机车辆车辆段运行或存放前，务必先进行限界核查，以免运行过程中刮碰沿线设备设施。

若车辆采用第三轨受流，各种轨旁设备安装时需考虑对集电靴的影响。在弯道或坡道上安装设备或施工时，更应考虑车辆运行过程的动态变化，防止设备侵限导致集电靴受损。

第二节　车辆检修设备设计要求

直线电机的电机线圈裸露缺乏防护，气隙要求高，且电机悬挂机构比较复杂，与其匹配的转向架结构也具有一定的特点。所以，直线电机车辆的检修应配备部分专用的检修设备，部分通用检修设备的设计和运用方面也应针对直线电机特点进行调整。

一、通用检修设备

大中运量直线电机车辆的检修模式与 A、B 型车类似，其主要检修设备包括所有 A、B 型车大部分检修设备，但不需要齿轮箱、联轴节等机械传动装置的专用检修设备。此外，由于直线电机车辆的特殊性，对车辆通用检修设备的设计和运用也有一定的特殊要求。

1. 不落轮镟床

镟轮过程中飞溅的切屑容易落在电机裸露的线圈上，长期振动后会导致电机绝缘破损，并导致电机烧损，所以，镟轮过程中应安装罩板对直线电机进行防护。

部分柔性转向架的轴箱处于轮对内侧，不能采用轮对端部夹持的方式固定轴箱。

若直线电机车辆采用三轨受流，不落轮镟床的车轮压爪应避免与集电靴产生干涉。

2. 架车机

大中运量直线电机车辆转向架中心距和轴距比较小，固定架车机机组距离和架车机车轮定位装置的间距要依照车辆尺寸设计。

对于移动式架车机，应该考虑直线电机车辆车体高度偏低的特点，适当降低架车机最低架车点高度。若直线电机车辆采用三轨受流，在架车机的运用中应避免集电靴与架车机干涉。

3. 工程车

直线电机车辆线路上运用的工程车应考虑以下特点：

(1) 工程车的转向架需要专门设计，适当减小轴距和二系悬挂的横向刚度，以满足通过小曲线的要求。

(2) 工程车的爬坡能力应适应直线电机车辆的线路，要求工程车在大坡道上牵引一列直线电机车辆时能安全启动和制动。为此，需要对工程车车重和动力进行核算，必要时增加撒沙装置提高轮轨黏着力，以提高工程车爬坡能力。

(3) 考虑到直线电机车钩高度只有 500 mm 左右，明显低于 A、B 型车的车钩高度，工程车连挂直线电机车辆的过渡车钩也要专门设计。

(4) 工程车的高度和宽度应适应直线电机车辆的设备限界，进入检修线时避免刮碰检修平台，在大坡道或大弯道位置更应考虑工程车与电客车的动力学不同点，防止动态情况下工程车侵限。

二、直线电机高度监测系统

若直线电机高度调整装置或直线电机悬挂装置失效，会导致电机沉降，轻则刮伤感应板，重则出现车辆出轨等严重状况。为了确保车辆运行过程中直线电机高度处于安全范围，需在直线电机车辆运行线路上设置直线电机高度监测系统，如图 14—9 所示，对通过监测点的车辆电机高度进行监测。

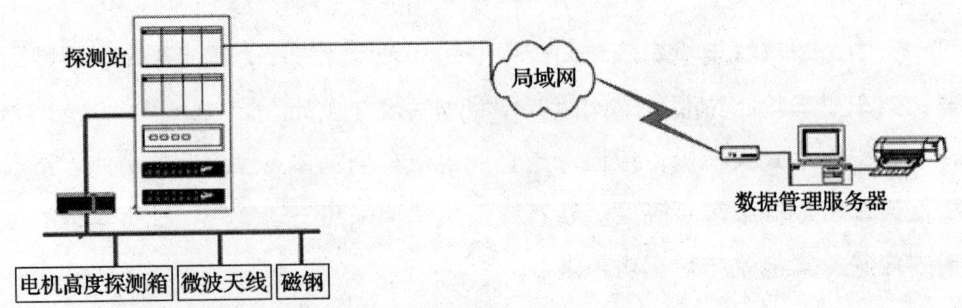

图 14—9　直线电机高度监测系统

直线电机高度监测系统主要由安装在线路上的现场探测传感设备、安装在正线设备房的探测站以及安装在车辆段车厂控制中心的数据管理服务器组成。为了尽早发现电机沉降苗头，一条线路上可多装几个直线电机高度监测点，不同监测点的数据可共用一个数据管理服务器。

监测系统通过安装在钢轨侧面的磁钢探测到来车信号后自动启动系统探测功能，并通过线路上的微波天线和车上的车号标签识别车号，通过安装在探测箱内的两个激光传感器扫描通过列车的直线电机底部高度信号，传输到监测区域附近探测站的数据服务器，形成连续的电机底部高度数据。探测站的数据服务器能将数据进行保存、对比、分析，以此识别高度异常的直线电机，并做出预警或报警的判断。有关分析结果和数据通过地铁内部设备局域网传到设于车厂控制中心的数据管理服务器，数据管理服务器可以提供各种数据浏览查询功能和报警功能，并提供电机底部高度数据报表和底部轮廓曲线，并可以查询和分析历史数据。

由于直线电机的异常振动会导致系统监测到的高度曲线波动加大，通过对比实测直线电机高度曲线和标准高度曲线，直线电机高度监测系统还可以监测电机悬挂系统减振失效或轮轨振动异常等情况，为车辆检修提供参考。

三、直线电机专用检修设备

直线电机的形状、工作原理和工况均与旋转电机有很大区别，应为直线电机建立一套维修模式，与之相配的检修设备也应专门设计。直线电机的大修需要更换线圈，建议送专业工厂实施。车辆维修部门主要的电机维修工作是日常检查、电机更换、电机清洗烘干、外观检查等，所需要配备的主要专用检修设备如下：

1. 电机日常检查设备

（1）电机高度测量尺

以轨面为基准，通过测量尺导轨上的数显测距仪测量电机底部高度。为了保证数据准确，每次使用前需用配套的校准仪对测量尺进行校准。

(2) 感应板高度测量尺

与电机高度测量尺类似，以轨面为基准，测量感应板高度。同样，每次使用前也要对测量尺进行校准。

2. 直线电机拆装设备

除开架车机及一般的拆卸工具，拆装直线电机还需专用的拆装设备，主要是轻便的电机移动小车或多功能的电动直线电机升降平台。

(1) 直线电机移动小车的使用要求

直线电机移动小车具有支撑和移动直线电机的功能，主要搭配固定架车机使用。固定架车机支撑车体后，可下降转向架将电机落在移动小车上，拆卸相关连接螺栓后，升起转向架，即可将直线电机与转向架分离。直线电机与转向架分离后，可通过电机移动小车将电机移出架车机，也可直接将电机拉往其他场地。反之，也可以将电机安装到转向架上。

(2) 电动直线电机升降平台的使用要求

电动直线电机升降平台不但具备支撑和移动直线电机的功能，还具备升降功能，可搭配固定架车机使用，也可放在检修地沟内搭配移动架车机使用。由于移动架车机只有顶升车体的作用，所以需要升降平台的升降功能将直线电机顶起或落下，以便拆卸直线电机。拆卸电机后将电机移出到地沟端部没有车体阻碍的位置，用天车将电机吊出。

3. 电机检修工作台

(1) 电机检修工作平台

用天车将直线电机吊放在电机检修工作平台上后，可以对电机进行检修，如拆装电机吊杆、拆装电机电源线等，也可在工作台上对电机进行清洁或补漆。

(2) 电机翻转架

如图 14—10 所示，由于电机底部不好检查，可以用直线电机翻转架将直线电机翻转，以检查电机底部外观情况，或进行必要的清洁和修补工作。

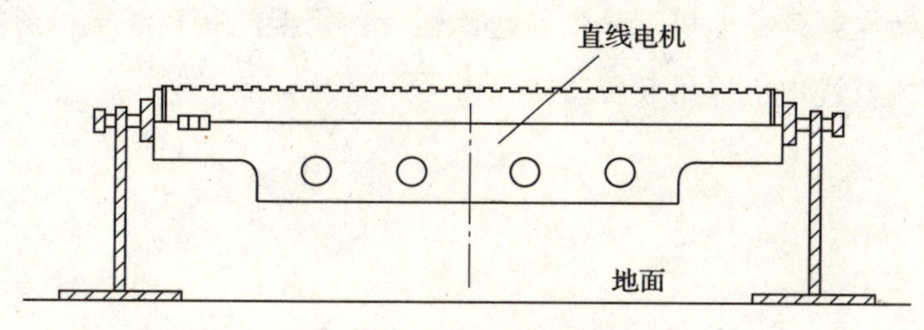

图 14—10 直线电机翻转工作台

4. 电机清洗烘干设备

(1) 电机清洗槽

直线电机线圈长期暴露在外，污染比较严重，会导致电机绝缘性能下降，甚至发生短路。所以，车辆架修时需要对直线电机进行清洗，清洗槽可防止清洗剂过快流失，并保证清洗效果。有关清洗剂宜采用专用的电机绝缘清洗剂，干燥后还可以增强电机绝缘性能。

(2) 电机烘干设备

潮湿状态的电机容易导致产生短路，所以电机清洗完毕后需要及时烘干。最高烘烤温度不宜超高线圈绝缘材料所允许的温度，一般可设 120℃，最高不得超过 180℃。

四、直线电机车辆的应急抢险设备

直线电机车辆的应急抢险设备具有以下特点：

(1) 受直线电机和感应板阻隔，直线电机车辆不能采用支撑车轴的 A 型复轨器进行复轨。采用逼近式复轨器时，也应针对直线电机和感应板的特点专门设计。目前直线电机车辆的救援复轨主要采用具有复轨桥的液压式横移复轨器。

(2) 由于直线电机车底高度较低，且感应板无法直接承载顶升设备，车钩中部无法安放顶升油缸，车辆复轨时只能采用两侧顶升的方式顶升车体。

(3) 考虑到直线电机沉降的风险比较大，需要配备直线电机悬挂装置失效情况下的直线电机提吊装置。

参考文献

[1] 严隽耄. 车辆工程 [M]. 北京：中国铁道出版社，1999

[2] 叶云岳. 直线电机原理与应用 [M]. 北京：机械工业出版社，2002

[3] 朱士友，吕劲松. 车辆检修工 [M]. 北京：中国劳动社会保障出版社，2009

[4] 罗曦春，罗世辉. 直线电机地铁车辆转向架 [J]. 电力机车与城轨车辆，2008，31 (5)

[5] 戴焕云. 直线电机转向架结构型式研究 [J]. 内燃机车，2008 (12)

[6] 张雄飞，李言义. 国产新型直线电机地铁车辆转向架 [J]. 铁路技术创新，2014

[7] 杨中平，柳拥军，单雷. 日本直线电机车辆技术 [J]. 都市快轨交通，2006，19 (2)

[8] 焦标强，顾磊磊. 地铁车辆轴装制动盘及闸片国产化研制 [R]. 北京：中国铁道科学研究院机车车辆研究所，2012

[9] 余晓杰. 广州地铁四五号线车辆紧急制动优化设计 [R]. 青岛：南车青岛四方机车车辆股份有限公司，2010

[10] 朱楷. 反应板材料和结构对直线电机车辆性能的影响 [J]. 城市轨道交通研究，2003 (9)

[11] 王利锋. 基于ARCnet的高速列车分级控制系统 [J]. 工业控制计算机，2007，20（10）：11－12

[12] 王玉明. 城市轨道交通系统能耗影响因素的量化分析 [D]. 北京：北京交通大学，2011